我们一起解决问题

培训师成长实战手册：

引导式课程设计

苏平 著

人民邮电出版社

北京

图书在版编目（CIP）数据

培训师成长实战手册：引导式课程设计 / 苏平著
. -- 北京：人民邮电出版社，2019.10
ISBN 978-7-115-51872-9

Ⅰ. ①培… Ⅱ. ①苏… Ⅲ. ①企业管理－职工培训－
手册 Ⅳ. ①F272.92-62

中国版本图书馆CIP数据核字(2019)第175090号

内 容 提 要

引导是一门艺术，也是一门科学，它能帮助我们更有效地开展研讨并做出决策。在培训领域，引导的核心是参与。在引导式课程中，培训师通过引导学员积极参与的方式来达成培训目标。

本书以引导式课程设计为核心，共分为引导式课程设计须知、引导式课程设计基础和引导式课程设计实操三大部分。全书按照从知到行的顺序，全面介绍了引导式课程的设计流程、工具和注意事项，并提供了106幅图、133张表和68个案例。此外，每篇篇末都设有"答疑"和"强化"两个模块，它们可以解答读者在实际操作过程中遇到的问题，让读者通过演练加深对相关概念的理解。

本书适合有培训课程开发需求的企业内训师和职业培训师阅读，也可作为各类企业的管理者尤其是人力资源管理者的参考用书。

◆ 著　苏　平
　　责任编辑　陈　宏
　　责任印制　彭志环

◆ 人民邮电出版社出版发行　　北京市丰台区成寿寺路 11 号
邮编 100164　电子邮件 315@ptpress.com.cn
网址 http://www.ptpress.com.cn
北京虎彩文化传播有限公司印刷

◆ 开本：700×1000　1/16
印张：24　　　　　　　　　2019 年 10 月第 1 版
字数：350 千字　　　　　　2024 年 10 月北京第 9 次印刷

定　价：89.00 元

读者服务热线：（010）81055656　印装质量热线：（010）81055316
反盗版热线：（010）81055315
广告经营许可证：京东市监广登字 20170147 号

序言

一、为什么要将引导技术引入培训界

在 2011 年于杭州举办的中国培训师沙龙（以下简称为"沙龙"）五周年庆典上，资深引导师林恩慈老师带来的引导技术主题体验将引导的种子播在了来自全国各地的 120 位培训人心中。接下来，在 2012 年于上海举办的沙龙六周年庆典上，林恩慈老师又带着大家体验了开放空间和世界咖啡等引导工具。从此，引导技术正式被引入培训界，并大热起来。

有不少人问我："苏老师，你怎么会想到要做这样一件事呢？"如果期待我回答"因为我高瞻远瞩，看到了培训界未来的发展趋势，我认为将引导技术引入培训界很有必要"，那么你可能要失望了。真正的原因是我作为职业培训师的职责和实践：量身定制课程，十几年来严格执行"问题树课程开发模型"（以下简称为"问题树模型"）的流程。换句话说，将引导技术引入培训界，不是因为我站得高看得远，而是因为我坚持深耕培训业务。

1. 量身定制课程的流程

之前在企业里面做 HR 时，我深深体会到了把企业内训做成公开课所带来的挫败感，于是我开始研究和尝试更有针对性的内训课程开发方式，最终形成了一整套开发量身定制课程的思路、流程、工具和方法——"问题树模型"。十几年前，刚开始做职业培训师时，我给自己的定位就是量身定制每一个课程。这不是口号，因为我每次开课之前都严格按照"问题树模型"的流程，花一个月的时间进行需求调研和课程开发。其中，半个月时间用于需求调研，半个月时间用于课程开发，具体步骤如下。

（1）了解需求。先把"企业 TTT 培训需求表"提供给企业，请企业的 HR 填写，以此了解企业需求和学员概况，并利用电话、网络等方式进行沟通、确认。

（2）初步设计课程大纲。根据前期了解到的信息，设计初步的课程大纲。

（3）课前需求问卷。根据企业确认的课程大纲设计课前需求问卷，并请所有学员填写。

（4）课前需求问卷汇总。根据需求问卷的汇总情况，一方面对初步课程大纲的内容进行验证，另一方面确定课程的重点模块和内容。

（5）开发课程。根据之前确定的重点模块和内容开发课程，并协助企业设计培训后的落地方案。

在上述过程中，我总会去详细了解参加课程的学员，搞清楚他们回到企业后需要培训哪些人，课程的主题是什么，在授课的过程中遇到了哪些问题。

2. 引入引导技术的缘由

在沙龙五周年庆典之前的几年，我深入调查参加 TTT 课程的学员在他们企业的授课主题以及他们所面对的学员的特点，发现了一些问题。

（1）传统的小组讨论、竞赛法、角色扮演等授课方式已经无法满足当下的培训需求。

（2）调动学员的参与积极性的难度增加。

（3）越来越年轻的学员需要更多展示自我的平台和机会。

　　为了帮助学员解决他们在授课中过程中遇到的这些问题，我研究了教练技术、引导技术和其他可能对培训有帮助的工具和方法，最后发现引导技术是比较适用的。因此，我邀请林恩慈老师参加沙龙的周年庆典，让她带领大家体验引导技术，以此将引导技术引入培训界。这也是我通过践行"问题树模型"的核心理念——以终为始和以学员为中心，为自己和培训界创造的价值。本书分享了我七年来在培训过程中运用引导技术的经验和教训。

二、引导技术在培训中的定位

　　任何一个领域都有流行的事物，培训界也一样。引导技术在线上、线下得到快速传播，很快在培训界受到了火热的追捧。但与此同时，很多人对引导技术也产生了以下误解。

1. 引导技术是灵丹妙药

　　在遭遇了提问冷场、学员参与活动不积极等尴尬之后，引导技术中的视觉化手段和新颖的参与方式所带来的新鲜感让不少培训师觉得自己找到了灵丹妙药。于是，只要谈培训，必谈引导技术，只要做培训，必用引导技术。但好景不长，他们很快发现，新鲜劲儿过后，又出现了"培训娱乐化"的现象——现场热闹，但培训无效。因此，将引导技术当成包治百病的灵丹妙药是当前培训界使用引导技术时最大的一个误区。

2. 培训师就是过程引导师

　　不少培训师在将引导技术当成灵丹妙药的同时，也给自己做出了错误的定位，将自己视为过程引导师。过程引导师侧重于事先的流程设计，不懂主题所涉及的内容也是可以的。但作为培训师，我们不仅要设计流程，还要对课程内容有一定的了解。此外，过程引导师大多会在某个会议中全程运用引导的方式，而培训师只是根据本书第一章第三节"在培训中，何时使用引导"介绍的三个评估指标（目标、时间和学员背景）来确定何时用引导、何时用讲授。我们是引导式培训师，而不是过程引导师。

作为引导式培训师，我们不能将引导技术神化，因为引导技术与传统的小组讨论、游戏、角色扮演一样，只是达成培训目标的一种方式，也有其适用的情境。

三、如何在培训中运用引导技术

1. 明确自己的定位和角色

定位决定了我们对自身角色的认知。首先，我们是培训师而非讲师，两者的区别从字面上就可以看出来：讲师侧重于讲授，少了培训师的工作重点——训，即训练。要想在培训中有效地运用引导技术，首先要将自己定位为引导式培训师，而非引导式讲师。引导式培训师的六大角色为医生、编剧、导演、教练、助产士和顾问。这六大角色在培训前、中、后期发挥着各自的作用，以确保达成培训目标。同时，这六大角色也衍生出了引导式培训师的七大核心能力——诊断力、创造力、洞察力、保持中立、提问力、倾听力和整合力。本书第三章详细介绍了这些内容。

2. 精准的需求调研是有效引导的前提

在培训中运用引导技术时，初期最容易上手的是形式，例如，引入便利贴、简笔画等手段，让学员更积极地参与培训。但最初的新鲜感过后，大家可能就会发现，培训现场很热闹，但培训没有效果。于是，不少人又从流程入手，按照各种工具要求的步骤设计课程，按部就班地开展培训。但他们很快又发现，要么时间不够用，严重超时，要么虽然学员参与积极性高，但未获得预期的培训效果。因此，很多培训师开始质疑引导技术，他们认为引导技术既耗时又难以助其达成培训目标。

他们没有看到问题的关键，这些问题虽然是在培训现场爆发出来的，但其根源却都在培训需求调研和课程设计阶段。引导是一个"渠成水到"的过程。事先的流程、活动、问题设计相当于修渠，配合培训过程中的氛围营造和顺势而为，培训师才能引出学员群策群力这渠"活水"。要想设计出能够带动学员自发参与的流程，前提是对培训需求进行精准的调研，明确培训目标，对学员真正感兴趣的内容进行引导。同时，还要考虑到学员的知识、经验和技能基础，为他们设计合适的流程和问题。因此，有效的课程设计的依据是精准的需求调研，缺少这个前提的引导只能是空中楼阁。

3. 在培训中运用引导技术的三个原则

引导技术强调结果导向和以参与者为中心。本书分享了设计引导式课程时需要遵循的三个原则——以终为始、以学员为中心和以少胜多。其中，前两个原则是"问题树模型"的核心理念，也是我自己十几年来一直践行的理念。

（1）以终为始。要想做到以终为始，首先需要了解"终"是什么，也就是需要进行需求调研。这是"问题树模型"最重要的部分，也是其优势所在。

（2）以学员为中心。以学员为中心不仅是一种理念，更是一种对流程和细节的坚持，如量身定制课程的流程、引导式课程设计的五线谱等。

（3）以少胜多。使用引导技术开展培训比用传统方式开展培训更耗时间。为了达成培训目标，首先要通过需求调研找到学员最急需解决的问题，将其作为课程的重点模块。这里的"以少胜多"主要是指在课程的重点模块使用引导技术，这样做不仅可以确保培训效果，也能让我们更有效地运用有限的培训时间。

4. 最好的工具是自己

在我们迷信各种工具、技术时，很容易忘记一件事——最好的工具其实是自己。很多人在使用各种工具或技术时会产生相同的困惑：自己明明严格按照流程进行，为什么会出现各种各样的问题呢？原因很简单，关键在于使用工具和技术的人，也就是自己。要想在培训中有效地运用引导技术，先得从自我修炼开始，例如，自己是否发自内心地尊重每一位学员，是否相信他们有能力解决问题。

在我引导自己的学员的过程中，这两点主要体现为四个字——"忍住"和"放下"。因为我已经做了十几年职业培训师，所以"权威""好为人师"等是我身上最常见的标签。在引导过程中，当学员提出不同的意见时，我一定会放下权威和面子，用好奇心去了解其背后的思考，而非简单粗暴地评判其意见。同时，在引导过程中，当我发现学员的思路跟自己的预期不一致时，我会先忍住，不予干涉，看看之后有什么惊喜。培训师的一言一行都是引导，如果不懂得忍住和放下，就会让学员丧失参与积极性，这将直接影响培训效果。

七年来，忍住和放下是我作为合格的引导式培训师所面对的最大挑战，也是自己一直以来都在学习和修炼的事情。如果没有这些自觉主动的修炼，那么各种工具或技术只能沦为花架子，无法发挥其预期作用。引导式培训师的六大角色、七大核心能力是最基础的修炼，也是在培训中有效运用引导技术的前提。

四、如何使用这本书

1. 理解

为了让读者更轻松地理解本书内容，我从两个方面做了努力。首先，我对本书的整体框架做了精心的设计，具体如下表所示。

篇	章	节	
第一篇 引导式课程设计须知	第一章 揭开面纱：初识引导式课程	第一节	什么是引导式课程
		第二节	引导式课程的两个特点
		第三节	在培训中，何时使用引导
	第二章 近观轮廓：引导式课程设计框架	第一节	引导式课程的双向管理
		第二节	引导式课程设计的三大原则
		第三节	引导式课程的五个要素
	第三章 自我修炼：引导式培训师的角色与能力	第一节	引导式培训师的六种角色
		第二节	引导式培训师的七大核心能力
第二篇 引导式课程设计基础	第四章 胸有成竹：设计引导式课程之前的准备工作	第一节	目的
		第二节	内容
		第三节	学员
		第四节	场地
		第五节	培训时间

（续表）

篇	章	节
第二篇 引导式课程设计 基础	第五章 环环相扣：引导式课程设计 四部曲	第一节　确定关键模块 第二节　设计学习活动 第三节　匹配五线谱 第四节　评估和完善
	第六章 知己知彼：常用工具介绍	第一节　头脑风暴 第二节　焦点讨论法 第三节　世界咖啡 第四节　开放空间 第五节　团队共创 第六节　选用引导工具时要考虑的因素
第三篇 引导式课程设计 实操	第七章 扬帆起航：开场的玄机	第一节　培训开场的内容 第二节　如何有效暖场
	第八章 四两拨千斤：问题设计	第一节　问题设计的三个原则 第二节　问题设计的四个步骤 第三节　问题测试和验证
	第九章 以终为始：学习活动设计	第一节　影响学员参与度的因素 第二节　设计学习活动之前的准备工作 第三节　学习活动设计的六个元素
	第十章 收放自如：发散与收拢	第一节　引导中的发散和收拢工具 第二节　使用发散和收拢工具的三环策略

下图为第一篇的内容结构。

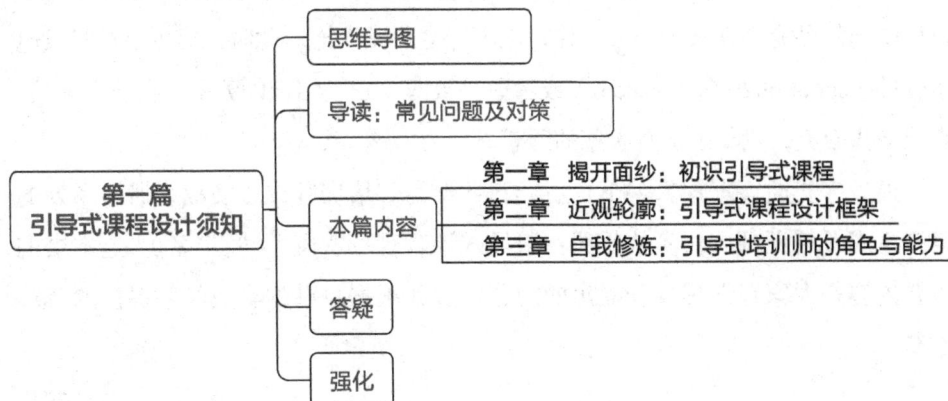

其他篇的结构与第一篇相同，都有"思维导图""导读""本篇内容""答疑"

和"强化"这几个部分。其中，"导读"部分对常见问题的可能原因进行了分析，并给出了相应的对策。这些问题，您可能遇到过，也可能还未遇到。请不要纠结于这些问题是不是自己碰到的问题，带着这些问题阅读后面的内容，您会更加专注，也更容易理解相应的内容。每篇后面的"答疑"部分是对本篇内容的补充。另外，为了帮助您更轻松地理解书中的内容，本书提供了106幅图、133张表和68个案例，大家可以结合图表和案例进行学习。

2. 运用

本书跟《培训师成长手册》《培训师成长实战手册：培训需求诊断和调研》《培训师成长实战手册：问卷设计和运用》一样，也是一本拿来用，而非读的书。每一篇的"强化"部分包括以下三个方面的内容。

（1）理理思路：通过填空题帮助您回顾本篇的核心内容。

（2）考考理解：通过二选一的选择题帮助您深化对本篇内容的理解。

（3）挑战一下：通过实际演练帮助您运用本篇介绍的方法和工具，开展培训需求诊断和调研。

这三个方面的内容是按照从知到行的顺序来设计的。尤其是"挑战一下"，我已经指明了运用的方向，将本篇内容拆分为一个个小步骤，并提供了相应的表格，手把手地带着大家一步步向前走。当您认真地完成了从第一篇到第三篇的"挑战一下"中的题目后，也就相当于走完了一趟引导式课程设计之旅。在这个过程中，您可能会在某个地方卡住，也可能会跌跌撞撞。此时，您可以给我发电子邮件（susan 4020 @ sina.com）或者通过微博（TTT 培训师苏平）给我发私信，直接与我交流，我很乐于解答您的疑惑。

最后，我向大家预告一下，后续我还会写"培训师成长实战手册"系列的第四本书《培训师成长实战手册：引导式课程现场答疑》（暂定名）。这本书的主要内容是大家在课程现场提出的问题以及我根据自己的实战经验提供的解决方案。

苏平

于 2019 年 2 月 20 日

Contents

目录

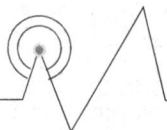

第一篇

引导式课程设计须知

PART

01

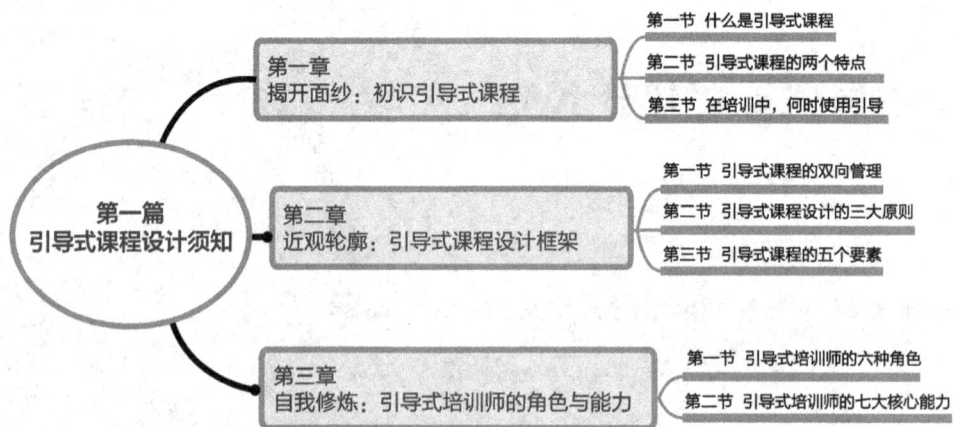

第一节　什么是引导式课程

第一章
揭开面纱：初识引导式课程

第二节　引导式课程的两个特点

第三节　在培训中，何时使用引导

第一篇
引导式课程设计须知

第二章
近观轮廓：引导式课程设计框架

第一节　引导式课程的双向管理

第二节　引导式课程设计的三大原则

第三节　引导式课程的五个要素

第三章
自我修炼：引导式培训师的角色与能力

第一节　引导式培训师的六种角色

第二节　引导式培训师的七大核心能力

导读：常见问题及对策

常见问题	可能原因	对策
学员参与度不高	培训内容与学员的需求不匹配	通过需求调研，找到学员共性，对症下药地开发课程——培训师的诊断力
	学员在培训主题方面无相关经验	更适合采用讲授的方式进行培训，而非引导——清楚何时使用引导
	培训师讲得太多	（1）从目标、时间和学员背景三个维度评估何时用讲授，何时用引导 （2）在运用引导时，培训师要当好导演，将舞台还给学员
	互动方式单一	（1）参考引导式课程设计的两个特点——大纲变问题和讲授变参与 （2）培训师自身需要具备编剧的能力，要有创新和整合能力
	授课方式不适合学员	充分考虑学员的基础、层级、经验和年龄层次，设计与之相匹配的授课方式
	场地空间不够，或桌椅的摆放位置影响了学员的参与	综合考虑场地空间和桌椅的摆放情况，选择合适的授课方式和工具
现场热闹，但培训未获得预期效果	培训目标不明确	以终为始，明确培训目标后据此设计授课方式
	学习活动脱离学员实际的工作场景	以学员为中心，学习活动尽量贴近学员真实的工作场景
	课程内容过多，难以深入探讨	以少胜多，通过需求诊断，以学员的共性问题点和困惑的解决方案（即课程内容）为重点设计课程内容，分配授课时间
	课程中无产出	在设计课程时，围绕重点模块培训目标确定产出，以深化学员对课程内容的理解和运用
	未安排学员进行反思和总结	在学员进行参与或演练后，安排专门的环节使其进行反思和总结，帮助学员回顾内容，促进学以致用
课程延时	设计课程时考虑不全面	设计课程时，要充分考虑引导式课程设计的五个要素——学员、产出、时间、空间和过程
	培训师过于关注培训氛围	加强培训现场的流程和能量的双向管理
	时间分配不合理	优先分配大块的时间给课程的重点模块和内容
	授课方式选择不恰当	根据分配的时间，选择相应的授课方式和工具

第一章 揭开面纱：初识引导式课程

第一节 什么是引导式课程

国际引导学院（INFAC）对引导的定义是"引导是一门艺术，也是一门科学，它能帮助群体更有效地开展研讨并做出决策。引导能提升人与人之间、群体与群体之间的互动品质，使之更加聚焦于成果。"具体到培训领域，引导的本质就是参与。在引导式课程中，培训师通过让学员参与的方式来实现培训目标。

在培训界近十几年的发展过程中，越来越多的培训师放弃了纯讲授的培训方式，引入了提问、小组讨论、游戏和竞赛等授课方式。然而，一段时间之后，这些授课方式带来了一些具有共性的问题：那些所谓的"互动"和"参与"在增强培训效果方面发挥不了太大的作用；在运用这些授课方式时，培训师遇到了冷场、学员参与不积极和授课超时等问题。如何才能真正激发学员的参与热情，实现培训目标，并促进培训结束后的学以致用？这就是本书将要探讨的主题。

第二节 引导式课程的两个特点

引导式课程是相对于纯讲授的课程而言的。说到纯讲授的课程，很多人都会立即想到大学里面的某些课程。多年前，我在网上看到这样一张图：一位头发花白的教授在黑板上奋笔疾书，偌大的教室里，只有一位学生在认真听讲，其他学生要么在睡觉，要么在化妆，要么在交头接耳……图片下面有不少评论，有人心疼老教授，有人责怪学生身在福中不知福。作为职业培训师，我看到这幅图时首先想到的是，培训师一定要与时俱进。纯讲授的课程必然伴随着这样的假设：学员对课程内容完全不懂，学员在课程主题方面所具备的基础是一样的，因此培训师只能采用填鸭式的方法进行授课。

但是，时代在变，我们的学员也在变。现在，越来越多的"90后"进入职场并已经成为职场主力军，这些见识多、想法多的年轻人讨厌说教，他们希望获得更多的机会来表达自己的想法和观点。他们追求创新，对来自网上的培训案例和游戏没有什么兴趣，他们更加希望通过自己的亲身参与获得成就感。纯讲授的课程已经无法满足他们的需求。

除了"90后"，还有一类比较特别的学员，他们是拥有一定工作经验的年长员工，在自己的工作领域拥有一技之长。就算培训师比他们年资更长，也不可能擅长所有的领域。面对这类学员，培训师最保险的做法就是为其讲授所谓"系统而全面"的内容，用大而空的理论填满培训时间，只要不互动提问，一般就不会出错。但是，这样做必然导致培训无效。

有些读者可能会说，有些讲座也会专门留出时间用于互动。没错，这是比较普遍的做法，但以问答方式进行的互动仍然是以培训师为中心的，并非本书所讲的引导式课程。

引导式课程有两个重要的特点，分别是大纲变问题和讲授变参与，如图1-1所示。

图1-1　引导式课程的两个特点

1. 大纲变问题

引导式课程的第一个特点是通过将课程大纲的内容转化为问题，引发学员的思考、讨论和参与。

案例1-1："公众表达与授课方法"培训

针对重庆某企业的"公众表达与授课方法"培训的第一章大纲内容如下。

第一章　魅力表达与管理

一、魅力表达与管理

1. 管理与表达

2. 表达障碍与管理效率

二、成人学习的特点及策略

1. 成人学习的三大特点及策略

2. 了解大脑的喜好

三、优秀管理者的表达要求

我用提问的方式将暖场内容和课程大纲的内容转化为问题，我使用的工具是世界咖啡（一种引导工具，通过参与人员的换桌流动来激发和创造集体智慧）。

（1）第一轮（15分钟）。

A. 如果选一个地方代表重庆，那么您会选择哪里？请用一个关键词说明理由。

B. 起一个好听的队名。

（2）第二轮（20分钟）。

A. 您喜欢和什么样的人交流？（请用两个关键词描述）为什么？

B. 在工作中，您在语言表达方面最需要提升的地方是什么？（请用一个关键词描述）

（3）第三轮（20分钟）。

A. 您认为现在的学员有哪些特点？

B．如何表达（方式、方法），对方更愿意听？

（4）总结。

A．您有哪些新发现和收获？

B．表达前，需要想些什么？

C．表达时，怎样才能说明白？

案例 1-1 的第一轮提问从学员所在的城市切入，学员容易参与进来，便于营造畅所欲言的氛围。从第二轮提问直到总结正好对应于课程大纲的内容，如表 1-1 所示。

表 1-1　案例 1-1 的提问策略

阶段	对应的课程大纲内容	提问策略
第二轮	魅力表达与管理	通过换位思考引导学员反思自己需要提升哪些方面
第三轮	成人学习的特点及策略	引导学员思考自身的特点以及如何有效地表达
总结	优秀管理者的表达要求	对前面的内容进行细化、梳理和总结

案例 1-1 中的四轮提问，从他人到自己，从生活到工作，从学员到自己，层层递进，将培训师要讲述的内容转化为学员自行思考和产出的内容。这样做不仅调动了学员的参与积极性，还能引发学员思考，深化学员对课程内容的理解，其效果比培训师单纯地讲授更好。

例如，在世界咖啡结束后，我请大家将每一轮的讨论结果都写在一张纸上并把这张纸贴在墙上，然后让大家轮流回顾每张纸上的内容。在回顾到"我认为现在的学员有哪些特点"这张纸时，有一位学员说："我们写的好像都是对其他学员的负面评价，其实他们也有不少做得好的方面。"我趁机进行引导："特点没有好坏之分，关键在于我们如何运用。用得好就是优点，用得不好就成了缺点。"这样一来，我就让学员把关注点放在了自己身上，而非其他学员身上。在课前调研时，我了解到不少学员常常抱怨自己的下属工作态度不好，非常随意，不好管理。经历过这个环节之后，大家才认识到，问题的症结在自己身上。这就是引导的威力。

试想一下，如果这个问题不是由学员自己发现的，而是由培训师指出的，培训师要如何表达才能让学员接受并产生触动呢？我们可能会发现，这实在太难了，无论我们用什么样的方式来表达，学员可能都不愿意承认这是自己的问题。他们可能会辩解、反驳，甚至因此对培训产生抵触情绪，更不要说主动接受并有所触动了。

2. 讲授变参与

引导式课程的第二个特点是讲授变参与。这一特点强调的是主体的变更，即讲授的主体是培训师，参与的主体是学员。这样的变更体现了"问题树模型"的两个核心理念——以终为始和以学员为中心。培训是否有效，体现在学员在培训结束后能否学以致用，而学以致用的主体当然是学员。培训师的个人表演再精彩，也很难对学员在培训结束后运用相关内容产生作用，所以培训师一定要将培训过程中的舞台还给学员。培训师为学员提供表达和展现自己的舞台和机会，既能调动学员的学习积极性，也能激发学员的智慧，为学员在培训结束后的学以致用奠定基础。

很多培训师都在为同一个问题而发愁：在培训过程中，如何激发学员的积极性？其实，参与是一种非常好的激励方式，主要原因如下。

（1）参与满足了人的基本需求。每个人都渴望表现自己。培训师为学员提供舞台，让学员畅所欲言，不仅能满足他们表现自我的需求，还能让他们获得成就感。

（2）参与体现了尊重。人与人之间沟通、交往的前提是相互尊重。培训是一种特殊的一对多的沟通，在这个过程中，培训师一定要尊重学员。这不是一句口号，培训师要采取实实在在的行动。例如，培训师要为学员提供表现和表达自我的机会，让他们觉得自己受到了尊重。

（3）参与能激发集体智慧。参与让学员有机会表达自己的意见和想法，并能激发更多的集体智慧。这样做能够打破培训师的"一言堂"，让学员通过参与和体验从各个角度开展思考和交流，进而深化对课程内容的理解。

（4）参与能促进学以致用。培训的最终目标是让学员将学到的东西运用到实际工作中，从而提升工作绩效。在缺乏参与的培训中，学员只能被动地接收信息；在鼓励参与的培训中，学员可以主动开展思考和交流。被动和主动两种状态的不同，不仅体现在培训现场，也体现在培训结束后学员对所学内容的运用上。这两种状态类似于工作中的"要我干"（被动）和"我要干"（主动），不同状态的学员运用所学内容的程度和质量差异巨大。主动学习的学员更愿意学以致用。比起被动学习的学员，他们对课程内容的理解更深入，运用课程内容更轻松，运用的质量也更高。

第三节　在培训中，何时使用引导

大家都知道，让学员参与培训过程需要花费一定的时间，这种方式比培训师单纯讲授的方式更花时间。但是，一场培训的时间通常是固定的，而且内容通常也不少，如何在学员参与和时间控制两个方面找到平衡呢？图 1-2 展示了三个指标——目标、时间和学员背景，这三个指标可以帮助我们评估何时应该使用讲授，何时应该使用引导。

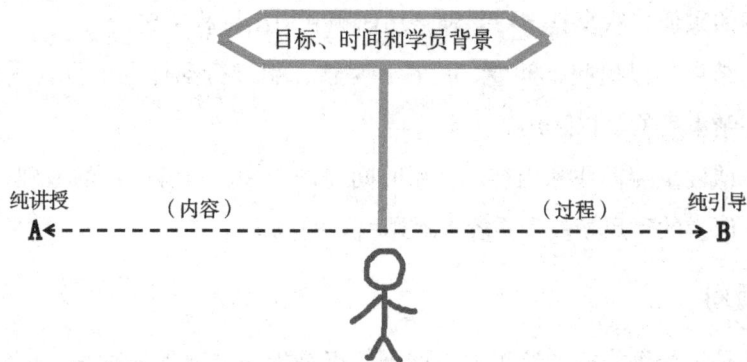

图 1-2　评估何时使用引导的三个指标

通过图 1-2 可以看出，对培训师而言，A、B 两个点是两个极端。其中，A点是纯粹的讲授，也就是只传递内容（讲师）；B 点是纯粹的引导，也就是只做过程引导（过程引导师）。就某一场培训而言，越靠近 A 点的培训师，越重视培训的内容；越靠近 B 点的培训师，越重视培训的流程、工具和方法。过程引导师更加注重流程的设计和控制，不太精通培训内容。现在，纯讲授式的培训已经很少了，绝大部分培训师都会经常运用小组讨论、竞赛和案例分析等工具进行授课，这种情况介于 A、B 两点之间。与过程引导师不同，引导式培训师不仅要掌控流程，还应该是内容方面的专家。

那么，大到一门培训课程，小到一门课程的某些模块，到底何时应该使用引导呢？我们可从以下三个方面进行评估。

1. 目标

引导学员参与只是达成培训目标的一种方式。如果培训目标是让学员熟记公司的管理规则、制度、流程和标准等既定的内容，那么只能用引导的方式让学员开展讨论，加深其对培训内容的理解，而无法让他们对培训内容本身进行讨论、决议。如果是没有标准答案的培训内容，就可以用引导的方式鼓励学员群策群力，使其产生想法、达成共识并采取行动。

一般来说，需要使用引导的环节主要有以下三个。

（1）开场。以游戏、提问、案例分析、情景模拟和播放视频等方式引起学员对课程的兴趣，激发其学习兴趣，从而顺利引出课程主题。

（2）结束。以提问、问卷、抢答、考核、制订行动计划等方式进行总结，促进培训结束后的学以致用。

（3）课程重点模块和内容。如果时间允许，学员也有一定的基础，那么可以优先在课程的重点模块和内容上运用引导的方式。

2. 时间

时间是一个硬指标。这里的时间不仅仅是指一次课程的时间，也包括某次课程中各个模块的时间。根据"问题树模型"的流程，通过培训需求诊断和调研汇总好学员的共性需求之后，就确定了课程的重点模块和内容。在安排课程时间时，首先要向重点模块和内容倾斜，若这部分内容适合采用引导的方式进行讲授，则可做出适当的安排；在确保重点模块和内容被分配了充足的时间之后，再考虑次重点模块和内容是否有必要或有时间采用引导的方式进行讲授。

3. 学员背景

培训的核心是学员，确定是否采用引导开展培训的依据是学员的背景，以及学员具备的与培训主题相关的经验和基础。如果学员不具备与培训主题相关的工作经验和知识，那么运用引导的方式开展培训，不仅浪费时间，而且达不到预期的效果。

当然，在实际操作中，还是有方法避免这种情况的。我根据自己的成功经验，总结出了两个方法：一是运用"翻转课堂"的方式，在课前向学员提供阅读资料，使其具备一定的基础，将原本水平参差不齐的学员尽量拉到同一水平线上；二是在培训现场创造一些能让学员共同参与的场景作为课程案例，以此为基础进行引导。

案例 1-2："森林娱乐圈"与问卷设计

在一场主题为"有效问卷设计的5W1H"的培训中，考虑到学员来自全国各地，来自不同的行业和企业，职位不同，拥有的经验和阅历也不相同，我事先准备了一张写有"森林娱乐圈"的大海报纸。暖场时，我宣布了以下步骤和规则。

（1）画简笔画并将其张贴出来。每人画一个能代表自己的动物（不写姓名），并将简笔画贴到"森林娱乐圈"内。

（2）提问找主人。每人从"森林娱乐圈"中选一张简笔画，通过一个问题找到简笔画的主人。规则：最多问三个人，每人只能问一个问题，而且不能问"这个是不是你画的"这类的问题。

（3）分享结果。活动结束后，大家回到自己的位置，指出自己手中简笔画的主人，并说明理由。随后，当事人反馈、确认。

（4）导入主题。总结有效和无效的问题，引出问卷的核心——提问。

案例1-2中的活动能够发挥以下几个方面的作用。

（1）快速活跃气氛，调动每一位学员的参与积极性。

（2）引出课程主题。我让学员通过各问三个人一个问题的方式来猜简笔画的主人，最终只有三位学员猜对了，这也引出了"猜简笔画主人与问卷设计的异同"这个话题。两者的相同之处在于它们都是通过提问来获得真实信息的；不同之处在于问卷是单向沟通，学员无法通过面部表情和肢体语言来判断对方回答的真假，而且只有一次提问机会，不像活动那样有三次提问机会（问三个不同的人）。大家讨论之后达成了共识——设计有效的问卷比面对面猜简笔画的主人难度更大。由此，我找到了学员共同的痛点，引出了"有效问卷设计的5W1H"这个主题，同时有效地引起了学员的学习兴趣。

（3）创造学员共同参与的场景，将其作为后续的案例。我先让学员分享自己问了哪些问题、对方的感受是什么以及成功找到简笔画主人的三个问题分别是什么；然后引导大家讨论这三个问题为什么能帮助提问者成功找到简笔画的主人，这三个问题有哪些特点；最后让大家总结这些问题的特点（即问卷中有效问题的特点）。在后面的问卷设计演练中，这个暖场游戏成了学员共同的学习场景和沟通的基础，它能帮助学员快速理解课程内容。

综上所述，在设计培训内容和学习活动时，既要紧紧围绕着培训目标，还要考虑到时间、学员的背景和基础，以此确定是否采用引导的方式，以及引导到什么程度。

第二章　近观轮廓：引导式课程设计框架

从培训目标、培训时间和学员背景三个方面进行评估，并确定要在培训中采用引导的方式之后，我们还要考虑课程中流程和能量的双向管理，并遵循三大原则、基于五个要素开展课程设计。

第一节　引导式课程的双向管理

一、关于引导式课程的三大误区

1. 使用了引导技术的课程＝引导式课程

最近几年，引导技术十分流行，大家在培训中越来越多地使用引导技术，有人误以为使用了引导技术的课程就是引导式课程。引导的核心是参与，在引导技术尚未被引入培训界之前，大部分培训师也会运用各种方式调动学员参与。如果将使用了引导技术的课程等同于引导式课程，培训师就会把重点放在各种引导技术的流程上，而非参与主体——学员身上。在写本书之前，有不少读者表示，自己在培训中使用引导技术时，每次都很认真地走流程，但学员的体验并不好，也没有激发他们的参与积极性，更未达成培训目标。

2. 采用了可视化工具的课程＝引导式课程

现在已经进入了读图时代，简笔画和即时贴等可视化工具在培训中的应用越来越普遍。很多时候，从培训现场的照片来看，可谓成果丰硕，但在培训结束后做跟进、收集学员反馈时往往发现，现场的热闹对培训目标的达成并没有多大帮助。一味地追求现场的热闹只不过是另一种"培训娱乐化"的做法。

3. 引导式课程＝让学员舒服

有些培训师误以为引导式课程的重点是让学员舒服，于是就在环境布置和氛围营造等方面做了很多工作，也引入了很多能让学员开心的很有趣的活动。但在讨论问题时，学员会因为不好意思破坏这么好的氛围而不愿分享自己的不同观点，这就有点本末倒置了。

通过上述三个误区可以看出，一味关注走完引导流程，往往会造成学员体验不佳，无法激发他们的参与积极性；而一味强调氛围，则可能导致热闹过后没有获得预期的培训效果。

二、引导式课程的双向管理

好的引导式课程必须做好图 2-1 所示的双向管理。

图 2-1 引导式课程的双向管理

图 2-1 中的双向管理包括以终为始的流程管理和以学员为中心的能量管理。前文所述的第一个误区是过于关注流程，忽视了学员这个参与主体的感受；第二个和第三个误区则是过于关注现场，进而造成喧宾夺主，培训目标反而被忽视了。之所以用圆润的太极图来诠释引导式课程的双向管理，是因为我想强调：流程和能量一横一纵，共同推动着课程的进程，二者的平衡和协调共同决定了课程的效果。在设计课程时，必须同时关注流程和能量两个方面。

在实际操作中，无论是全程运用引导的方式，还是只将引导作为一种工具，都会碰到一个十分常见的问题——延时。延时问题主要是由两个方面的因素造成的，一是事前的流程设计，二是培训现场的控制。

1.流程设计

培训流程的设计在很大程度上决定了培训现场的状况和结果。在设计阶段应注意下列几个要点。

（1）明确目标。在设计培训流程时，要站在参与者的角度思考，将他们关注的结果作为重点，预留足够的时间。在参加和观摩一些关于引导技术运用的培训课程或工作坊后，我发现了一个比较普遍的问题——他们多以工具的运用替代培训目标。其具体表现是，整个流程设计都是在堆砌各种工具，现场的过程更像是在让学员体验引导工具的运用，培训最终没有得到预期的产出。

（2）反推设计。优先给重点环节留出足够的时间，在保证重点环节达成目标的基础上设计流程和分配时间。

（3）预留机动时间。在设计培训流程时一定要预留一些机动时间，以应对现场的突发状况。

（4）灵活暖场。暖场是开胃菜，达到目标即可。我观摩过不少引导式课程，很多培训师都在暖场环节浪费了太多时间，前松后紧，最终导致延时。

2.现场把控

要想避免延时，培训师在培训现场一定要注意表 2-1 所示的三个要点。

表 2-1　引导式课程现场把控要点

要点	说明	方法
时间节点	按照流程设计的时间节点进行控制，若需延时，则可用机动时间来弥补	结合使用计时器、谈话棒和人工计时三种工具
指令清晰	从表达、节奏和确认等方面确保指令清晰、正确，学员理解无误	（1）以书面的形式呈现要求和规则 （2）一次发出一个指令，确认后再开始 （3）必要时进行示范
适时干预	在培训过程中，无论是讨论方向跑偏，还是时间不足，培训师都要视情况适时干预	通过提问帮助学员回到主题，提醒截止时间，通过提问引导学员思考关联度等

计时器和谈话棒是控制时间的常用工具，使用这两种工具的场景主要有下列几个。

（1）发言。无论是暖场时的个人或团队介绍，还是培训过程中的小组讨论或成果分享，培训师都可以提前说明发言规则（个人或团队，口头或书面）、要求（包括哪些项目或内容）和时间，然后设定计时器，只要计时器提示时间到了，发言便结束。若有需要延伸或展开的内容，则需等所有小组分享结束后再进行。

（2）小组讨论总体的时间控制。在开展小组讨论前，培训师要先说明讨论的内容、目标和时间，并设定计时器。我一般会根据前期的诊断和调研，评估学员所讨论的问题的难易程度，并以此确定所需时间，我设定的时间往往比需要的时间稍短。例如，如果评估结果是讨论某个问题平均需要30分钟，那么我一般会将讨论时间设定为25分钟。这样做的目的主要是为了实现平衡，一方面让平均水平以下的学员产生紧迫感，加快进度；另一方面避免平均水平以上的学员早早完成，无事可做。讨论时间长短跟分组情况也有关系，将不同水平的学员安排到一个小组更有利于时间控制以及讨论目标的达成。

（3）小组讨论过程的时间控制。在一个小组中，有人喜欢发言，有人则沉默无声。为了控制时间并给所有小组成员提供平等的参与机会，在开展小组讨论时可以使用谈话棒。我在自己的培训中会事先说明什么是谈话棒，为什么要使用谈话棒，之后请大家在桌面上选一个物品，将其作为本组的谈话棒。然后，我会说明谈话棒的使用规则：只有拿到谈话棒的人才能说话，其他人只能倾听。最后，我会让各个小组选出一位计间员，让他们根据本轮讨论的总时间来控制每一位小组成员的发言时间。

尽管上述工具和方法非常有效，但有时我们还是需要提供额外的时间，这种情况主要发生在小组讨论环节。此时，培训师要在各个小组之间巡查，了解各组的进展情况。如果时间已到，但有些小组尚未完成任务，那么培训师就要根据巡查获得的信息，提供额外的时间。同时，培训师可以给已经完成的小组提一些问题，请他们思考，避免他们因无所事事而不耐烦。

指令清晰是很多培训师都会忽视的细节。我们常常会看到下面的场景：培训师说了一堆指令和要求，然后问"明白了吗"，学员回答"明白了"，但正式开始后，依然有很多学员询问规则，对指令提出疑问，甚至质疑。在培训师一一解答时，时间一点点流逝，有些学员早已开始执行指令，有些学员还在疑惑中……学员们开始的时间和状况不同，参与度和执行指令的质量也有所不同，最终的产出当然也就不同。

培训中发布指令的注意事项如表 2-2 所示。

表 2-2　培训中发布指令的注意事项

细节	注意事项
表达	以 5W1H（Why、Who、What、Where、When、How）为标准发出指令，话语要通俗易懂、简洁明了，措辞要准确，可以根据需要选择口头或书面的形式
节奏	一次只发布一个指令，发布指令后再提供所需物资或道具
示范	若有必要，应亲自向学员示范如何执行指令
确认	询问学员是如何理解指令内容的，以确认其理解无误

在培训过程中，发布指令的节奏很容易被忽视，尤其是需要使用物资或道具时，常常是指令还未发布，物资或道具已经被放在了学员的桌上。这样做看起来好像节省了时间，但学员可能会马上开始摆弄物资或道具，甚至彼此进行交流，进而导致部分学员不听指令、没听清楚指令或未听完整指令，培训师不得不先维持秩序，之后再次发布指令。即便如此，效果也往往不佳。不少培训师会埋怨学员素质差，但我们应该在流程上事先做好防范。在一项学习活动开始之前，培训师应该根据指令的发布次序准备好所需物资或道具，发布完一个指令后，再提供相应的物资或道具。

案例 2-1：小组讨论指令发布

在"职场高效时间管理"培训中，李强计划将学员分成三组，并让他们针对"职场中高效能人士有哪些特点"这个话题进行讨论。在培训过程中，李强先将这个问题写在一张 A4 纸上，并把这张纸贴在培训现场正前方的白板上，然后指着这张纸说："刚才我们分享了自己身边的一位高效能人士的情况，下面我们以小组为单位，讨论一下这些高效能人士有哪些特点。讨论分为四个环节，共15分钟。第一个环节是小组头脑风暴，第二个环节是投票，第三个环节是以书面形式呈现观点，第四个环节是小组分享。四个环节的具体时间和要求，稍后我会详细说明。关于要讨论的问题，大家还有什么疑问吗？"学员表示没有疑问。于是，李强开始发布指令。

指令 1

李强说："下面进入第一个环节，小组头脑风暴。这个环节一共5分钟，每组可以选一位成员当秘书，由秘书在A4纸上记录大家针对'职场中高效能人士有哪些特点'这个主题的发言。在这个阶段，追求的是数量，不对发言的内容进行评价和判断。大家明白了吗？"有一位学员问："也就是收集到的想法越多越好，是吗？"李强回答："没错！还有问题吗？"学员表示没有。于是，李强宣布计时开始，学员立刻开始交流。同时，李强在三个小组的桌子上分别放了两张A4纸供学员做记录。

指令 2

5分钟到了，李强说："时间到！请大家暂停。"等了5秒，所有学员都安静下来后，他继续说："刚才我看到各个小组都写了快满一页纸的发言，看来大家收获多多！下面我们进入投票环节，请每位学员在A4纸上选出三个自己最认同的特点，在相应的序号前打勾即可。这个环节一共2分钟，大家可以思考一下如何进行效率最高。关于投票环节，大家有什么疑问吗？"有一位学员问："是一个人接一个人在纸上打勾，还是由一个人读待选项、其他人投票呢？"李强说："各个小组自己决定。每个小组有五位成员，投票环节一共2分钟，如何做才能更高效，请大家自己来判断和决定。还有其他问题吗？"学员表示没有。于是，李强宣布计时开始。

指令 3

2分钟到了，李强说："时间到！下面这个环节也是2分钟。我手里有4张A3纸，请大家将刚才那张A4纸上得票数排在前三位的内容，用桌上的蓝色或黑色白板笔写在A3纸上。书写时要字大体正，确保2米外可以看清楚每一个字。白板上有我做的示范，大家可以看看。"停顿了10秒钟后，李强问："关于这个环节，大家还有什么问题吗？"学员表示没有。于是，李强宣布计时开始。

指令 4

各组写完后，李强说："通过前面三个环节，各小组已经总结出了高效能人士的三个特点，下面是小组分享时间。每个小组有 2 分钟时间，其中 1 分钟用于分享小组讨论的内容，每个小组推举一位发言人上台发言。另外 1 分钟是回答提问的时间，由其他小组成员提问，发言人负责解答。如果有需要，发言人可以向本组成员求助。大家明白了吗？"停顿了 5 秒后，李强说："看来大家没有疑问了，现在请每位学员站起来，举起自己的右手，伸出右手的食指。我们通过食指绕三圈点将的方式来确定本组的发言人。具体做法是，我宣布开始后，大家一起数'1、2、3'，同时用食指绕圈，就像我现在做的这样。当我说'点将'时，大家将食指指向自己心目中的发言人，得票数最多的人就是发言人。如果出现两个人得票数一样的情况，就用猜拳决胜负，胜出者为发言人。大家明白了吗？"学员表示明白了。通过这种方式，每个小组都选出了发言人。

李强说："下面从第一组开始，按顺时针方向进行小组成果分享。由各组发言人上台发布本组成果，发言时间为 1 分钟，然后用 1 分钟回答提问。如果其他小组没有问题，发言人就回到自己座位，下一个小组的发言人上台。关于这个环节，大家还有什么不清楚的地方吗？"学员表示没有。然后，各组按照规则进行小组成果分享。

通过案例 2-1 可以看出，在开展小组讨论之前，培训师先说明了整个小组讨论活动的时间和步骤。发布每个指令时，培训师都说明了本环节的时间、内容、要求和具体做法，并进行了确认。在具体做法方面，指令 1 要求由一位学员将发言记录在 A4 纸上；指令 2 要求每位学员在自己认同的三项内容的序号前打勾；指令 3 提出了具体要求——"字大体正"和"2 米外可以看清楚每一个字"，此外培训师还做了示范；培训师发布指令 4 之前，先通过示范带领学员选出各组的发言人，再说明小组分享的顺序、时间和进行方式。因为培训师提出的要求十分具体，而且培训师特意做了示范，再加上一次只发布一个指令，所以学员都能跟随培训师的节奏，按照指令开展活动，这样就避免了因指令发布不当而引发的各种问题。

表 2-1 中的第三个要点"适时干预"也是不容忽视的。有些培训师对现场情况不做干预，放任学员自由发挥，没有处理好流程和能量之间的关系。在培训过程中运用引导的方式时，培训师不能任由学员随意发挥，而要在既有的框架和流程下，根据现场情况和学员状态顺势而为，如图 2-2 所示。

图 2-2　培训师的顺势而为

图 2-2 展现了培训师"在海中冲浪"的情景，A 点是起点，B 点是终点。海浪是波的一种形式，而波是一种能量，海面上波的移动相当于能量的传递，这个能量来自于培训现场的氛围和学员的状态。在培训的某个环节中，培训师到底是随浪前行，还是越过浪头？判断的依据是达到目标 B 点所需的流程和步骤。如果一味随浪前行而忽视了培训目标和流程，那么培训师可能会到达不知在何方的C 点，从而导致培训无效。因此，培训师既要顺势，也要视情况有所作为。

在培训过程中，无论是讨论内容偏离方向，还是讨论时间不足，培训师都要适时干预。当然，干预的方式主要是提出问题，如"我们现在讨论的是什么问题"（帮助学员认识到讨论目标），"这些观点与主题的关系是什么"（帮助学员思考讨论内容与主题之间的关联），"还剩 10 分钟了，我们的进度如何"（帮助学员控制时间和进度）。

引导式培训师必须根据实际情况在讲师和引导师两个角色之间进行转换。例如，学员的讨论陷入了僵局，或者大家都没有思路，通过提问也无法帮助小组走出困境，此时培训师就可以摘下引导师的帽子，作为普通的参与者发表自己的观点。再如，学员的基础薄弱，但很善于思考，吸收知识的能力很强，同时还有足够的时间，此时培训师就可以进入引导师的角色，让学员尽情发挥。

综上所述，无论是全程引导，还是在培训的某个环节运用引导技术，培训师都要事先做好充分的准备，在现场随机应变，同时管理好纵向的流程和横向的能量。

第二节　引导式课程设计的三大原则

设计引导式课程时必须遵循三个原则——以终为始、以学员为中心和以少胜多。

1. 以终为始

在培训的实践过程中，以终为始原则体现为找对人、做对事。其中，找对人是指找对学员，而做对事体现在培训目标的确定和学习活动设计两个方面。

（1）找对学员。很多企业一谈到提高执行力，就给员工做执行力培训；一看到员工离职率高，就给员工做心态或感恩培训；一看到业绩下降，就给销售人员做销售技巧培训……但很遗憾，很多时候，培训并不能解决这些问题。这是因为这些企业搞混了培训要求和培训需求。表 2-3 展示了培训要求和培训需求的区别。

表 2-3　培训要求和培训需求的区别

	培训要求	培训需求
来源	老板、部门领导和员工	HR 或培训师
内容	对策树（做某个主题的培训）	问题树（学员在工作中有哪些具体问题，与标准或要求的差距有哪些）
依据	主观判断、感觉、数据资料分析、行为观察和小组讨论等	培训需求诊断和调研结果
作用	以培训需求诊断和调研为切入点，帮助培训师找到培训要求提出者真正的需求	课程设计和开发的依据

通过表 2-3 可以看出，从来源、内容、依据和作用来看，培训要求和培训需求有很大的区别。但是，有太多的人将培训要求与培训需求混为一谈。

老板或部门领导提出要针对某个方面开展培训，如提升中层管理者的沟通能力，这是培训要求。此时，角色为编剧兼导演的培训师就会根据培训要求去开发课程；而具有诊断意识和能力的培训师则会进一步去了解：这个培训的背景是什么？为什么老板或部门领导会在这个时候提出这个培训要求，到底发生了什么事情？他们希望通过培训解决哪些问题？经过深入了解，我们可能会发现，原来老板或部门领导并不是希望解决沟通问题，而是想要提升销售业绩。那么，中层管理者的沟通能力是不是导致销售业绩不理想的根本原因？如果不是，那么导致销售业绩不理想的根本问题能否通过培训解决？如果能，那么这些问题具体有哪些表现？共性是什么？假设得到的答案是，员工流失后新补充进来的大量销售员不熟悉产品相关知识，导致销售业绩不理想，那么让新销售员掌握产品知识才是真正的培训需求。

图 2-3 所示的冰山模型能够帮助我们理解培训要求和培训需求之间的区别。

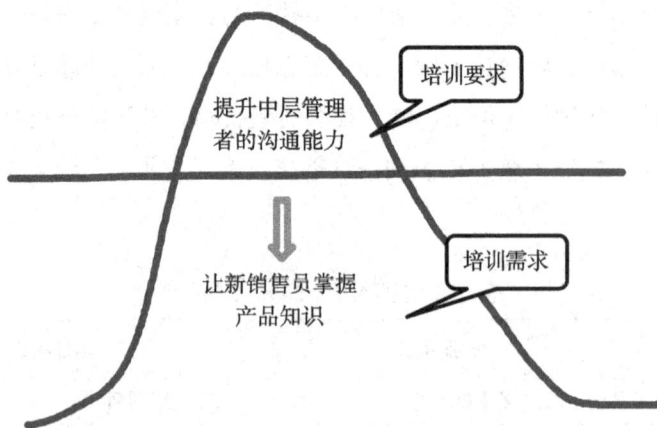

图 2-3　培训要求与培训需求之间的区别

图 2-3 中水面上方的培训要求，常常是老板或部门领导凭着自己的主观判断提出来的。如果培训师不加判断地将其当成培训需求，恐怕就会南辕北辙。在这个案例中，培训要求针对的培训对象为中层管理者，但对培训要求进行诊断后，发现培训需求针对的培训对象是新销售员。试想，给中层管理者做沟通能力培训能解决新销售员不熟悉产品知识这个问题吗？培训后销售业绩能提升

吗？结果可想而知。因此，只有找对人，才能做对事。

（2）确定培训目标。找对了学员，还要有明确的目标。培训目标是设计课程的依据，因此，确定培训目标时不能一时兴起便做决定，而要运用专业的工具和方法进行培训需求诊断和调研，明确学员在某方面存在的问题或困难。

假设问题是新销售员不熟悉产品知识，就要进一步调查新销售员对哪些产品的知识不熟悉：是全部产品，还是某个系列的产品？是哪一类产品？如果不开展深入调查就给新销售员培训一遍所有产品的知识，那么可能会造成两种结果：一是学员对自己已经知道的内容没兴趣，浪费了大量时间；二是学员不熟悉的产品被一带而过，没有达成培训目标。因此，找对了学员，知道他们在哪些方面存在问题，只相当于知道了目标，之后还要通过深入调研了解学员在通往目的地的途中有哪些具体的障碍，以便有针对性地确定培训目标（即通过培训要解决的共性问题点）。

（3）设计学习活动。所有的课程设计都是为达成培训目标而服务的，都是为了促进学员有目的地学习。学习活动的选择和设计取决于培训目标和学员的基础。培训目标不同，所选择的学习活动自然也就不同。例如，知识类的培训多选择促进理解和记忆的学习活动，而技能类的培训多选择演练、点评、总结和运用方面的学习活动。

2. 以学员为中心

以学员为中心原则体现在课程内容和学习活动设计两个方面。

（1）课程内容。课程内容是为达成培训目标而服务的，培训目标则是想要通过培训帮助学员解决的问题点。因此，课程内容是学员在培训主题方面共性问题点的解决方案，必须围绕学员的需求进行设计。培训需求是学员现状与标准或要求之间的差距。在设计课程内容时，培训师要评估以下事项：以学员的现状来说，学员要想达到标准或要求，应该具备哪些知识、态度和技能？一场培训就能解决问题吗？是否需要进行系列培训？课程内容的难易程度如何？

（2）学习活动设计。针对学员的需求设计好课程内容之后，还要考虑哪些学习活动能有效地促进学员的学习过程。培训的主体是学员，他们在培训结束后学以致用的程度和成效体现了培训的效果。因此，培训师必须以学员为中心，明确哪些学习活动既能在有限的培训时间内达成培训目标，又与学员的年龄层次、经验、阅历和对主题的了解程度等相匹配，还要辅以换位思考，只有这样才能设计出容易让学员参与、学员愿意参与并且能有效参与的学习活动，促进培训内容的优化，最终顺利达成培训目标。

3. 以少胜多

以少胜多的原则体现在培训目标的确定、课程内容和学习活动设计三个方面。

（1）培训目标的确定。前面提到，培训目标是想要通过培训帮助学员解决的共性问题点，这里的关键词是"共性问题点"。大家都知道，为了组织一次培训，HR 和培训师在培训的前、中、后期都要做大量的工作，学员也会因参加培训而不能正常工作，这些都是成本，所以一定要提前考虑培训的效能。在找对了学员之后，还要聚焦于学员在培训主题方面的共性需求，这样才能充分利用有限的培训时间。

这同时也解答了不少读者向我提出的问题——为什么"问题树模型"的三个步骤是调研抽查定方向、问卷普查明需求和水到渠成做设计。因为步骤一采取的是抽样调查的方式，容易受抽样人数、抽样对象的典型性、调研者访谈技巧和诊断能力等因素的影响，据此初步确定的课程主题和大纲不一定是学员的共性需求，必须通过问卷普查进行验证；同时，必须根据问卷汇总情况确定课程的重点模块和内容，为有针对性地设计培训目标提供依据。

（2）课程内容。"问题树模型"的步骤二明确了课程的重点模块和内容，这也确保了设计课程内容时能做到有的放矢。图 2-4 展示了确定课程大纲的三个步骤。

| 问题树 | 对策树 | 课程大纲 |

图 2-4　确定课程大纲的三个步骤

通过图 2-4 可以看出，问题树聚焦于学员的共性问题点，对策树则针对问题树中的共性问题点提供解决方案，课程大纲则围绕对策树的内容进行扩展。这三个步骤确保了最终确定的课程内容是学员真正需要的，也为培训结束后的学以致用奠定了坚实的基础。

（3）学习活动设计。哪些学习活动既能调动学员的参与积极性，又能达成培训目标？这是引导式课程设计的核心，也是难点。比起纯讲授的方式，用引导的方式开展培训用时更多，而培训的时间总是有限的，要想在有限的时间内达成培训目标，培训师必须学会舍弃，紧紧围绕培训目标来设计学习活动。

图 2-5 展示了在设计引导式课程时如何综合考虑目标、时间和学员这三个指标，如何运用以少胜多的原则来设计学习活动。

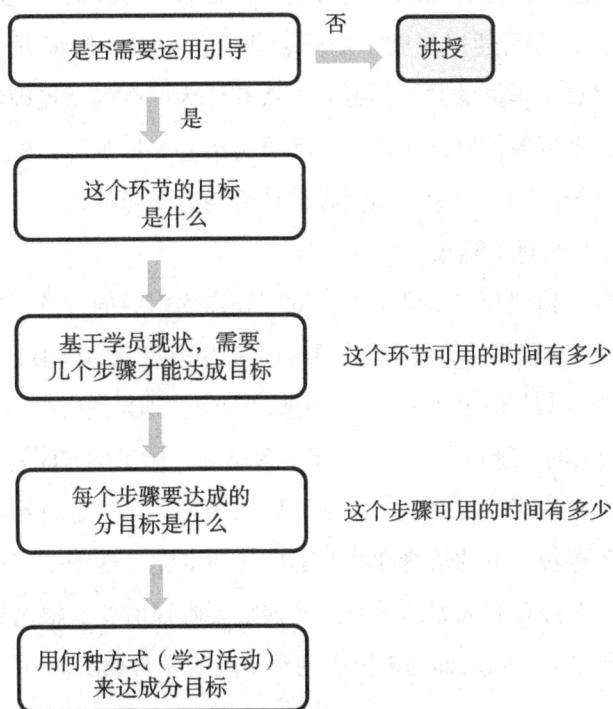

图 2-5　引导式课程设计原则：以少胜多

通过图 2-5 可以看出，在明确了需要运用引导的环节之后，还要考虑这个环节的培训目标是什么，然后通过一系列问题层层聚焦，围绕培训目标和学员的现状设计出最合适的学习活动。

第三节　引导式课程的五个要素

引导式课程的五个要素分别是学员、产出、空间、时间和过程。

一、学员

在引导式课程中，学员是主角，培训师协助学员获得更好的产出，以达成培训目标。按照"问题树模型"的流程，在培训需求调研阶段，培训师通过深挖学员存在的问题找到培训需求，也就是学员现状与培训要求之间的差距，以此确定培训目标；然后通过步骤二的问卷普查，一方面验证调研结果是否准确，另一方面聚焦于学员的共性问题点，将其作为课程的重点模块和内容；在课程设计阶段，则要遵循以终为始、以学员为中心和以少胜多的原则，围绕培训目标以及学员的基础、经验和阅历等设计恰当的学习活动，调动学员的参与积极性，促进培训目标的达成。

在培训现场，培训师应将学员关注的问题作为引导的重点，并选择合适的方式激发学员的参与积极性，使其群策群力，产生有价值的成果。在选择学习活动时，必须考虑学员的层级和特点。在企业培训中，越是低层级的学员，越适合开展肢体方面的活动；越是高层级的学员，越适合开展思维方面的活动。

无论我们在课前演练过多少次，在培训现场总会发生意料不到的状况。培训现场的能量会随着学员的情绪和状态的变化而变化，这些变化可能会促进大家的学习，也可能会阻碍大家的学习。培训师要临场应变，根据流程进度和现场能量进行综合评估，确定如何做更有利于学员的参与和培训目标的达成。

二、产出

谈到业绩下降这个问题，很多 HR 和培训师都认为这是因为没有做好培训。

可是，业绩上升了，大家却都认为这与培训没有什么关系，这样的情况十分普遍。其实，在分析业绩上升与培训是否相关这个问题时，我们可以从两个方面入手，一看培训目标是否紧紧围绕着业绩提升的根本原因，二看是否有相应的产出作为培训有效的证据。

在《培训师成长实战手册：培训需求诊断和调研》一书中，我分享了如图2-6所示的业绩提升是否与培训相关的分析。

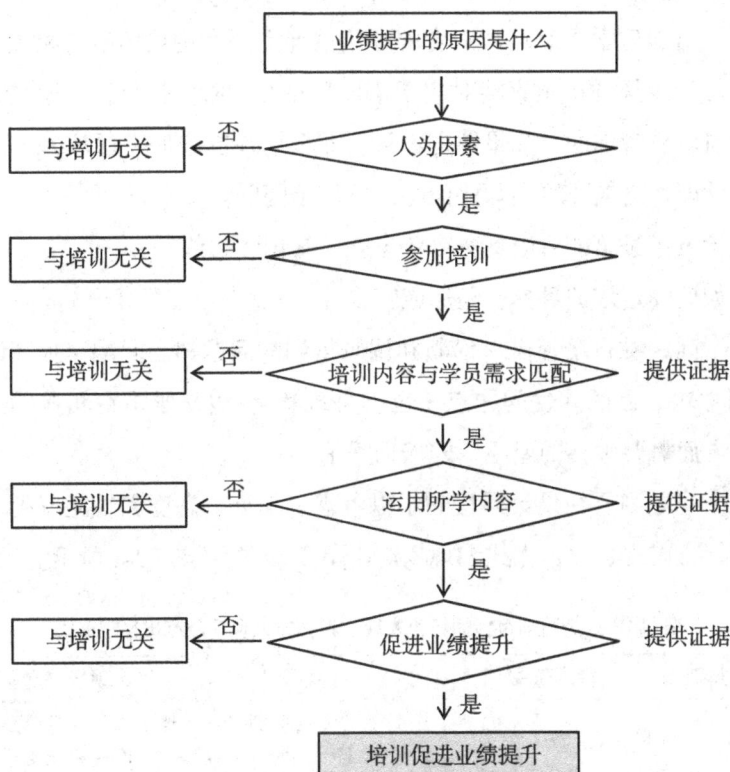

图 2-6　业绩上升是否与培训相关的分析

通过图 2-6 可以看出，要想证明业绩提升与培训相关，就要提供以下资料。

（1）课前需求调研的相关资料。这些资料可以证明导致业绩不理想的根本原因是人为因素，且主要责任者是参加培训的学员。

（2）问题树和对策树内容。这些资料可以证明培训内容与学员需求是否匹配。问题树中的各个问题点代表学员在提升业绩方面的共性不足，而对策树是针对问题树中所有内容的解决方案，如果两者相互匹配，就能证明培训内容是学员所需要的。

（3）培训现场的产出。这些资料可以证明培训对学员的业绩提升产生了实实在在的帮助。

（4）培训后学员的运用。只要证明业绩提升是因为学员将培训内容运用到了工作中，就能得出"培训促进了业绩提升"的结论。

其中，培训后学员对培训内容的运用情况需要利用培训后的相关数据进行评估，而培训现场的产出直接对应于培训总目标和阶段性目标，这是培训师在设计课程时就要考虑的。如果证据不足，那么结果自然是劳而无功。

在设计课程之前，培训师要回答以下两个问题。

（1）学员经过培训后应具备哪些态度、知识和技能？

（2）如何确定培训目标已经达成？

第一个问题源自培训需求诊断和调研得到的问题树。问题树描述的既是学员在培训主题方面的共性问题点（也就是现状），也是学员在相应的态度、知识和技能方面需要弥补的差距，即培训需求。

第二个问题则要在设计课程时予以考虑。知识、态度和技能三类培训目标有不同的行为表现、评估方式和现场产出呈现形式，如表 2-4 所示。

表 2-4　三类培训目标的行为表现、评估方式和现场产出呈现形式

培训目标类别	行为表现	评估方式	现场产出呈现形式
知识	区分、识别和分类	分享、口头或书面考试（测试）、抢答、判断和竞赛	视觉化呈现，如填空、连线和分类等
态度	选择	在一系列行为倾向中做出选择	投票，如贴纸、打勾、写"正"字和排队等
技能	演示、运用和解决	演示某个原理、原则的运用，采用某项技能解决问题并产出相应的结果，按照规定的步骤和流程完成某些行为	书面展示成果和反馈表或投票

根据表 2-4，我们可以通过图 2-7 所示的步骤来设计现场产出呈现形式。

步骤一	明确培训目标
步骤二	细化阶段性目标
步骤三	明确阶段性目标的类别
步骤四	确定各阶段目标的评估方式
步骤五	选择合适的现场产出呈现形式

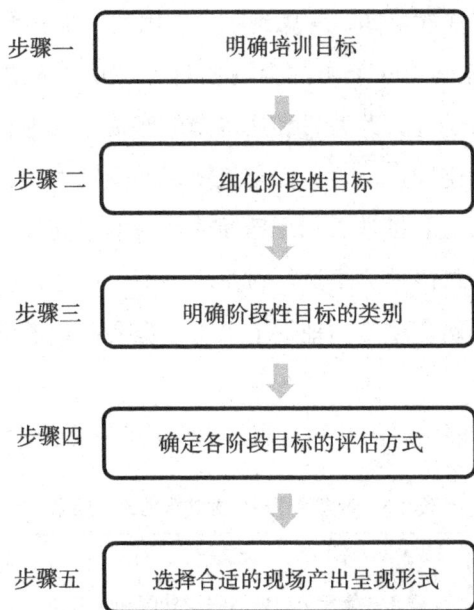

图 2-7　设计培训现场产出呈现形式的步骤

在实际操作过程中，对阶段性目标的达成状况进行视觉化呈现，如展示成果墙、行动计划等，一方面能让学员产生成就感，另一方面也能增强学员学以致用的信心。每个阶段都有明确的产出，这提醒着我们在设计课程时必须围绕培训目标选择学习方式，也能帮助我们避免因自己的好恶而忽视培训目标和学员的情况，让我们更容易做到以终为始、以少胜多。

三、空间

培训的空间可以分为物理空间和心理（情绪）空间。

1. 物理空间

物理空间的要素包括场地、墙面、桌椅、光线和温度。

（1）场地。与纯讲授式课程相比，引导式课程需要更多的墙面和走动的空间。若培训空间过大，则不利于学员集中注意力和聚集能量；若空间太小，则会影响学员走动或参与的效率。在选择场地的时候，一方面要注意面积是否足够大，另一方面也要注意层高，考虑到吸声的因素，提前准备好话筒。

有时会遇到在能坐100个人的会场里对10~20个人进行培训的情况，而且没有其他场地可供选择，此时可利用多余的座椅或其他材料，在会场中隔出一个大小相对合适的空间。反之，如果人太多而会场太小，则可考虑不摆放桌子，开展小组讨论时可安排学员利用墙面或地板的空间进行。使用地板的空间进行小组讨论是指学员以地为桌进行讨论和书写。选择这种方式时要特别注意地面，既要避免学员趴在冰冷的地板上书写，也要避免学员将字迹留在地面或地毯上。

（2）墙面。考虑墙面时需要注意表2-5所示的三个因素。

表2-5　考虑墙面时需要注意的三个因素

因素	原因	备注
墙面的可利用面积	需要在墙面上张贴海报、挂图和学员作品等	—
墙面的材质	在不同材质的墙面上需要使用不同的工具来固定纸张	美纹胶带、透明胶带和大头针等
墙面的颜色	墙面与窗帘的颜色会影响会场的能量和学员的心情	若太暗，可设法做增亮处理

（3）桌椅。确保桌椅可移动，并要考虑到各个小组的人数。培训师要根据每个小组的人数来评估需要将几张桌子拼接起来，供一个小组使用。此时，培训师首先要了解桌椅的尺寸，并结合学员之间的熟悉程度和人际空间来确定一组需要几张桌子。常见的桌椅摆放方式有岛屿式、"U"形、弧形和圆形等。

（4）光线。培训现场最好采用自然光。夏天或下午时，偏暗的黄色灯光很容易让人昏昏欲睡，此时要尽量打开窗户，拉开窗帘。如果亮度足够，则可以关掉黄色的灯。

（5）温度。温度对学员的参与度也有一定的影响。一般来说，温度太高会让人烦躁犯困，太冷则会让人无法集中精力。在培训开始之前，要用空调适当地调整温度。

如果物理空间不够理想，那么培训师可以采取以下几种应对策略。

（1）使用积极的音乐开场。

（2）午饭后做一些肢体活动。

（3）感觉大家已经疲倦时，让大家短暂休息。

2. 心理（情绪）空间

人与人之间交流时会形成某种心理空间，它也会影响学员在培训中的参与度。我们可以从下列几个方面为学员建立安全的心理空间。

（1）先准备好茶水和点心，为学员提供轻松交流的媒介和环境。

（2）在门口迎接学员，并安排专人进行会场指引。

（3）安排座位时要考虑学员之间的熟悉程度，如果学员之间不是很熟悉，就不要把桌椅摆得太过紧密。

（4）关注培训过程中不够投入的学员，在休息时询问他们遇到了什么困难、障碍或干扰。

四、时间

对培训来说，时间是一个硬指标，老板都希望在有限的时间内向学员提供更多的内容。但是，HR 和培训师都很清楚：少则得，多则惑，填鸭式的培训效果一般都不好。如何充分地利用有限的时间呢？下面我们以引导式课程中最常见的延时问题为例来看看如何有效地掌控时间。

1. 延时的后遗症

针对"培训时间已到，但还未获得想要的产出"这个问题，很多培训师会给出两个选项供学员选择：选项一，培训准时结束，未达成培训目标；选项二，培训延时，以期达成培训目标。我认为，这样的做法看似尊重学员，其实只是走了一个形式，后遗症有很多。

（1）被迫选择。一般来说，大多数学员都会选择后者，但这不一定是他们的真实意愿，很有可能这两个选项都不是他们想要的。有些学员想选择培训准时结束，但害怕其他学员对自己有看法，所以不得不选择从众。

（2）负面情绪累积。无论是选择前者还是选择后者，学员心里可能都不太舒服，这样的情绪会影响后续培训的进行。毕竟，结束时间相当于一条底线。以等人为例，如果对方说 30 分钟后到，那么我们就会非常关注时间，尤其是 30 分钟快到时，自己的忍耐几乎已经到了极限。如果这时对方突然来电话说"不好意思，堵车了，可能还需要一些时间"，那么你的心情会是怎样的呢？

（3）打乱安排。学员可能在培训结束后安排了其他事情，如果课程无法准时结束，就会给学员带来不必要的困扰和麻烦，打乱学员后续的安排，导致学员在延时期间无法全身心投入。

（4）能量分散。在引导的过程中，培训师要特别注意现场的能量。基于上面的三条原因，很多学员虽然人还在现场，但心早就不在现场了，能量也很难聚集。

（5）产出打折。在上面这些因素的干扰下，即便在延时阶段有一些产出，也会大打折扣。

（6）影响培训师的形象。控制培训时间是培训师最基本的技能之一。虽然引导的方式比纯讲授的方式难度大很多，但这并不能改变大家对培训师的基本要求。培训师若因使用了引导技术而超时、拖堂，就会让学员认为培训师不够专业，进而影响培训师的形象。

2. 如何合理安排时间

一场培训总的时间是固定的，将有限的时间用在最重要的环节（即课程的重点内容和模块）是达成培训目标的前提。在对课程时间进行总体安排时，应优先考虑课程的重点模块和内容，否则就会出现前松后紧的情况，要么匆匆结束，让学员觉得虎头蛇尾，无法达成培训目标；要么不得不跟学员商量延时，即使达成培训目标，学员的参与度也会大受影响。

要想有效控制培训时间，培训师就要做到以下几点。

（1）充分准备，做到心中有数。

① 明确重点内容与次要内容。确定重点内容的依据是学员的问题点、困惑点或关注点，而非培训师自己的好恶或对不同内容的熟悉程度。明确了重点内

容和次要内容后，遇到需要临时缩短时间或加快培训节奏的情况时，培训师应该优先完成重点内容，以确保在有限的时间内达成培训目标。

② 区分主要材料与辅助材料。要想证明一个观点，就要提供各种材料，如案例和故事等。例如，为了证明"分享是最好的学习"这个观点，我分别准备了自己的亲身经历、一个他人的案例以及一句名人名言，一共三个不同的材料。我认为最有说服力的是自己的亲身经历，所以把该材料作为主要材料，把他人的案例和名人名言作为辅助材料。万一时间受限，我就可以只讲自己的亲身经历，舍弃另外两个材料。

因此，区分主要材料和辅助材料有助于我们更有效地控制时间。图 2-8 为课程时间分配优先矩阵。

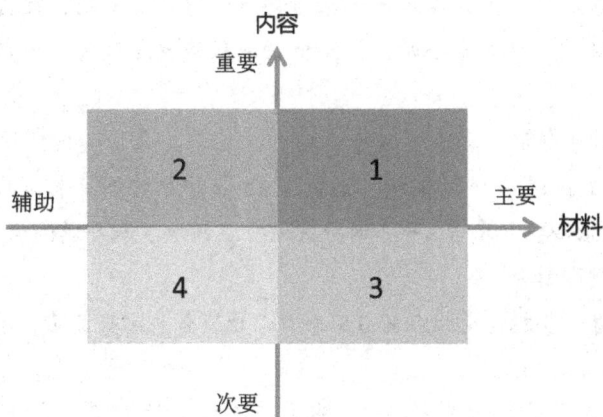

图 2-8　课程时间分配优先矩阵

通过图 2-8 可以看出，当时间受限或者需要缩短培训时间时，我们应该优先完成矩阵中的"1"和"2"这两部分内容。我见过不少培训师将所有内容和材料都放在 PPT 上，时间不够用时只能拼命翻页，学员看得眼花缭乱，培训师自己也很尴尬。为了避免这样的情况，培训师应该将主要材料和辅助材料装在自己的大脑里。这样一来，培训师就能掌握主动权，时间充裕时可以分享相应的内容，时间紧张时一带而过就行了。

（2）分解目标，分段控制。在引导式课程中，时间越长，越难掌控进度。

以一场有三个模块的六小时培训为例，总体目标是在六个小时内完成三个模块的培训，但真正做起来，难度非常大。这是因为，培训是人与人之间的沟通和交流，分享和互动等很多环节并不是完全受培训师控制的。因此，我们必须根据之前确定的重点内容和次要内容合理分配时间。

案例 2-2："中层管理者的有效沟通技巧"培训

内训师张渊要给公司的中层管理者做沟通方面的培训。根据事先对学员及其部属、平行单位的访谈，张渊了解到学员在与部属沟通、跨部门沟通方面有所欠缺，因此设计了三个模块的内容——为何沟而不通，与部属沟通的艺术以及跨部门沟通。

根据问卷反馈，张渊发现学员在与部属沟通方面最弱，故将其作为重点内容。本次培训一共 6 个小时，张渊根据课程的重点模块和内容对培训时间做了层层细分。

1. 总体时间分配

张渊预留了 15 分钟做暖场，预留了 15 分钟做培训结束前的总结，剩下 5.5 个小时，张渊将其中 3.5 个小时分配给重点模块"与部属沟通的艺术"。

2. 重点模块细分

张渊觉得，要想完全控制好 3.5 个小时的节奏也比较困难，于是继续向下细分。

（1）"与部属沟通的艺术"模块包括三个方面的内容，其中，"批评与表扬的艺术"是重点内容，张渊为其分配了 2.5 个小时。

（2）张渊继续将 2.5 个小时的时间细分，分给"批评"部分 1 个小时，分给"表扬"部分 1.5 个小时。之所以这样分配，是因为他通过前期的诊断和问卷汇总发现学员在表扬方面的问题较多。

（3）"表扬"部分的内容是按照 Why（为什么）、What（什么）、How（如何）的逻辑展开的，重点应该是 How 部分，张渊给 How 部分分配了 1 个小时，给 Why 部分分配了 10 分钟，给 What 部分分配了 20 分钟，如图 2-9 所示。

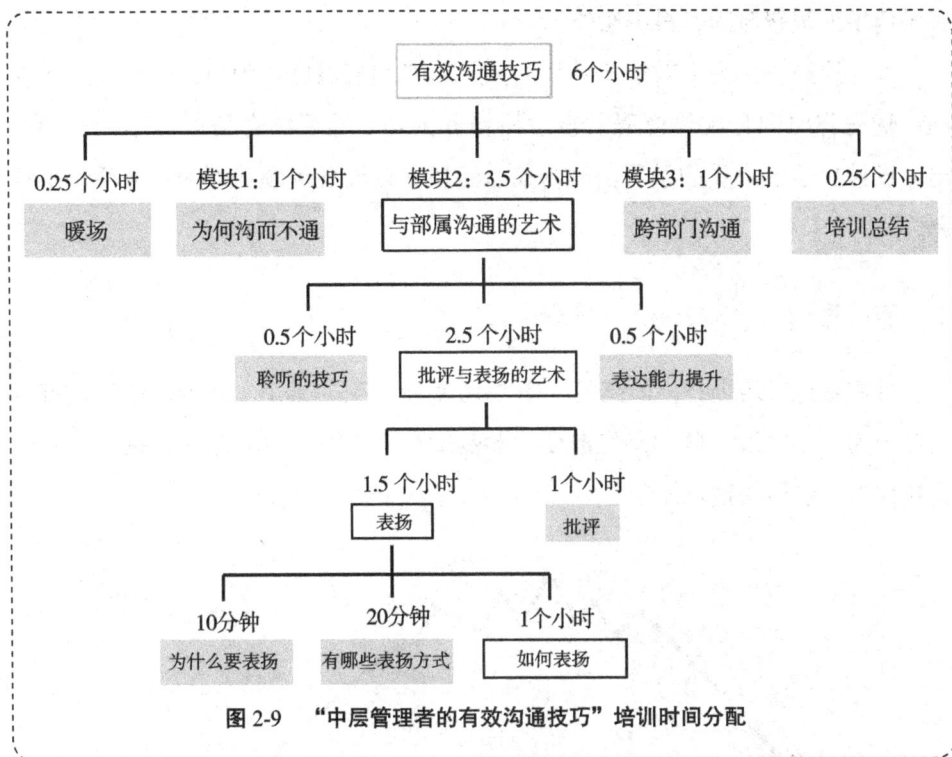

图 2-9 "中层管理者的有效沟通技巧"培训时间分配

（3）调整授课方式。常言道："计划赶不上变化。"在培训中运用引导的方式时，常常会发生超时的情况。这时，培训师要及时采用控场和引导技巧，善用封闭式问题。如果可用时间少于预期，那么培训师可以用下列三种方式来控制时间：减少分享的人数，缩短分享的时间以及调整分享的方式。其中，调整分享方式可以从表 2-6 所示的三个方向进行。

表 2-6 调整分享方式的三个方向

方向	做法
第一个方向	将逐一分享调整为集中分享
第二个方向	运用视觉化呈现的方式，在短时间内传递大量信息
第三个方向	用大海报纸取代 A4 纸，既能节省时间，又便于学员快速了解内容

用大海报纸取代 A4 纸时，要向学员提供较粗的笔，并提醒学员写字时一定要字大体正，确保在 2 米外能够看清楚海报纸上的每一个字，否则就会因为

看不清字而浪费时间，得不偿失。

综上所述，要想有效运用培训时间，就必须遵循以终为始、以少胜多的原则，优先将时间分配给课程的重点模块和内容；然后结合培训目标和预期产出，设计出适合学员的学习活动；最后还要在培训现场顺势而为，灵活调整授课方式。

五、过程

过程是达成培训目标的路径。图 2-10 展示了引导某个主题的流程，该流程主要分为三个阶段，分别是发散期、动荡期和收拢期。因其形状像钻石，所以也被称为"引导的钻石模型"。

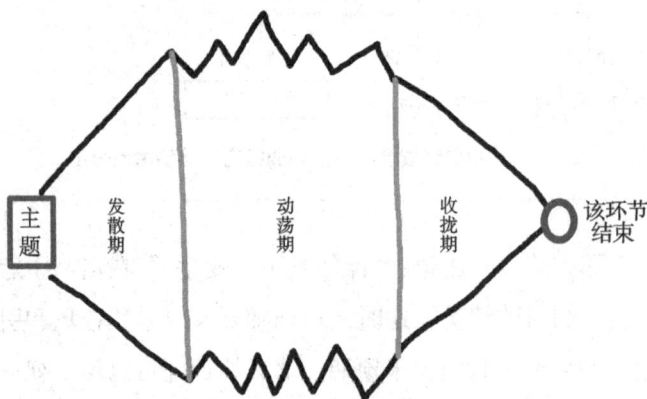

图 2-10　引导的钻石模型

1. 发散期

发散期是学员针对主题开展发散型思考的阶段。在这一阶段，培训师要带领大家开展判断和开放式讨论，寻求多元化的观点，产生各种想法。因此，培训师在该阶段的主要任务是说明将要讨论的主题及其背景，并营造畅所欲言的氛围，鼓励学员发言。

2. 动荡期

动荡期是学员对在发散期得到的观点和想法进行交流、碰撞的阶段。最常出现的情况是，学员对自己熟悉的或与自己一致的看法和观点表示认同、赞许，而对自己陌生的或与自己不同的看法和观点提出批判、质疑。随后，学员会因观点不同而展开辩论，维护自己认同的观点和想法。在这个过程中，学员很有可能产生对立、烦躁等情绪，导致其无法认真倾听和思考。此时，培训师的主要任务就是引导学员看到不同观点的价值，找到它们的共性及其与主题的关系，为收拢期做好准备。

在引导式课程中，动荡期是个让人又爱又怕的阶段。爱的是这个阶段的动荡源自不同观点和想法的碰撞，在交流和碰撞的过程中，学员会对发散期的产出（即多元化的观点和想法）进行深入探讨，这非常有利于培训目标的达成。怕的是如果培训师无法将大家从相持不下的僵局中引导出来，那么动荡期就会演变成一场混战，导致关键的收拢期难以进行，或者效果大打折扣。

3. 收拢期

收拢期是对发散期和动荡期两个阶段的总结，即通过将不同的想法归类，归纳出要点，得到共识。收拢期的产出对培训目标的达成至关重要。不论是知识、态度还是技能类培训，在运用引导的方式开展培训时，最后的总结都要呼应培训目标。如果缺少了收拢期，那么学员很可能会一直在动荡期的迷雾中徘徊，无法将发散期的智慧与培训目标联系起来，培训效果必然会受到影响。收拢期可以帮助学员在迷雾中找到走向培训目标的路径，最大限度地提升培训效果。

讲授是培训师推着学员向着目标走（被动），而引导是培训师启发学员自己找到通往目标的路（主动）。虽然目的地都一样，但在培训结束后的运用方面，两者会显示出较大的差别。因为受到时间、目标和学员基础等因素的影响，在一次培训中，培训师一般不会全程运用引导的方式，而会穿插使用讲授和引导两种方式。

图 2-11 展示了引导式培训的流程。

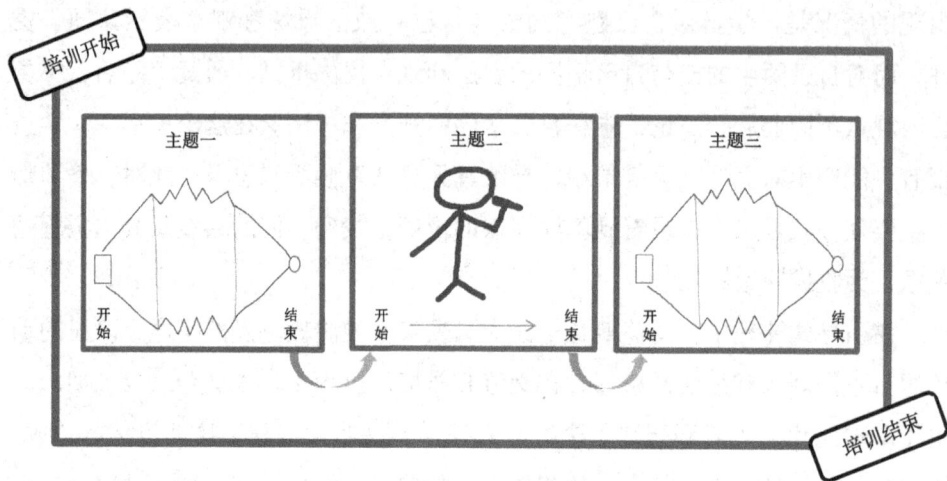

图 2-11　引导式培训的流程

　　图 2-11 所示的培训包含三个模块，每个模块都有一个主题。其中，主题一、主题三采用引导的方式进行，主题二采用讲授的方式进行。后文的引导式课程设计五线谱将为大家提供更详细的思路和做法。

第三章 自我修炼：引导式培训师的角色与能力

既然大多数培训师都是引导式培训师，那么引导式培训师的角色应该是什么呢？引导式培训师与过程引导师有什么不同？引导式培训师应该具备哪些核心能力？

第一节 引导式培训师的六种角色

在培训课程的不同阶段，引导式培训师一共扮演六种角色，如表3-1所示。

表3-1 培训师的六种角色

角色	阶段			职责
	培训前	培训中	培训后	
医生	○			进行培训需求调研和诊断，找到学员的共性需求，对症下药
编剧	○			编排课程内容，设计培训流程
导演		○		掌控流程，激发学员的参与积极性，确保达成培训目标
教练		○		辅导和鼓励学员进行思考、演练，巩固所学内容
助产士		○		通过提问和促进参与帮助学员更有效地达成培训目标
顾问			○	对学员在运用过程中遇到的问题提供指导并持续跟进，强化其运用能力

1. 开发课程前

引导式培训师在开发课程之前扮演的角色是医生。在开发课程之前，若没有做深入的培训需求诊断和调研，则要么只能开发大而全的课程，将企业内训做成蜻蜓点水式的公开课，要么在授课现场互动时，不知道提出什么样的问题或设计什么样的参与方式，最终导致冷场或学员不愿意参与。

2. 开发课程时

引导式培训师在开发课程时扮演的角色是编剧。在开发课程时，引导式培训师必须遵循以终为始和以学员为中心的原则，在前期诊断和调研的基础上，针对学员的共性问题点提供有针对性的课程内容，设计出与学员基础、经验和阅历等相匹配的授课方式。

3. 授课时

在授课时，引导式培训师需要同时扮演三种角色——导演、教练和助产士。培训师要扮演导演的角色，让学员成为演员，使其对课程重点内容进行大量演练，以此为培训结束后的运用奠定基础；在学员演练的过程中，培训师要扮演教练的角色，对其进行指点和辅导，帮助学员巩固所学，加深印象；如果将学员通过积极参与产生的成果比喻为孩子，那么培训师就是帮助学员将这些孩子顺利生产出来的助产士，并不是孩子的妈妈。

让我们回顾一下助产士是如何工作的。首先，他们会告诉孩子的妈妈目标是什么（确保孩子顺利出生）；然后，他们会根据自己的专业知识和经验，以及妈妈目前的身体状况和孩子的实际情况，评估需要采取什么样的指导和协助措施；最后，在整个生产过程中，他们会给予妈妈适时的肯定和鼓励，增强妈妈的信心。因此，助产士的角色是协助孕妇（学员）生孩子，而非替孕妇生孩子。

说到这里，请大家反思一下，在之前自己做过或参加过的培训中，自己或培训师虽然采用了请学员参与的方式，却抢了妈妈这个角色，最终产出的到底是自己或培训师的观点，还是学员的观点？

有一种情况非常典型，在 TTT 培训中，培训师将自己的角色定位为编剧和导演，其中的"演"就是自己抢着做妈妈。以这样的角色定位开发出来的课程，就算互动、游戏做得再好，也只是培训师一个人的表演，因为所有的产出都是培训师的，而不是学员的。培训是否真的有效果，要看学员在培训结束后能不能做到学以致用。学员才是学以致用的主体，如果他们在培训过程中不能充分参与、思考和演练，那么就很难将培训内容运用到实际工作当中。

4. 课程结束后

引导式培训师在课程结束后扮演的角色是顾问。学到不等于做到，学员在课程结束后的运用过程中一定会碰到各种问题，此时培训师要及时给予指导，否则学员就会回到原来的做法，导致培训无效。

引导式课程需要遵循以终为始和以学员为中心的原则。引导式培训师首先应该扮演医生的角色，诊断培训需求，明确培训目标，找准培训主题和对象；在此基础上，以学员共性需求为依据，为其量身定制课程内容，完成编剧的工作；在培训现场，将舞台交给学员，掌控整个流程，辅导学员进入角色，使其深入了解课程内容，进行实操演练；在培训结束后，为学员提供学以致用方面的支持和指点。

第二节 引导式培训师的七大核心能力

通过上面介绍的六种角色可以看出，引导式培训师的能力比过程引导师更加全面。引导式培训师不仅是流程专家，还是内容专家。过程引导师面对的是本身就具有一定基础的学员，这些学员有能力产出相关内容。而引导式培训师面对的学员有可能在培训主题和内容方面一片空白，如果只做引导，那么结果必然是徒劳无功，因此，讲授就成了传递知识和技能的有效方式。此时，只有培训师自身对培训主题和内容有充分的了解，才能让学员有更多的收获。

虽然很多学员都希望培训师提供"干货"，可如果只有"干货"（即内容）而缺乏有吸引力的形式，学员也会觉得枯燥乏味，甚至失望。反之，一场看似热闹的培训，如果不能给学员提供实实在在的帮助，那么也只不过是一场成本昂贵的娱乐罢了。因此，引导式培训师必须同时兼顾内容（培训什么）和流程

（如何做培训），两者是相辅相成的，缺一不可。

那么，作为流程和内容专家的引导式培训师应该具备哪些核心能力呢？表 3-2 列出了引导式培训师应具备的七大核心能力。

表 3-2　引导式培训师的七大核心能力

核心能力	对应的角色	在培训各个环节的体现	
		课程设计	培训现场
诊断力	医生、导演	分析问题，明确需求，确定培训目标	纠偏，确保不偏离培训目标
创造力	编剧、导演、教练	根据培训目标和学员状况设计培训流程	根据现场环境和学员状态调整设计，或提供有针对性的指导
洞察力	医生、导演、教练	从表象到本质，深入了解培训需求	观察学员状态，做相应的调整或辅导
保持中立	医生、助产士	做需求调研时不做主观判断	在引导过程中不将个人想法或意见强加给学员，不做判断
提问力	医生、编剧、助产士	明确需要通过培训解决什么问题，如何将课程大纲转变为问题	通过提问引导学员参与讨论，通过提问干预偏离主题的行为
倾听力	医生、助产士	在需求调研阶段聆听领导要求和学员需求	使用肢体和眼神鼓励学员发言，通过提问和复述澄清理解，总结关键点并予以验证
整合力	医生、助产士	收集信息，与领导和学员进行确认，将其作为培训内容和流程设计的依据	邀请学员参与，及时、准确地总结，鼓励学员贡献新想法，将想法归类，展示差异并进行总结

注：本书的主题是课程设计，而培训师只在培训结束后的运用阶段需要扮演顾问的角色，故此表并未体现顾问这个角色。

下面深入分析和解读引导式培训师的七大核心能力。

1. 诊断力

诊断力是引导式培训师应该具备的首要能力。不具备诊断力的培训师，很难提供对学员有帮助的培训内容，也无法做到因材施教，这必然导致培训无效。

在《培训师成长实战手册：培训需求诊断和调研》一书中，我分享了进行需求调研和诊断的四大途径、七大方法和四大工具，并指出了培训中的不少误区。例如，误将培训要求当成培训需求、找错了培训对象、问错了问题等都会造成方向性的错误，最终让 HR 和培训师都劳而无功。HR 和培训师不仅要承担培训无效的后果，还要面对培训筹划过程中的种种难题，例如，做编剧时如何取舍收集来的资料？如何编排？做导演时如何确定课程的重点模块和内容？如何分配时间？

如果省略了前期的诊断和调研，未将培训需求作为依据，那么这些问题都是无解的。同时，在这样的培训中，要想在培训现场调动学员的参与积极性，成功的概率是非常低的，最后培训师只能选择由自己来当演员，将培训变成个人秀。这样的一错再错，根源在于培训师缺乏培训需求诊断的意识和能力。

在开发课程之前，培训师要具备强大的诊断力；在培训现场，培训师同样需要对课程的流程、节奏、成果以及学员的状态进行及时诊断，确保不偏离培训目标。

2. 创造力

无论作为编剧、导演还是教练，培训师或引导师都要具备强大的创造力。没有任何一个课程设计工具或方案能够适用于所有的课程和学员，因此每一次的课程都要量身定做。

首先，培训师要根据培训目标和学员的状况，设计出能在有限的时间内高效达成目标的培训流程。其次，培训师要根据现场的环境和学员的状态，适当地调整培训的流程和节奏等。最后，培训师要根据学员的状况和需求，提供有针对性的指导，因材施教。就算是面向新员工开展规章制度、企业文化等内容相对固定的培训，也要针对每批学员的背景和每次培训的侧重点，设计不同的学习活动，让培训真正发挥出应有的作用。否则，培训师成了复读机，学员失去了兴趣，培训效果必定会大打折扣。

这里所说的创造力，并不是指发明创造，而是指在课程设计的基础上对一些细节（如课程海报、暖场方式和学员的分享顺序等）进行改动和创新。下面这个案例介绍的键盘签到法，就是我想出来的一种有所创新的暖场方式。

案例 3-1：键盘签到法

我做过一场"培训引导中的发散和收拢策略"培训，有近 30 人报名，大多数学员彼此不熟悉。如何才能快速活跃气氛呢？采用可视化的方式应该是最有效的。之前，我用过画小动物、心情、社交网络和思维导图等办法。这次又该如何创新呢？我翻阅可视化方面的各种图书，其中一本书中提到的"图像登录"让我找到了灵感。要想节省时间，就要让学员在入场时提供更多的信息。我想到了即时贴，我打算让每一位学员将自己的基本信息写在上面。最后，用什么样的图像才能让近 30 位参加者都能签到呢？我想到了键盘，于是设计了如图 3-1 所示的签到图。

图 3-1　键盘签到图

我用彩色笔将这张键盘签到图画在大海报纸上，并把它贴在活动现场的墙上。在入口处，有专人提供即时贴，并指引学员按照图 3-2 的示范来填写内容。

行业　　　　岗位

姓名

最想解决的一个问题

图3-2　签到的内容

学员填完图 3-2 所示的内容后，将这张即时贴张贴到键盘签到图中的一个键上。图 3-3 为已经完成的键盘签到墙。

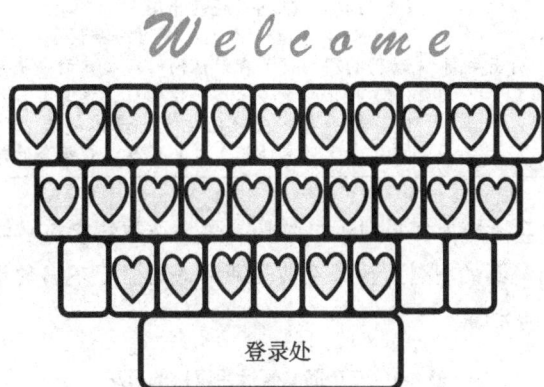

Welcome

登录处

图3-3　已经完成的键盘签到墙

培训开始后，我请学员从签到墙上的即时贴中找到两个自己希望了解的人，记住他们的名字，然后找到这两个人，与其进行交流。这个办法使学员之间的交流很快升温，迅速达到了活跃气氛的目的。

这次培训结束后，键盘签到法被不少伙伴运用到了自己的培训中。大家根据自己的需求和目标，灵活调整签到内容，都取得了不错的效果。

案例 3-2：简笔画的运用

请学员用画简笔画的方式进行暖场是我经常采用的方式。在遵循以终为始和以学员为中心两个原则的前提下，我会根据暖场的目标来确定具体做法。表3-3列举了该方式在三场培训中的运用。

表3-3　三个运用简笔画暖场的案例

课程名称	目的	具体做法
培训需求信息分析与运用	彼此认识	（1）在A4纸上画思维导图，并画出代表自己的小动物 （2）拿着思维导图进行自我介绍
ORID在培训中的运用	激发学习动机	（1）在即时贴上画一个动物，不写姓名，将其张贴在键盘签到墙上 （2）在签到墙上选择一张即时贴 （3）通过提问找到即时贴的主人
如何挖掘真实的培训需求	引出主题	（1）在A4纸上写下自己的姓名，并画出代表自己的动物 （2）选择一张感兴趣的介绍卡 （3）向该介绍卡的主人提出一个问题，写出三个对方画该动物的理由，并在最认同的理由前面画星号 （4）将介绍卡传给下一位学员，返回第三步 （5）将介绍卡交还给主人，请其勾选（卡上有的话）或补充（卡上没有的话）与自己想法最吻合的想法

表3-3中的三场培训都用到了用简笔画画小动物的方式，但因目标、人数不同，我对画简笔画的材料、要求及其运用方式进行了不同的设计。表3-4对这三个案例进行了拆解。

表3-4　三个简笔画运用案例的拆解

课程名称	目的	简笔画的载体	要求	对简笔画的运用
培训需求信息分析与运用	彼此认识	A4纸思维导图	画简笔画，写出姓名	自我介绍
ORID在培训中的运用	激发学习动机	1米×0.8米的键盘签到墙	画简笔画，不写姓名	通过提问找到简笔画的主人
如何挖掘真实的培训需求	引出主题	A4纸	画简笔画，写出姓名	猜主人画该简笔画的理由，并请其确认

通过表3-4可以看出，第一个课程对简笔画的运用方式是最常见的自我介绍，第二个、第三个课程均围绕课程主题对简笔画的运用方式进行了设计。

在"ORID 在培训中的运用"培训中，运用简笔画进行暖场的步骤如下。

（1）明确规则。每人在键盘签到墙上选择一张即时贴，通过提问找到即时贴的主人。被提问者不得直接回答"是"。

（2）回顾活动。运用 ORID 进行提问，提出的问题如下。

① 刚才发生了什么？

② 在上一轮的分享中，有哪些问题帮助您找到了即时贴的主人？

③ 能够帮助您找到即时贴的主人的问题有什么共同的特点？

④ 通过刚才的活动，您对培训中的提问有了哪些新的思考？

（3）引出主题。我询问学员对这几个问题的感受，并指出这四个问题就是按照 ORID 的提问架构来设计的，这引起了大家对 ORID 的兴趣。我进一步说明，这就是图 3-4 中的场景 A，也就是培训师在提问时期待出现的场景。但事实上，常常出现的却是图 3-4 中的场景 B：在培训过程中放视频、做游戏后，培训师问学员"对你有什么启发"，现场立刻变得静悄悄。

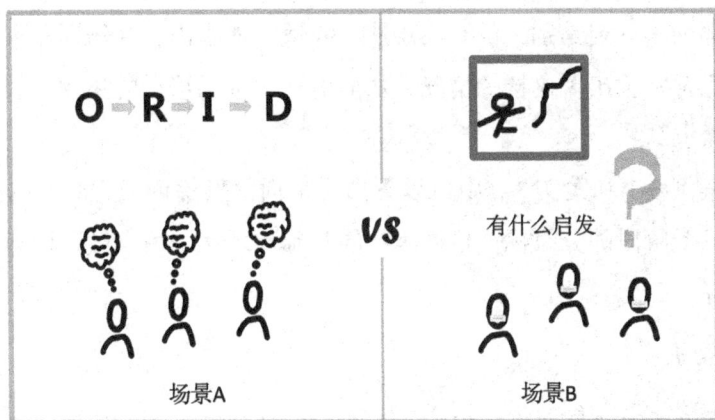

图 3-4　培训中两个提问的场景

这两个场景的对比可以让学员产生强烈的共鸣，同时也能激发大家对 ORID 的学习兴趣。

在"如何挖掘真实的培训需求"培训中，运用简笔画进行暖场的步骤如下。

（1）说明规则。将所有介绍卡摆放在会议桌中间，请大家拿起自己感兴趣的介绍卡，并问介绍卡的主人一个问题，然后在介绍卡上写出对方画该简笔画的三个原因，并在最认同的原因前面画星号。完成后，将介绍卡顺时针传给下一位学员并由其重复以上步骤。最后，介绍卡回到主人手中，主人在猜中的原因前面打勾，如果全都没有猜中，则把答案补充在卡上。

（2）活动过程。学员找到自己感兴趣的介绍卡后，完成规定的三个步骤（提问、写出三个原因和画星号），之后将卡顺时针传递，重复刚才的步骤。最后，介绍卡的主人根据卡上已有的内容决定勾选还是补充内容。

（3）通过分享引出主题。将完成的介绍卡张贴到签到墙上后，问下列几个问题。

① 上面的勾多吗？

② 有几个勾跟星号重叠了？

③ 想一想今天的主题，这个结果有什么启发？

最终的结果是，在 11 张介绍卡中，只有 2 个勾与星号重合。大家认识到，自己所猜测的不一定是别人的真实想法。我适时地指出，在培训需求诊断和调研过程中也常常会出现这样的情况，从而引出了本场培训的主题"如何挖掘真实的培训需求"。

通过案例 3-1 和案例 3-2 中可以看出，培训师发挥创造力时必须围绕培训总目标和各个阶段的分目标，根据学员的基础和现状，用心做各种尝试，适合的才是最好的。

3. 洞察力

洞察力是指深入探究事物或问题的能力，是人们对个人认知、情感、行为动机与相互关系进行透彻分析，即透过现象看本质的能力。关于引导式培训师的洞察力，下面重点讲两个方面。一方面，在培训需求诊断和调研阶段，培训师要通过洞察力来发掘真正的问题，找到产生问题的真正原因，做正确的事情。对培训需求、希望解决的问题进行了解和分析，最终确定培训需求的过程，也是洞察力在培训需求调研中发挥作用的过程。

另一方面，在培训现场，有些培训师在台上很会演、很会说，常常把培训当成个人秀。在这种情况下，培训师很容易失去洞察力。这是因为，引导式培训师只有把关注点从自己转移到学员身上，通过对学员的各种肢体行为、表情和语言等进行分析，判断学员的能量和状态，顺势而为地调整授课方式和节奏等，才能真正做到以学员为中心。

案例 3-3：关于课程互动方法的小组讨论

在一场"生动授课技法"培训中，培训师李云倩请各个小组讨论课程互动有哪些方法，时间是 8 分钟。李云倩巡回观察各个小组，通过学员的讨论状态和结果发现了以下问题。

（1）第一组的讨论变成了组员王强的"新闻发布会"。李老师对王强说："不错哦！你一个人就有了这么多的好点子，这个头开得很好！还有 5 分钟，现在你来做主持人，收集一下其他组员的意见，补充到小组的成果中，好吗？"之后，王强转换角色，从观点发布者变成了观点收集者，其他组员也获得了表达意见的机会。

（2）第二组进展十分缓慢。时间已经过去 5 分钟了，组员们才写了 3 个方法。李老师走过去说："我看到刚开始的时候，你们小组讨论得很热烈，现在好像降温了，你们遇到什么问题了吗？"组员刘延拿起一张纸说："我们讨论出了很多方法，但没写上去，觉得太细了。"李老师接过纸浏览了一下，说："的确挺多的！我们讨论的目的是为大家提供回去以后马上就能用的方法，大家觉得这些是不是呢？"组员们点头说："是的。"于是，刘延很高兴地拿起笔，边写边跟其他组员说："我先写上，你们再补充一些吧。"

（3）第三组陷入了提问，无法自拔。李老师看到第三组的讨论结果全是关于提问的，于是说："除了提问，互动还有其他方式吗？"组员们异口同声地说："互动就是提问呀！"李老师接着问："互动中的'互'是指双方，'动'有不同的方法，如动嘴、动脑和动身体。我看到纸上面写的都是关于老师和学员之间进行提问的具体做法，这些都属于动嘴和动脑。除了老师和学员之间的互动，还有学员与学员之间的互动吧？除了动嘴、动脑，是否还有身体的运动呢？"一位组员马上说："老师，刚才我们进行角色扮演后，其他组做点评，这也算吧？"李老师说："算！大家可以回想一下，从今天早上到现在，我们还运用了哪些学员与学员之间的互动方式。"在李老师的启发下，第三组的讨论成果越来越丰富了。

（4）第四组跑题了。李老师看到第四组的纸上只写了开场游戏。她站在旁边听了一会儿，发现大家的话题一直围绕着如何进行开场游戏（包括道具如何制作、去哪里购买等）展开。李老师叫停后说："你们这组讨论得很热烈，看来大家都对游戏很感兴趣。不过，大家还记得现在要讨论的主题吗？"组员们有点茫然，回头看了看PPT说："课程互动有哪些方法。"李老师说："是的！课程互动的方法，除了开场游戏，还有哪些呢？"有学员马上说："提问、案例分析、反馈……"李老师说："那就赶快写下来吧！"

在李老师的及时指点下，各组均在8分钟内完成了小组讨论，并展示了内容满满的成果墙。

案例3-3中的四种情况是培训过程中开展小组讨论时比较常见的几种情况。李老师观察各组的进度和学员的状态，结合讨论的成果进行分析，找到各组的问题所在，并通过肯定、鼓励和提问的方式进行启发，引导大家按照预定的方向开展讨论，这就是一位典型的引导式培训师在小组讨论环节要做的事情。

在培训现场，培训师首先要发挥洞察力，意识到问题的存在，然后运用诊断力，分析造成问题的原因，最后运用创造力，提供当下最恰当的解决方案。

4. 保持中立

在培训过程中，无论运用讲授的方式还是运用引导的方式，培训师都希望学员能够参与进来，发表自己的观点和想法。尤其是在学员发表不同观点的时候，培训师一定要保持中立，鼓励他们发言。

案例3-4：由热变冷的培训参与

在"门店销售"培训中，内训师刘琳组织学员做完开场游戏后，请学员提出关于门店销售的问题。由于前面的开场游戏比较轻松，举手的学员比较多。刘琳一边听，一边将他们分享的内容写在身旁的白板上。让她不解的是，三位学员分享完之后，其他学员就不再发言了。她一再鼓励大家畅所欲言，学员还是说："没有了。"在销售沟通技巧演练结束后做点评时，也发生了类似的情况。直到课程结束，学员的参与度一直不高。

刘琳暗自庆幸，幸亏这次培训只有一个小时。同时，她也很困惑：做开场游戏时，大家都玩得挺投入的，为什么后来就不积极了呢？培训结束后，她分别找了几位私交比较好的学员了解情况，她得到的反馈是，本来大家挺想发言的，但她自己的几个小习惯让学员感觉不太好。

（1）评价。刘琳习惯在每个人发言后进行评价。例如，当学员提出某个问题时，她会说："这个问题很简单。"这让学员觉得自己提出的问题太幼稚，丢了面子。

（2）小动作。刘琳喜欢在手里拿支签字笔，在听学员发言时，她会下意识地转笔。她没有意识到这一点，但这个动作让学员觉得自己没有受到重视和尊重，也就失去了发言的兴趣。

（3）暗示。学员一共分为四组，左右各两组，在一个小时的培训中，刘琳有40分钟站在右边的A组前面，对着A组的学员讲话。在辩论环节，她也一直站在A组的学员身边，并频频点头。这让其他学员觉得A组的学员更受重视，而其他三组的学员及其观点都不重要。

在案例3-4中，本来开场的氛围不错，但由于培训师忽视了几个细节，让自己失去了中立的立场，挫伤了学员的参与积极性。

培训师的中立体现在语言、非语言和空间三个方面。

（1）语言的中立。在学员发表不同意见时，如果培训师对某人说"你说得很好"或"你说得很有道理"，就会让其他已经发言的学员认为自己的观点没有价值，让其他尚未发言的学员担心自己说得不够好或不够有道理，进而打消发言的念头。这个做法带来了两个后果：一是学员认为只有得到培训师赞赏的观点才是正确的，不愿提出多元化的观点；二是学员从参与的状态回到了等待权威发言的状态，后续的参与度降低。

培训师要想保持语言的中立，就要保持开放的心态和好奇心。在开放的氛围中，学员才会有安全感，才愿意畅所欲言，而开放的氛围首先源自培训师开放的心态。如果培训师秉持教学相长的态度，不轻易评判他人，并勇于承认自己不知道，那么学员就能感受到开放的氛围；如果培训师将每位学员的分享当成一份礼物，去感受其价值，那么学员就能感受到开放的氛围；如果培训师怀着强烈的好奇心，用眼神关注学员，用耳朵倾听学员的发言，那么学员就能感受到开放的氛围……

电影《阿甘正传》中有一句经典台词："人生就像一盒巧克力，你永远也不知道下一个吃到的是什么味道。"对培训师来说，每位学员都带着宝藏而来，你永远不知道他们会带来什么惊喜。只要拥有这样的心态，培训师就不会轻易去评判，而是更愿意问："这是什么礼物？"当学员感受到培训师拥有开放的心态时，就会更愿意分享他们的观点。

（2）非语言的中立。某些面部表情和肢体动作也很容易让培训师失去中立。例如，当一个学员说出自己的观点时，培训师心里做出了评判，觉得学员说的观点不正确，尽管嘴上没有说，但培训师的表情和肢体动作可能已经泄露了内心的想法，如不屑地撇撇嘴、轻视的目光等。这些细节不仅发言的学员能感受到，其他学员也能感受到。结果会是什么呢？发言的学员会觉得自己没有受到尊重，其他学员出于自我保护，也会选择不发言。

（3）空间的中立。空间的中立主要是指培训师所处的位置要保持中立。案例3-4中刘琳站立的位置让很多学员产生了不好的感受，这提醒我们：培训师只有照顾到整个培训空间和所有学员，才能让学员感受到来自培训师的关注、鼓励和支持。如果培训师站立的位置让学员把注意力集中到了猜测培训师的想法上，而不是思考问题和发表观点上，就会打击学员思考和发言的积极性。

5. 提问力

无论是确定培训目标，还是将课程大纲转变为问题，还是通过提问引导学员参与，促进学员深入思考、提出假设，对培训师来说，永远没有错误的答案，只有错误的问题。对引导式培训师来说，提问力是非常关键的一项能力。在不同的阶段，引导式培训师的提问有不同的用途和侧重点。

（1）培训需求诊断。在课程开发前的诊断过程中，提出正确的问题有助于准确定义问题，这是成功解决问题的前提。

案例 3-5：用剥洋葱法深挖培训需求

作为 HR 的张越通过剥洋葱法（见图 3-5），向销售部的刘总监提出了一系列问题，最终找到了真实的培训需求。张越与刘总监之间的对话如下。

张越：希望通过提升中层管理者的沟通能力解决什么问题？

刘总监：销售业绩的问题。这三个月的达标率只有 50%。

张越：这样的达标率的确让人头疼。您在销售和带团队方面都很有经验，一定分析过原因了吧？

刘总监：是的。经过分析，我发现，老销售员比较稳定，问题主要出在新销售员身上。连续三个月，他们的业绩完成率都只有 50%，导致我们整个部门的达标率只有 60%。

张越：我们对新销售员进行了一系列的入职培训和连续三天的销售技巧培训，为什么他们的业绩完成率只有 50% 呢？

刘总监：是啊，所以我也去了解了一下。客户反馈，新销售员在销售过程中的回答很不专业。

张越：客户觉得新销售员在回答哪些问题时显得不够专业呢？

刘总监：客户反映最多的是产品结构、性能以及与其他竞品之间的区别等问题。

张越：哦，也就是说，新销售员对产品知识不够熟悉？

刘总监：是的。

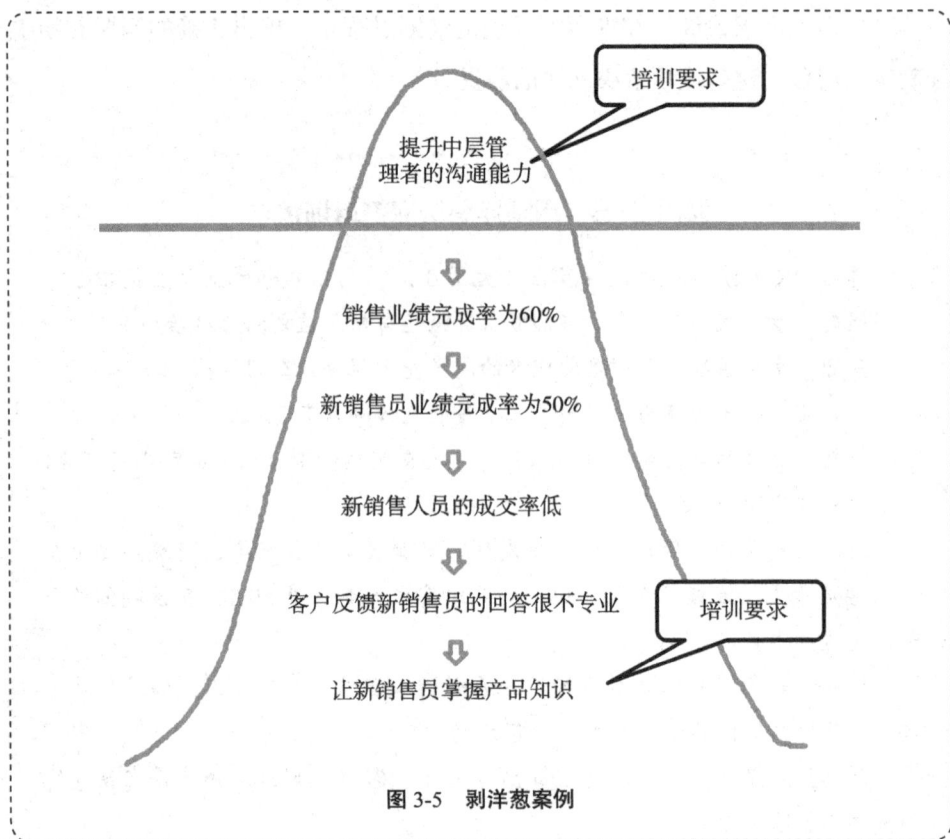

图 3-5　**剥洋葱案例**

案例 3-5 中的 HR 张越利用剥洋葱法，通过五个提问，找到了造成问题的真正原因。其中，最重要的一个问题是"希望通过提升中层管理者的沟通能力解决什么问题"，这个问题将刘总监的思路从开展提升中层管理者沟通能力培训，转向了探讨开展培训的目的，明确了开展培训是为了解决销售业绩不达标的问题。然后，张越通过一层一层的提问，找到了造成销售业绩不达标的真正原因——新销售员不熟悉产品知识。

（2）课程设计和开发。一方面，引导式课程的一个特点是将课程大纲变成问题。另一方面，要想设计出能够达成培训目标的课程，以及有利于学员参与的流程，培训师就要具备提问力。进行课程设计和开发前，培训师要提出这些问题：本次课程的总体目标有哪些？课程大纲中的哪些模块是重点？通过这些模块要达成哪些培训目标？学员目前的状态如何？通过什么方式才能引导学员达成目标？如何分配时间？需要准备哪些资料和物资？很多时候，我们不知道应该如何去做，此时就要通过提问帮助自己回到初衷，想清楚自己为什么要做这件事，理清头绪。

（3）培训现场。在培训过程中运用引导方式时，培训师的主要角色是助产士，也就是流程专家，主要任务是掌控流程，保持现场能量，激发学员的参与积极性，确保学员不偏离正确方向。正如案例3-3所描述的情况，当发现学员在参与方式、进度和讨论方向等方面出现问题时，培训师要及时通过提问将学员引导回来，而不能直接提供答案。

案例 3-6：通过提问激发学员的参与积极性

在一场"中层管理者的向下沟通"培训中，张崇多次运用提问的方式来激发学员的参与积极性。

开场时，张崇问："大家在跟部属沟通时，遇到了哪些问题或挑战？"学员针对这个问题纷纷表达了自己的观点。他注意到第三组有一位学员好几次想要开口，但都被别人抢先了。他趁大家发言的间隙说："这边一直没有抢到话筒的伙伴，您对这个问题有什么看法？"那位学员马上站起来说出了自己的观点。大家觉得他的观点很独特，便一起为他鼓掌。

接下来，张崇让各小组对"有效的沟通有哪些特点"这个话题进行讨论。在讨论结束后的分享环节，他发现其他小组的成员都在踊跃发言，只有第一组的成员沉默不语。他便问："其他小组都分享了讨论成果，第一组有哪些观点呢？"第一组的发言人马上站起来分享了他们组的观点。

课程快结束时，张崇带着学员总结向下沟通时需要注意的事项。三位学员发表了自己的想法后，就没有人说话了。张崇说："刚才已经有三位伙伴分享了他们的想法，大家对哪些想法有共鸣？还有哪些不同的想法？"有的学员分享了这些想法对自己的触动，有的学员分享了不一样的观点，气氛越来越热烈。张崇边听边将大家的想法记录在海报纸上，很快就写满了，这也成了对课程内容的一个很好的总结。

案例3-6中的张崇针对不同的对象进行提问，激发了学员的参与积极性。

提问对象主要有三类，分别如下。

（1）个体，即某位学员。培训师可以问："这边一直没有发言的伙伴，您对这个问题怎么看？"

（2）部分，即学员中的某个小团体。培训师可以问："刚才第一组表达了什么样的观点？"

（3）全体，即全体学员。培训师可以问："还有谁有想法？""谁还有类似的经历愿意分享？""其他人的想法如何？""对于刚才的讨论，谁还有疑问？"

案例3-6展现了培训师如何通过提问来激发学员的参与积极性，而案例3-3中的李老师通过提问对四个小组的讨论进行了积极的干预。表3-5列出了案例3-3中李老师针对四个小组的不同情况，运用提问进行干预的目的。

表3-5 案例3-3中李老师提问的目的

组别	面对的情况	提问的目的
第一组	小组讨论变成了"个人发布会"	为其他学员创造发言的机会
第二组	讨论进展缓慢	了解原因，推进讨论进程
第三组	小组成员的讨论局限于提问	扩大视野
第四组	讨论方向偏离	拉回主题

6. 倾听力

无论是提出有效的问题，还是收集学员的观点，都需要培训师具备很强的倾听力。引导式培训师的倾听力主要体现在以下几个方面。

（1）发自内心的好奇心。没有好奇心，就没有真正的倾听。

案例3-7：经验主义阻碍了倾听

张磊做销售工作已经有10年了，现在他是一名销售类课程的内训师。他在课程中常常会分享一些自己的实战经验，学员反馈良好。最近几年，张磊想改变风格，即从原来的以"讲授＋演练"为主的方式，调整为"演练＋点评＋总结"的方式。他尝试了很多次，但效果都不理想，他为此很苦恼。

　　HR 李云去听了几次张磊的课程后，提供了反馈意见：张磊虽然销售经验丰富，但没有认真倾听学员的想法，常常打断学员的发言，然后发表自己的观点。这种做法挫伤了学员的发言积极性，也降低了学员的参与度。张磊回看课程录像，发现这种情况的确很多。随后，他私下去找说话被打断的学员沟通，发现他们想要表达的观点大多数与自己想的不一样。此时，张磊才意识到，经验主义使自己急于做出评判，关闭了倾听学员想法的通道。

　　在案例 3-7 中，张磊认为自己经验丰富，应该很清楚学员遇到的问题和想法，便在培训中频繁打断学员发言并做出评判，急于表达自己的观点。这种做法让他丧失了倾听所必需的好奇心和耐心，也让他失去了了解学员真实想法的机会，还影响了学员的参与度和收获。

　　儿童因为好奇心而不断提问、探索，快速成长，成年人却因为经验和阅历的丰富，渐渐失去了对陌生事物的好奇心。这种变化让沟通和培训变得越来越复杂，因为一味想要表达自己的两个人无法进行有效的沟通，原本很简单的事情变得困难重重，培训效果自然也大打折扣。那么，成年人尤其是培训师如何才能保持好奇心呢？最简单的方法是将每个人都当成宝藏去挖掘，找到每个人身上的闪光点，学会认真倾听。

　　（2）复述。复述对方的话是一种非常简单有效的倾听方法。

　　复述主要有两种方式，分别是简要重述和镜映。其中，简要重述是指不带主观判断，用自己的话重述发言者的观点并进行确认，让对方觉得受到了尊重；同时提供一个机会，让发言者了解他人是如何理解自己的观点的。尤其是在发言者陈述不清楚或很难听懂时，运用简要重述可以有效促进发言者和倾听者之间的沟通。培训师可以在帮助发言者理清思路后，提出"您是这个意思吗"等问题予以确认。简要重述是培训师向发言者证明其想法已被听见、被了解的最直接的方法之一。

　　镜映是指通过逐字重述发言者的话来显示培训师的中立。在运用镜映这种方式时，若发言者的发言只有一句话，则可以逐字复述对方的话；若发言者的发言超过一句，则应复述关键字或关键词。特别需要注意的是，无论发言者使用了什么样的语气和语调，培训师在运用镜映时都要用温和、接纳的语调，因为运用镜映是为了建立信赖感。镜映是简要复述的高度结构化的版本，不仅可以加快讨论节奏，也是引导头脑风暴时的首选工具。

（3）鼓励发言。在培训过程中，培训师可通过点头、微笑、体态和简单回应（如"嗯""啊""哦"等）以及具有同理心的回应（站在对方的角度思考和回应）鼓励学员发言。在倾听时，培训师的表情、肢体动作和语言等都能起到鼓励发言的作用。例如，当有学员发言时，培训师应尽量站在离发言者更近的地方，身体前倾，面带微笑地注视着对方，并适时做出回应。

非常有趣的是，有些培训师虽然做出了这些行为，但后续证明他们只是假装在听。这就像两个人面对面沟通时，有人看似很认真地听对方讲话，头脑中想的却是如何反驳对方的话。在培训过程中，培训师运用引导的目的是帮助学员将其内心的想法和观点表达出来，培训师只是一位助产士。这对很多培训师来说是一个巨大的挑战，因为培训师大多好为人师，他们喜欢把自己知道的告诉学员，看到不对的地方就忍不住想要指出来。这种做法更像说教，已经不太适合这个时代了。

此外，站在学员的角度，运用同理心对学员进行回应也很重要。尤其是在倾听时，培训师可以通过发言者的语调揣摩其情绪，以提问的方式说出自己的感受，并予以确认，这样做能够让学员产生被关注和尊重的感觉。

（4）正确看待短暂的沉默。在培训过程中，培训师提出一个问题后，常常会出现短暂的沉默。此时，不同的培训师会有不同的应对方法。很多培训师将其当成冷场，马上自己将话题接过去。其实，短暂的沉默也可能意味着心态的较量、内容的消化、心态调整和深入思考等。如果培训师先入为主地预设了学员对短暂的沉默的理解，那么就会做出相应的反应。例如，如果将短暂的沉默诠释为思考，那么培训师就会平静地等待；如果将短暂的沉默诠释为心态的较量，那么培训师就可能会为了思考说服别人的说辞而假装在听。当然，培训师要把握好短暂的沉默所延续的时间，时间长了，会让人觉得冷漠；时间短了，会让人觉得没有得到重视。

总之，外部行为都是内心的投射，培训师要想真正做到积极倾听，首先要转变心态。如果培训师认为激发学员的思考和交流比维护自己的权威更重要，就会忍住评判的冲动；如果培训师相信每一位学员所表达的是其最深刻的洞见，就不会在语气或措辞方面流露出不屑的情绪。发自内心地尊重学员，用心体会他们的立场，倾听每个声音，停止评判，这是积极聆听的开始。其次，在培训过程中，培训师要经常进行自我检查，一旦发现自己偏离了助产士的角色，就要马上调整过来。最后，每次培训之后进行复盘时，培训师要重点回顾自己在哪些方面做得比较好，在哪些方面有待改善，同时思考以下问题：是什么原因让自己采取了这样的做法？这反映了自己内心的哪些想法或信念？这些想法和信念对成为一名合格的引导式培训师将产生正面还是负面的影响？后续如何强化或改进？

7. 整合力

在培训中运用引导时，一般都会经历发散期、动荡期和收拢期。其中，动荡期是非常有价值，也是比较有挑战性的阶段。之所以说动荡期有价值，是因为这个阶段是多元化观点和想法交流、碰撞的时期，它有利于学员开阔视野、拓展想法，并为收拢期的产出奠定良好的基础；之所以说动荡期有挑战，是因为这个阶段需要培训师进行很好的引导，尤其是整合，帮助学员从仅仅关注个人观点和想法调整为接纳、包容他人的观点和想法。很多培训师在学员各执己见、争论不下时束手无策，或者选择支持其中某一方，这都会给收拢期的产出产生负面的影响。

在引导式课程中，培训师的整合力主要体现在表 3-6 所示的几个方面。

表 3-6　引导式培训师的整合力

目的		做法
收集想法	鼓励发言	邀请学员发言并感谢
		欢迎不同的观点，鼓励彼此质疑
		鼓励学员在他人想法的基础上贡献新想法
		及时、准确地复述和确认

（续表）

目的		做法
收集想法	记录	尽量记录发言者的原话
		修改表述时，须征得发言者的同意
		记录时字大体正，便于学员阅读
综合想法		将收集到的想法进行分类和命名
		展示各种想法的异同
浮现假设		通过提问引出尚未表达的顾虑和假设
		澄清发言者的理解
		确认重点词汇所表达的含义
总结		适时进行阶段性总结
		某主题即将结束时，对不同的想法进行归纳和总结

（1）收集想法。在引导式课程中，学员的主要产出是他们所贡献的各种想法。培训师应通过提问、鼓励发言、倾听、记录和回应来收集学员的想法。其中，关于如何通过提问和倾听来鼓励学员发言，前文已经有所涉及。例如，案例 3-6 中的张崇通过提问激发学员的参与积极性，收集到了更多的想法；在倾听时通过肢体语言和具有同理心的回应来鼓励学员发言，通过复述并确认的方式收集信息。此外，表 3-6 也列出了一些有效的做法，例如，邀请学员发言并感谢；欢迎不同的观点，鼓励彼此质疑；鼓励学员在他人想法的基础上贡献新想法；及时、准确地复述和确认。

在鼓励发言并倾听的同时做好记录是非常重要的一件事。最常见的做法是将发言者的想法列成清单，这样做不仅可以快速收集各种想法，还能帮助学员了解已有的想法，由此激发新的想法。在做记录时，有几个细节需要注意：尽量记录发言者的原话，如果内容比较长，尽量将其转化为能够完整表达这段内容的短语或短句；如果要修改内容的表述，尤其是措辞，一定要征得发言者的同意；记录时要用深色笔，字要足够大，确保所有学员均能看清；书写要工整，易于辨认；每个项目都要编号，便于交流。

（2）综合想法。综合想法是指对收集到的所有想法进行有条理的归纳。头脑风暴是收集想法时最常用的工具。此时，培训师应要求学员放弃判断，追求尽量多的观点和想法，不考虑逻辑和顺序。头脑风暴结束后，通常会产生长长的清单，我们要对其进行分类和整理。此时，我们可以根据本阶段的培训目标来确定如何处理这些想法，表3-7列出了最常用的两种处理方式。

表 3-7　综合想法的方式

目的	方式	备注
筛选优先项目	投票	可采用投票、写"正"字或打勾等方式
分类	即时贴、白板和海报纸	有两种分类依据，一种是由学员自主确定分类的依据，另一种是按照预定的类别进行分类

如表3-7所示，对众多的想法进行处理的方式有两种：一种是请学员进行投票，筛选出优先项目，作为本阶段的产出或下一阶段的讨论方向；另一种是对信息进行分类，呈现共性，显示差异，帮助学员发现其中的关系，以便进行更深入的讨论或总结。运用分类的方式进行处理时，可以由学员自行确定分类的依据，也可以根据课程主题和阶段性目标事先确定类别。

（3）浮现假设。很多时候，我们在看到或听到某些事情后，会直接说出自己的结论，有时会说明理由，但很少会说出背后的假设，除非有人询问。在培训中，恰恰是没有说出来的假设，才能让我们了解各种想法的来源。例如，甲说："她长得很漂亮，工作能力应该不错。"甲的说法基于一种假设——长得漂亮的人工作能力也强。如果乙的假设是好学的人工作能力强，那么乙很可能不同意甲的说法。

因此，培训师在整合学员们想法时，如果有必要，可以通过提问来了解学员得出某个结论的原因，将其内心的假设呈现出来，以此帮助学员更准确地了解彼此的想法。

（4）总结。在课程进行过程中，培训师应该引导学员进行阶段性的总结，并持续跟进主题和有价值的观点。

答疑

问题一：如何确定培训中能否使用引导？

回答：先判断该内容是否为课程的重点内容，再结合三个指标（目标、时间和学员背景）进行评估，确定应该使用讲授还是引导。

1. 判断该内容是否为课程的重点内容

引导式课程要突出重点，将相对耗时的引导过程用在课程的重点模块和内容上。因此，在判断能否在培训中采用引导的方式之前，首先要明确这部分内容是否为课程的重点内容。在第二章第二节"引导式课程设计的三个原则"中的"以少胜多"部分，我介绍了确定课程大纲的三个步骤——问题树、对策树和课程大纲。其中，问题树中的内容来自课前需求调研，这些内容也是学员在培训主题方面具有共性的问题点和困惑。问题树中出现频率最高的问题点和困惑就是课程要重点解决的问题，其对应的内容就是课程的重点模块和内容。同时，按照"问题树模型"的三个步骤，初步课程大纲只是通过抽样调查确定的课程方向，要想确保课程大纲准确、客观，还要运用课前问卷普查，将问卷汇总结果与初步课程大纲的重点进行对比，最终确定课程的重点模块和内容。关于有效问卷的设计，《培训师成长实战手册：培训问卷设计和运用》一书进行了详细说明，并列举了相关案例。

2. 结合三个指标进行评估

如果该内容为课程的重点内容，那么就要结合目标、时间和学员背景三个指标，评估该内容是否适合采用引导，详见表 P1-1。

表 P1-1　判断内容是否适合采用引导的评估表

基础信息	
课程主题：	课程总时长：＿＿＿小时
待评估的内容：	该模块可用时间：＿＿＿分钟

（续表）

培训对象：		人数：
评估		
评估维度	评估内容	评估结果（"是"或"否"）
目标	是否无既定的答案	
	是否旨在激发学员的思考，群策群力解决问题	
时间	是否有足够的时间让学员参与	
学员	学员是否具备相关的知识和经验	
评估标准：以上四个问题的评估结果，若有一个为"否"，则不适合采用引导		
评估结果：□该内容适合采用引导　　□该内容不适合采用引导		

问题二：怎样避免运用引导时发生"上课热闹，培训无效"的情况？

回答：设计课程时，要针对重点模块运用引导，同时围绕目标设计活动；在培训现场，要做好双向管理，即以终为始的纵向流程管理和以学员为中心的横向能量管理。

因为引导式课程运用了大量调动学员参与的工具和方法，所以它看起来可能比纯讲授的课程更加热闹，但也容易流于形式，导致培训无效。要想避免在运用引导时发生"上课热闹，培训无效"的情况，就要从课程设计和现场把控两个方面入手。

1. 课程设计

按照以终为始的原则进行课程设计是确保培训有效的前提，具体要做好三个方面——培训目标、时间分配和活动设计，如图 P1-1 所示。

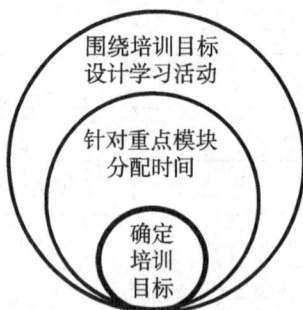

图 P1-1　按照以终为始的原则进行课程设计

（1）确定培训目标。关于培训目标有两个误区，一是将培训目的等同于培训目标，二是将学习活动等同于培训目标。培训目的和培训目标之间的关系如图 P1-2 所示。

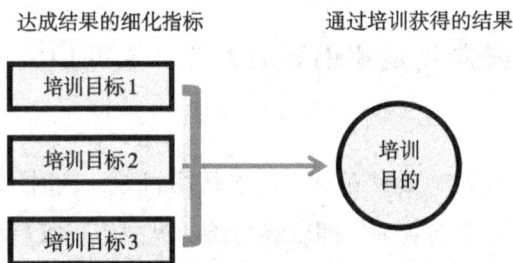

图 P1-2　培训目的与培训目标之间的关系

通过图 P1-2 可以看出，培训目的是指希望通过培训获得的结果，如提升新导购人员对产品知识的掌握程度；培训目标是指培训目的的细化指标，即学员有哪些行为表现证明这次培训达到了培训目的。以"提升新导购对产品知识的掌握程度"培训为例，可能有三个培训目标：能说出公司所有产品的类别、名称和所用材质，能区分各类产品的使用人群，能用一句话回答顾客提出的关于产品的问题。这三个具体的目标为后面的活动设计、现场演练和评估明确了重点，指明了方向。

培训结束后，如果通过测试或其他手段证明学员达成了这三个目标，就说明本次培训达到了培训目的，培训是有效的。如果在培训之前没有明确培训目标，或者误将培训目的当成培训目标，就会导致在设计活动、现场演练和评估时没有重点，培训效果也难以评估。

另外，如果将学习活动等同于培训目标，就可能在课程设计阶段偏离正确的方向。因为学习活动只是达成培训目标的手段，学习活动的设计必须围绕着培训目标和学员的基础进行。如果直接将学习活动等同于培训目标，那么学习活动就失去了设计的依据和评估的标准，这往往会导致培训流于形式。

（2）针对重点模块分配时间。"问题一"的回答介绍了判断某部分内容是否为课程重点内容的方法，这个方法非常重要。培训的时间总是有限的，而运用引导的方式调动所有学员参与需要充足的时间，因此，我们必须将大部分时间用在重点模块和内容上。否则，热闹的现场可能只是一场娱乐。

（3）围绕培训目标设计学习活动。培训师可以依据本书第九章介绍的学习活动设计的六个元素——情境、小组、桥梁、任务、展示和反思，设计出为达成培训目标而服务的学习活动。

2. 现场把控

在培训现场，培训师要做好双向管理，即以终为始的纵向流程管理和以学员为中心的横向能量管理。

（1）以终为始的纵向流程管理。流程管理是指在培训过程中确保整个进程在预定的轨道上行进。在学员偏离轨道时，培训师要及时评估是否需要干预，如何干预。同时，培训师要给反思环节留出充足的时间，因为学习活动设计的六个元素中的前五个元素都是服务于反思的。只有通过反思回顾学习活动的过程和学员的思维活动，才能让学员深入理解和灵活运用所学内容。

（2）以学员为中心的横向能量管理。虽然我们强调在引导过程中需要营造轻松、畅所欲言的氛围，但现场的能量并非越高越好，必须遵守以终为始的原则。例如，如果目的是在暖场时活跃气氛，那么现场能量高一些更适合；如果目的是引导学员在某个游戏活动结束后进行反思和总结，就要通过让学员冷静一会儿或让他们在纸上回答问题的方式给现场降温，促使学员进行深入思考。

问题三：如何确保在引导时保持中立？

回答：在心态和做法两个方面保持中立。

中立虽然是通过一个人外在的言谈举止表现出来的，但如果不是发自内心的，他人也能感受出来。例如，某培训师在语言和空间方面表现得很中立，但他在内心并不信任学员，所以他的一些微表情很可能会泄露他的真实态度。中立是由内而外表现出来的，要想确保在引导时保持中立，就要在心态和做法两个方面保持中立。

1. 保持中立的心态

只有拥有包容、开放和信任的心态，培训师才能放心地将现场的主导权交给学员，而不会横加干涉。其中，包容是指接纳学员的需求、观点和角度等，特别是接纳多元化的观点；开放是指放弃权威，不要自以为是，抱着向学员学习的态度去倾听，尽量少做评判；信任是最重要的，当培训师不相信学员能通过群策群力产生智慧时，就会将自己的观点和想法强加给学员，导致自己无法保持中立。

当培训师对学员的产出质量有怀疑时，要先回到最初的问题：这个环节适合做引导吗？如果依据表 P1-1 做了评估，发现这个环节确实适合做引导，就要相信自己的判断。此时，相信学员就是相信自己。那么，如何才能确保产出呢？请灵活运用本书分享的工具和方法，在流程设计方面多下功夫，充分考虑学员的基础和现状，设计能够充分调动学员参与，而且能引导大家达成培训目标的学习活动。例如，如果培训师觉得某个环节对产出的要求非常高，对学员提出了很大的挑战，就要将其拆分为几个小的任务来降低难度。

2. 保持中立的做法

培训师要尽量不做评判和反驳，要充满好奇心，还要把决策权交给学员。以自我为中心的培训师往往把自己当成权威或标准，随意地对学员的回答或做法进行评判和反驳，这些都是打击学员的参与积极性的做法。引导式培训师很少会对学员进行评判和反驳，也不会给学员贴标签，他们会尊重每一位学员的想法，充满好奇心地去探究其背后的思考。当然，最重要的一点是将决策权交给学员。无论是学员互动讨论还是小组做出决定，引导式培训师都不应将自己的观点强加给学员。

只要决策权在学员手中，培训师即便进行提问、提出建议或摘下引导师的帽子，也不违背中立的原则。

（1）提问。培训师发现学员在讨论某个问题时遗漏了某个很重要的方面，这时便可以通过提问引起大家的注意，如"如果……会发生什么呢"。这样的提问可以让学员获得新的思路，而且培训师并没有要求他们一定要这么做，培训师保持了中立。

（2）建议。培训师也可以直接提出一个建议，供学员参考，如"我建议大家讨论一下……"。

（3）摘下引导师的帽子。当学员的讨论正朝着一个错误的方向前进，且提问和建议都无效时，培训师可以摘下引导师的帽子进行干预。此时，培训师要先说明自己的新角色，再提出自己的建议，如"我现在暂时跳出引导者的角色，我想分享一下自己的观点……"。当然，这种方法要慎用，否则会让学员感到自己不被信任，从而引起混乱。

强化

1. 理理思路

下面的内容是本篇的重点内容，看看你记住了多少。

（1）引导式课程的两个特点是：＿＿＿＿＿＿＿、＿＿＿＿＿＿＿。

（2）引导式课程设计的三大原则是：＿＿＿＿＿、＿＿＿＿＿、＿＿＿＿＿。

（3）引导式课程的五个要素是：＿＿＿、＿＿＿、＿＿＿、＿＿＿、＿＿＿。

（4）引导式培训师的六大角色是：＿＿＿、＿＿＿、＿＿＿、＿＿＿、＿＿＿、＿＿＿。

（5）引导式培训师的七大核心能力是：＿＿、＿＿、＿＿、＿＿、＿＿、＿＿、＿＿。

2. 考考理解

回顾本篇的内容，请在每一个括号中选择合适的选项。

（1）引导的本质是（良好的氛围／学员的参与）。

（2）判断何时采用引导的三个指标是（目标／内容）、（工具／时间）和（学员背景／培训师的特长）。

（3）引导式课程的双向管理是指以终为始的（目标管理／流程管理）和以学员为中心的（能量管理／时间管理）。

（4）培训的空间分为两个部分，一是（桌椅空间／物理空间），二是（心理空间／学员和小组空间）。

（5）培训师的中立体现在（流程／语言）、（内容／非语言）和（空间／点评）三个方面。

3.挑战一下

这是一本拿来即用的图书，让我们操练起来，运用本篇介绍的内容演练一番。

运用第一篇介绍的内容，填写表 P1-2，判断一个课程模块是否适合采用引导。

表 P1-2　判断一个课程模块是否适合采用引导的评估表

基础信息		
课程主题：	课程总时长：____小时	
待评估的模块：	该模块可用时间：____分钟	
培训对象：	人数：	
评估		
评估维度	评估内容	评估结果（是或否）
目标	是否无既定的答案	
	是否旨在激发学员的思考，群策群力解决问题	
时间	是否有足够的时间让学员参与	
学员	本模块要解决的是问题否为学员共同关注的问题	
	学员在该模块涉及的内容方面是否具备相关的知识和经验	
评估标准：以上五个问题的评估结果，若有一个为"否"，则不适合采用引导		
评估结果：□该模块适合采用引导　　□该模块不适合采用引导		

第二篇

引导式课程设计基础

PART

02

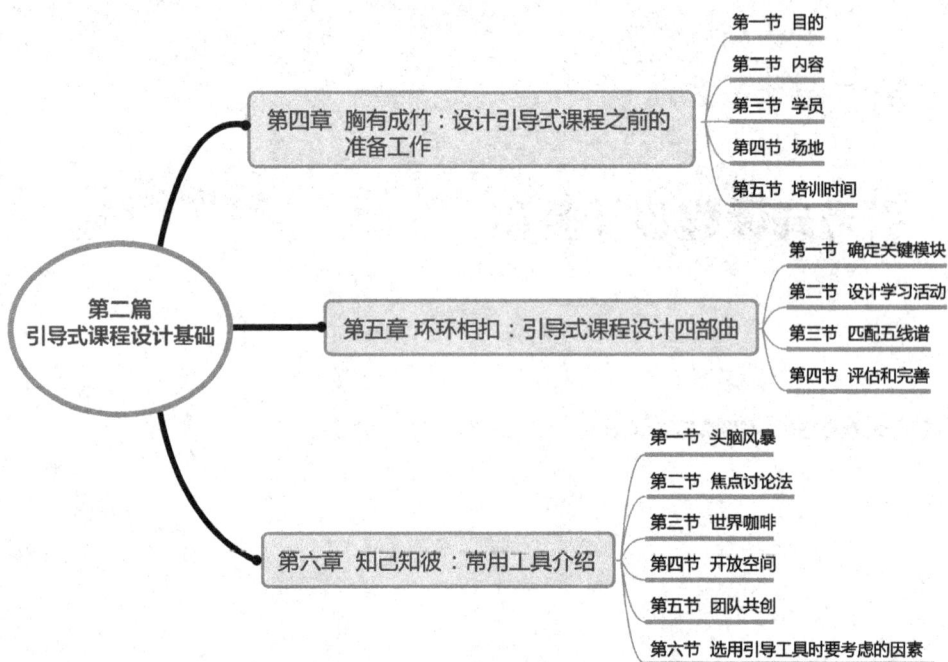

导读：常见问题及对策

常见问题	可能原因	解决方案
培训未达成预期目标	培训内容与学员的需求不匹配	通过需求调研找到学员的共性问题点，对症下药地开发课程
	开发课程前未做充分的准备	按照引导式课程设计准备的 5W 进行准备
	课程设计无效或不够严谨	运用引导式课程设计四部曲设计课程
	使用了错误的引导工具	根据培训目标选择合适的引导工具
	学习活动与学员不匹配	根据培训目标，并结合学员的基础（与培训主题相关的知识、经验和技能等）设计相应的学习活动
学员参与不积极	学习活动与课程重点无密切关联	按照以终为始的原则设计学习活动
	在非重点内容上使用引导	运用引导式课程设计四部曲设计课程
	学习活动过难或过易	按照引导式课程设计准备的 5W 进行准备，设计难易适中的学习活动
课程延时	学习活动超时	运用引导式课程设计五线谱明确学习活动的每个步骤及其所需时间，并进行评估和完善
	未预留机动时间	为重点模块预留出足够的机动时间
	现场失控	培训师适时进行干预和引导

第四章　胸有成竹：设计引导式课程之前的准备工作

只有准备充分，才能事半功倍。在引导式课程中，培训师的主要角色是助产士，侧重点是流程设计，对内容不做过多干预。因此，在培训前，培训师要做细致的准备工作，为设计有效的培训流程奠定基础。培训师要做的准备工作可以总结为表 4-1 所示的 5 个 W。

表 4-1　引导式课程设计准备的 5W

5W	内容
Why（目的）	培训的最终目标
What（内容）	课程的重点模块和内容
Who（学员）	学员的基本信息及其共同的关注点、难点和痛点
Where（场地）	场地的空间大小、座椅数量、座位的摆放、采光和墙面
When（培训时间）	培训的总时长，以及开始和结束时间

第一节　目的

关于目的（Why）的问题如下：我们为什么会在培训现场？我们希望解决哪些问题？如果不解决这些问题，那么会产生什么样的后果？培训的最终目标是什么？培训会有哪些产出？

在课程设计阶段，这些问题能帮助培训师明确培训目标；在培训现场的授课阶段，这些问题可以帮助学员了解培训的背景，明确培训的目标及其与自己的关系，以快速进入学习状态。

第二节　内容

"问题树模型"的步骤三是水到渠成做设计。之所以说"水到渠成",是因为通过步骤一的抽样调查,我们已经明确了培训方向,已经可以回答"培训的最终目标是什么"这个问题;通过步骤二的问卷普查,我们不仅可以回答表 4-1 中的多个问题,还体现了本书第一章介绍的引导式课程设计的三个原则——以终为始、以学员为中心和以少胜多。

(1)回答了"培训的最终目标是什么"这一问题之后,整个课程设计都要围绕着培训目标展开,这体现了以终为始的原则。

(2)"课程的重点模块和内容是什么"这一问题将学习活动的设计和时间安排的重点放在课程的重点模块和内容上,这是以少胜多原则的体现。同时,通过回答这个问题,我们便能确定阶段性目标和各阶段的产出。

(3)明确了学员的基本信息及其共同的关注点、难点和痛点之后,我们在设计课程时就能真正做到以学员为中心。

对不少培训师来说,培训需求诊断和调研是一个巨大的挑战,因为通过面谈或问卷等方式得到的信息对课程设计的帮助都很有限。我建议大家去看看我之前写的两本书《培训师成长实战手册:培训需求诊断和调研》和《培训师成长实战手册:培训问卷设计和运用》。这两本书提供了非常丰富的工具、方法和案例,每章后面还有"答疑"和"强化"两部分内容,手把手地教你如何精准地进行需求调研。

此外,图 4-1 所示的"用户故事"这个工具能够帮助培训师在短时间内快速了解学员的大致需求。

用户故事
作为＿＿＿＿＿＿＿＿＿＿＿＿＿＿＿＿＿＿＿＿＿＿＿＿＿＿＿＿＿
我希望＿＿＿＿＿＿＿＿＿＿＿＿＿＿＿＿＿＿＿＿＿＿＿＿＿＿＿
以便＿＿＿＿＿＿＿＿＿＿＿＿＿＿＿＿＿＿＿＿＿＿＿＿＿＿＿＿

图 4-1　用户故事

用户故事是软件开发领域管理用户需求的工具之一。我们可以将其用在培训需求调研中，以快速明确学员对培训课程的期望。

下面是一位参加"问题树模型"培训的学员所写的用户故事。

用户故事

作为"问题树模型"培训的学员
我希望学习课程开发的思路、流程、工具和方法
以便开发出更有针对性的课程

通过上面的例子可以看出，该学员希望通过培训学习课程开发的思路、流程、工具和方法，以便培训结束后自己能开发出更有针对性的课程。

案例 4-1："向下沟通技巧"培训的用户故事

内训师马涛准备为公司的基层管理者做一场时长为 2 个小时的"向下沟通技巧"培训。因为公司很快要进行一个很大的项目，所以这个培训必须在本周内完成，留给他的课程开发时间只有 4 天。考虑到采用"访谈＋问卷"的方式已经来不及了，马涛便利用公司基层管理者开例会的时机，与主持人沟通了一下，获得了 5 分钟的时间。他利用这个时间请大家填写用户故事，他先给出了以下范例。

用户故事

作为"向下沟通技巧"培训的学员
我希望学习与个性随意的员工进行沟通的方法
以便增加团队的凝聚力

他向大家说明，每一项内容都要写得很具体，需求越具体，课程内容就越有针对性。然后，他将事先准备好的空白的用户故事卡发给所有与会人员，请大家根据自己的需求填写。

下面是出现频率最高的 3 个用户故事。

用户故事 1

作为"向下沟通技巧"培训的学员

我希望学习与个性内向的员工进行沟通的方法

以便更好地了解他们的想法

用户故事 2

作为"向下沟通技巧"培训的学员

我希望学习如何与犯错的员工沟通

以便让他们愉快地接受批评并愿意改进

用户故事 3

作为"向下沟通技巧"培训的学员

我希望学习如何与经验丰富的老员工沟通

以便让他们愿意帮助新员工

马涛根据上面 3 个用户故事，确定了本次培训需要解决的 3 个问题：如何与个性内向的员工沟通，如何与犯错的员工沟通，如何与经验丰富的老员工沟通。针对这 3 个问题，他提供了相应的对策，确定了下面的课程大纲。

因人而异——基层管理者的向下沟通技巧

一、打开心扉的三把钥匙

1. 资料收集七方法

2. 有的放矢巧切入

3. 认同打开话匣子

二、批评员工的 SBI 反馈模式

1. 回顾情境

2. 回放行为

3. 讨论影响

三、借力"老人"的锦囊

1. 戴"高帽"

2. 示弱

3. 非你莫属

课程结束后，学员纷纷表示这次的课程内容很接地气，解决了困扰自己很久的问题。

通过案例 4-1 可以看出，用户故事可以帮助我们快速了解学员的问题和期望，进而为其提供具有针对性的解决方案。要想实现这个目标，我们就要让学员提供具体的情境和期望。

下面是另外一个用户故事。

用户故事 4

作为"向下沟通技巧"培训的学员

我希望学习与员工沟通的技巧

以便更好地管理他们

对照用户故事 4 和用户故事 1、2、3，不难发现，前者提供的信息大而空，没有具体的沟通对象，而后三者提供的信息非常具体，不仅有具体的对象（个性内向的员工、犯错的员工和经验丰富的老员工），还有对沟通结果的具体描述。马涛根据用户故事 1、2、3 开发出来的课程非常具有针对性，满足了学员的需求。用户故事 4 无法提供有价值的信息，也无法帮助我们开发具有针对性的课程。

因此，能否成功地运用用户故事，关键在于学员提供的信息是否足够具体。培训师在请学员填写用户故事之前，一方面要说明用户故事的用途，以及用户故事对填写者的重要性和好处；另一方面要提供范例，说明什么是具体的内容，针对某个具体的主题必须提供哪些内容。

第三节　学员

引导式课程设计的重要原则之一是以学员为中心。引导式课程的主体是学员，培训师要根据他们的基础，即他们在培训主题方面所具备的知识、经验和技能等进行课程设计，从而促进学员学以致用。培训师要关注两个方面的信息——学员的基本信息和培训主题相关信息。

1. 学员的基本信息

学员的基本信息包括人数、性别、年龄、学历、职位和工作年限等，这些信息均可通过人事资料获得。这些信息可以作为确定学员分组、设计活动情境、选择案例和活动方式等的依据。即便课程主题相同、学员层次相同，只要学员的基础不同，课程内容和授课方式也要随之改变。例如，同一家公司针对新员工做了两场"职场沟通"培训，第一场培训的学员都是通过校园招聘进入公司的，没有任何工作经验，第二场培训的学员都是通过社会招聘进入公司的，至少拥有一年的工作经验。这两场培训的重点内容和授课方式一定会有很大的差异，课程中的案例也会有所不同。不仅如此，连学员之间是否熟悉这样的细节，对暖场活动等的设计也有很大的影响。

案例 4-2：用暖场引出课程主题

在一场"问题树模型"培训中，我通过学员基本信息和需求调研发现，大多数学员相互见过面，未见过面的学员之间也有某种交集。同时，这场培训采用翻转课堂的方式，我提前给学员提供了课前阅读资料，布置了课前作业，并要求学员在开课之间提交。

我设计了下面的两轮活动来做暖场，每轮 5 分钟。

1. 第一轮活动：请曾经见过面的两个人针对以下两项内容进行交流。

（1）回忆上次见面时的场景。

（2）分享与本次培训相关的信息。

2. 第二轮活动：请没见过面的两个人针对以下两项内容进行交流。

（1）通过课前学习和作业，自己有哪些收获。

（2）自己对课程内容还有哪些疑问或困惑。

两轮活动不仅实现了暖场的目的，也通过学员的回忆，提前将大家带入了培训的情境和内容中。

我在暖场之后设计了"收获与期望"环节，具体操作为：请每一位学员在即时贴上写两个课前学习的收获和三个期望，然后将其贴在墙上写有"问题树之旅"的海报纸上，请大家自行将这些即时贴分类并命名。最后，针对期望，每人投三票，选出三个大家的共性问题（见图 4-2 中有"√"的内容）。

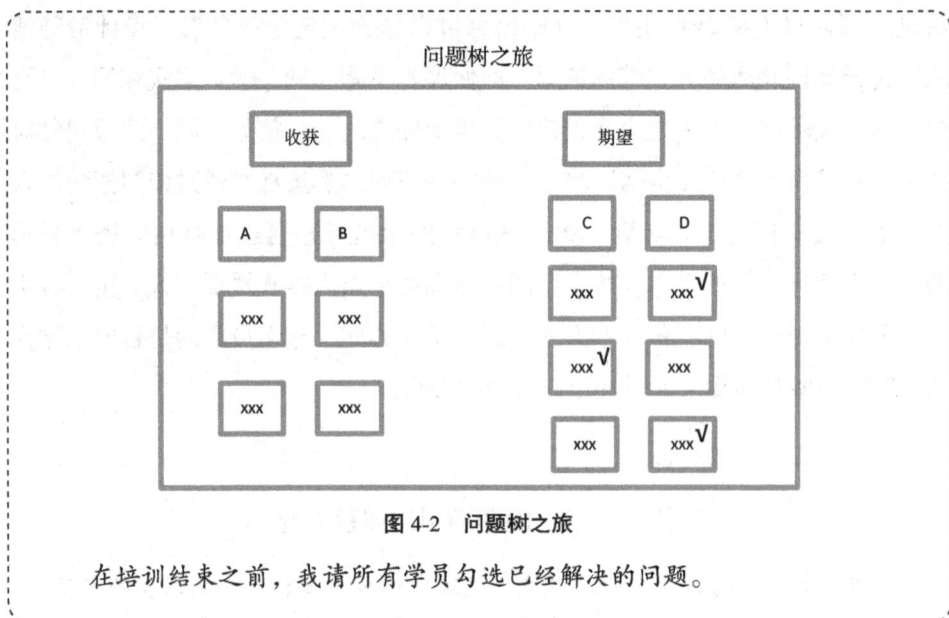

图 4-2　问题树之旅

在培训结束之前，我请所有学员勾选已经解决的问题。

案例 4-2 中的两轮暖场活动是基于对学员信息的掌握以及引出课程主题这个目标而设计的。这样的暖场活动，不仅耗时少，还快速建立了学员与学员之间、学员与培训主题之间的联系，引起了学员的注意和学习兴趣。案例 4-2 中的"收获与期望"环节是我为那场培训特别设计的课前学习成果检验和需求聚焦方式。其中，请每位学员写两个课前学习的收获是为了了解大家的学习成果；请每位学员在即时贴上写三个期望，然后让大家自行分类并命名是为了让大家聚焦于课程的重点模块和内容。

2. 培训主题相关信息

学员在培训主题方面的基础、经验以及共同的关注点、难点和痛点等，可通过前期的诊断和调研获得。这些信息可以帮助我们评估和确定课程设计的流程、时间分配的侧重点、内容的难易程度、参与方式和预期产出等。同时，从学员的共性需求和痛点切入，也可以大大提升学员的参与度。

在设计培训课程之前，我们要先了解学员的基础信息，以及他们对课程主题的理解程度以及相关的知识、经验和技能等。如果我们清楚地掌握了这些信息，那么围绕培训目标设计课程就容易多了。但在实际操作中，很多培训师将注意力放在了活动设计本身上面，忽视了前期的需求调研，因此丧失了课程的设计依据。这就像我们面对一群陌生人时常常不知道该如何开口，不知道怎么邀请对方加入我们的活动一样。反之，如果我们通过前期的诊断和调研，对学员的基础信息和共性的问题点有了深入了解，就相当于把他们变成了我们的朋友。与朋友交流时，只要提出恰当的问题，就可以很轻松地邀请他们参加我们的活动。因此，好设计都是调研出来的。

案例 4-3："ORID 在培训中的运用"培训的入场调查表

在准备一场时长为 3 个小时的"ORID 在培训中的运用"培训时，我事先并不知道有哪些人会来参加，但为了了解学员在这个主题上所具备的基础和相关的需求，我设计了表 4-2 所示的入场调查表。

表 4-2 "ORID 在培训中的运用"培训入场调查表

入场调查表			
关于 ORID	没听说过	知道但没用过	用过	—
我运用 ORID 的情境	培训需求调研	培训开场	培训互动	培训结尾
我对解决哪个问题更感兴趣	被访谈者不愿意提供相关信息	学员参与不积极	提问遭遇冷场	培训回顾时唱独角戏

学员进入会场后，按照入场调查表的说明，用写"正"字的方式进行投票，表 4-3 为汇总结果。

表 4-3 "ORID 在培训中的运用"培训入场调查表汇总结果

入场调查表			
关于 ORID	没听说过	知道但没用过 5	用过 6	—
我运用 ORID 的情境	培训需求调研 2	培训开场	培训互动 6	培训结尾 4
我对解决哪个问题更感兴趣	被访谈者不愿意提供相关信息 3	学员参与不积极 9	提问遭遇冷场 8	培训回顾时唱独角戏 2

> 通过表 4-3 可以得到下列关于学员的基本信息。
>
> （1）11 位学员全都知道 ORID，其中，有 5 位没有用过，有 6 位用过。
>
> （2）6 位用过 ORID 的学员大多是在培训互动和结尾处运用了 ORID。
>
> （3）大家主要希望通过这次活动解决两个问题——学员参与不积极和提问遭遇冷场。
>
> 通过入场调查表汇总结果，我确定了本次培训的重点内容——ORID 在培训现场的运用，需要重点解决的两个问题分别是培训开场时学员参与不积极和培训互动时提问遭遇冷场。

表 4-3 的内容相当于一个缩略版的问卷，一共包括三个封闭式问题。其中，第一个问题有三个选项（单选），第二个和第三个问题各有四个选项（多选）。表 4-4 列出了这三个问题的目的、思路和填写要求。

表 4-4　表 4-3 中的三个问题的目的、思路和填写要求

问题	目的	思路	填写要求
关于 ORID	初步了解参与者对 ORID 的认知度	活动主题	单项选择
我运用 ORID 的情境	了解参与者在 ORID 运用方面的基本情况	介绍大纲中运用 ORID 的四个情境	只需在上一个问题中选择"用过"的学员填写
我对解决哪个问题更感兴趣	确定培训的重点内容	针对参与者最感兴趣的问题进行分享	每位学员从四个选项中选择两个自己最感兴趣的

通过表 4-4 可以看出，入场调查表中的三个问题都是关于培训主题的。通过前两个问题，我们可以了解学员对 ORID 的认知度和运用的基本情况；通过第三个问题，我们可以了解学员的共性需求，将大纲中四个情境对应的问题浓缩为两个问题。这样一来，培训师就可以在 3 个小时内，将重点放在学员最需要解决的问题上，并给这些问题分配更多的时间，用于演练、讨论、反思和总结。

第四节　场地

第一章介绍了场地、墙面、桌椅、光线和温度等因素对引导式课程的影

响。这些因素不仅会影响课程氛围和学员的参与意愿，还会影响学习活动的设计，因为不同的参与方式对场地的要求也不同。

案例 4-4：在剧院式的场地中如何互动

2017 年年初，内训师张轩负责组织一场年度启动大会，全公司的 500 位销售人员都要参加，时长为 3 个小时。本次会议的目的有两个，一是回顾 2016 年的成绩；二是激励大家在 2017 年再创辉煌。这场年度启动大会的举办场地是公司会议室。公司会议室采用典型的剧场式布局，座椅无法移动，除了前方的舞台，座椅周围没有其他的活动空间。根据场地的情况，张轩设计了以下互动方式。

1. 颁奖和展示

在回顾 2016 年的阶段，为年度销售冠军个人和年度销售冠军团队颁奖，请获奖个人发表感言，请获奖团队宣讲一个成功案例。

2. 小范围交流

在展望 2017 年的阶段的开头，可以承接 2016 年的话题，请大家两两交流，交流的话题如下：

（1）2016 年最有成就感的一件事是什么；

（2）2017 年最想做的一件事是什么。

两两交流结束后，可以请大家随机组成四人小组进行分享，然后再请大家组成六人小组（前后排各三人）继续交流。

3. 上台展示

展望 2017 年的阶段的重点是讨论如何完成 2017 年的销售任务（之前已将任务分配给八个大区）。张轩事先请每个大区团队进行内部讨论，讨论的问题是"为了完成任务，需要采取哪些行动"。每个大区团队选出一个关键词，在年度启动大会上安排一个人做肢体表演，由其他人来猜内容。表演时间为 5 分钟，每个团队上台表演人数至少为 10 个人。

案例 4-4 中有两个重大挑战——场地和人数。剧院式的会议室中的椅子无法移动，除了舞台，没有其他的活动空间。张轩充分利用舞台的空间，设计了回顾

2016 年的阶段的颁奖活动和展望 2017 年的阶段的各大区团队上台表演行动计划的活动。在人员参与方面，张轩的设计思路是以点带面、突出重点，先是点（年度销售冠军个人和年度销售冠军团队），然后是面（各个团队的表演）。这种安排不仅营造出了热烈的气氛，也调动了个人和团队的参与积极性。

这场年度启动大会的重点是讨论如何完成 2017 年的销售任务。各大区团队事先讨论、准备和排练表演内容，这促进了他们对业绩达成行动的思考。张轩要求每个团队上台表演人数至少为 10 个人，一方面很好地控制了活动时间，另一方面也使参与人数实现了最大化。通过这些设计，张轩成功地应对了场地和人数两个方面的挑战。

试想一下，如果没有这些设计，500 个人坐在剧院里 3 个小时，那么除了听演讲，还能干什么呢？

第五节　培训时间

第一章强调了引导式课程设计要注重时间的有效运用。本章介绍的引导式课程设计之前的准备工作的作用是为课程设计提供参考，重点在于了解培训的总时长，以及开始和结束的时间。其中，培训的总时长是时间分配的基础，一定要为课程的重点模块和内容分配较多的时间；开始的时间涉及氛围营造，这是影响引导式课程成败的一个重要因素；结束的时间则对课程的进行方式有一定的影响。一般来说，人们在下午两三点钟和晚上容易犯困，注意力难以集中。要想帮助学员更好地吸收课程内容，培训师就要做出个性化的设计。

案例 4-5："问题树模型"培训

在一场两天一夜的"问题树模型"培训中，我通过课前需求调研和辅导，发现学员对课程内容比较陌生，学员的基础比较薄弱。于是，在设计课程时，我一方面运用了翻转课堂的方式，为学员提供了课前阅读资料、作业和辅导；

另一方面，我将课程中 80% 的时间用于演练。另外，我将第一天晚上 3 个小时的时间用于课程的回顾和复盘，以此帮助学员巩固所学内容，之后再做案例分享。具体操作如下。

1. 照镜子回顾

晚饭后回到培训现场，我们请学员两两结成一组，每个人都要回顾三项当天所学内容，分享者一边回顾一边做一个动作，其搭档要模范其动作，如图 4-3 所示。大家一边玩一边回顾所学内容，很快就将注意力集中到了培训上。

图 4-3　照镜子回顾

2. 七个复盘问题

我事先设计了下面七个复盘问题。

（1）今天学习了哪些内容？

（2）此刻的心情如何？

（3）哪些环节让自己纠结、困惑或沮丧？原因是什么？

（4）哪些环节让自己开心、惊喜或欣慰？原因是什么？

（5）今天的学习对自己有什么启发？

（6）希望自己以后保持什么？

（7）希望自己以后改善或调整什么？具体行动有哪些？

我利用这七个层层递进、由浅入深的问题，带着学员进行课程回顾和思考。培训结束后，很多学员表示，这七个复盘问题对自己的帮助很大。

案例 4-5 中的"照镜子回顾"是将学员从吃饭这个场景拉回到培训场景的

一个过渡性的活动，它也可以为复盘问题"今天学习了哪些内容"做热身。"肢体动作＋口头分享"的方式既能让学员快速进入学习状态，又能增加分享活动的趣味性。七个问题引导大家复盘，学员回顾课程内容的同时也进行了反思，学员找到了自己需要保持、改善和调整的方面，还分享了自己的行动计划。

一般来说，在学员容易犯困的时段或者注意力难以集中的时段，要多引入肢体活动，帮助学员恢复状态，集中注意力。我常常看到有培训师很自豪地表示，自己的学员凌晨几点还在完成作业，我觉得这并不值得炫耀。一方面，不是所有人都是夜猫子，用脑的工作应该安排在合适的时间段；另一方面，像这样的奋战能够持续多久呢？学员休息不足一定会对第二天的学习产生不利的影响。

第五章　环环相扣：引导式课程设计四部曲

我常常听到有培训师说："我参加了很多授课技巧方面的培训，却未能解决培训互动方面的问题。"其实，这很正常。在《培训师成长实战手册：培训需求诊断和调研》一书中，我介绍了培训需求的冰山模型，如图 5-1 所示。

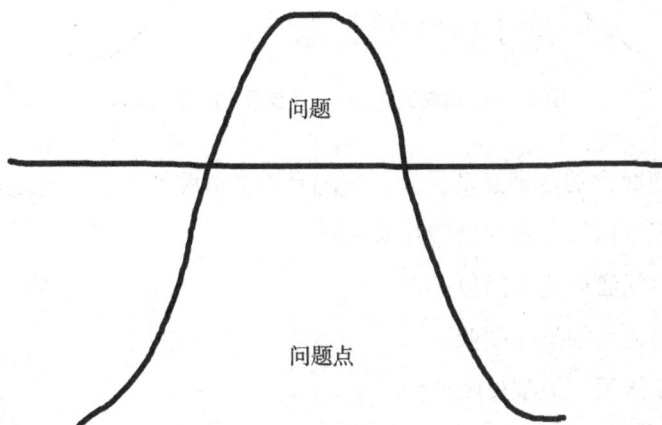

图 5-1　培训需求的冰山模型

我们常常会遇到盲目针对冰山上方的问题或表象开展培训的情况，如图 5-2 所示。

通过图 5-2 可以看出，做"全员执行力"培训的目的是解决出货速度慢的问题。但是，通过一层层剥洋葱，我们发现，这个问题的症结在于生产部最近一年的员工流失率为 50%，导致生产部现有 50% 的员工都是新员工，从而影响了准时交货率。因此，正确的做法是双管齐下，一方面为生产部的新员工提供技能方面的培训和辅导，另一方面了解生产部员工流失的主要原因，有针对性地解决这个问题。开展"全员执行力"培训完全是在做费时耗力的无用功。

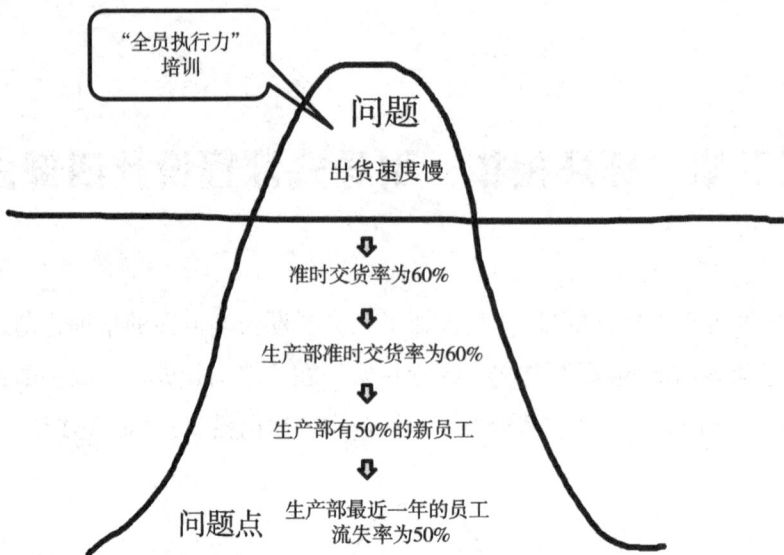

图 5-2　冰山模型案例——"全员执行力"培训

再回到前面说的培训互动问题，情况是否类似呢？答案是肯定的。让我们来看看下面五个比较普遍的培训互动问题。

（1）提出问题后无人回应。

（2）小组活动的参与度低。

（3）现场热闹，但学员收获少。

（4）互动耗时，难以控制时间。

（5）不知道哪个环节需要互动。

这五个问题都是冰山上方的问题或表象，可能的原因藏在冰山下面，需要我们运用七大方法和剥洋葱法去深入挖掘。表 5-1 列出了上述五个问题的可能原因。

表 5-1　培训互动问题的可能原因

问题	可能原因
提出问题后无人回应	问题没有表达清楚，学员没有理解，学员不感兴趣
小组活动的参与度低	学员不知道为什么要参与，互动规则没说清楚，互动方式不吸引学员

（续表）

问题	可能原因
现场热闹，但学员收获少	现场活动与培训内容不相关，互动后未结合培训内容进行反思和总结
互动耗时，难以控制时间	事先没有做时间规划，每个环节的所需时间、进行方式未细化，没有替代方案
不知道哪个环节需要互动	未确定课程的重点模块和内容

　　将第一个和第二个问题的可能原因中涉及现场发挥的原因（问题没有表达清楚，学员没有理解，互动规则没说清楚）去掉之后，我们就可以发现，这些在培训现场暴露出来的问题，源头都在于课程设计。看到这里，相信大家已经知道"我参加了很多授课技巧方面的培训，却未能解决培训互动方面的问题"的真正原因了吧。通过参加授课技巧培训来解决课程开发的问题，当然是不可能完成的任务。

　　那么，如何解决上述问题呢？表 5-2 给出了解决方案。

表 5-2　培训互动问题的解决方案

问题	可能原因	解决方案
提出问题后无人回应	学员不感兴趣	在需求诊断和调研的基础上，提出学员关注的问题，并斟酌措辞
小组活动的参与度低	学员不知道为什么要参与，互动方式不吸引学员	设计课程时明确互动的目的，设计具有吸引力的互动方式
现场热闹，但学员收获少	现场活动与培训内容不相关，互动后未结合培训内容进行反思和总结	围绕课程内容设计学习活动及活动后的反思和总结方式
互动耗时，难以控制时间	事先没有做时间规划，每个环节的所需时间、进行方式未细化，没有替代方案	事先针对课程内容做时间规划，细化每个环节所需要的时间，并对互动方式进行细分，准备替代方案
不知道哪个环节需要互动	未确定课程的重点模块和内容	针对课程的重点模块和内容进行更多的互动

　　对于培训互动问题的解决方案，我们可以按照图 5-3 所示的"引导式课程设计四部曲"（以下简称为"四部曲"）来落实，即确定关键模块、设计学习活动、匹配五线谱以及评估和完善。

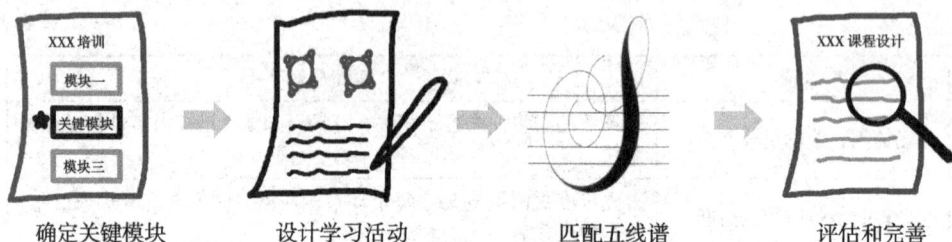

| 确定关键模块 | 设计学习活动 | 匹配五线谱 | 评估和完善 |

图 5-3　引导式课程设计四部曲

在图 5-3 所示的四部曲中，确定关键模块是后面三个步骤的依据，设计学习活动是引导式课程设计成功与否的关键，匹配五线谱是指对学习活动设计进行细化，评估和完善是指对课程设计进行检查和改进。表 5-3 列出了培训互动问题解决方案与四部曲的对应关系。

表 5-3　培训互动问题解决方案与四部曲的对应关系

问题	可能原因	对策	
		四部曲	具体做法
提出问题后无人回应	问题没有表达清楚，学员没有理解，学员不感兴趣	步骤二：设计学习活动	在需求诊断和调研的基础上，提出学员关注的问题，并斟酌措辞
小组活动时的参与度低	学员不知道为什么要参与，互动规则没说清楚，互动方式不吸引学员	步骤二：设计学习活动 步骤三：匹配五线谱	设计课程时明确互动的目的，设计具有吸引力的互动方式
现场热闹，但学员收获少	现场活动与培训内容不相关，互动后未结合培训内容进行反思和总结	步骤二：设计学习活动	围绕课程内容设计学习活动及活动后的反思和总结方式
互动耗时，难以控制时间	事先没有做时间规划，每个环节的所需时间、进行方式未细化，没有替代方案	步骤一：确定关键模块 步骤二：设计学习活动 步骤三：匹配五线谱 步骤四：评估和完善	事先针对课程内容做时间规划，细化每个环节所需要的时间，并对互动方式进行细分，准备替代方案
不知道哪个环节需要互动	未确定课程的重点模块和内容	步骤一：确定关键模块	针对课程的重点模块和内容进行更多的互动

第一节　确定关键模块

在引导式课程中，大多数情况下学员是主角，他们的状态决定了学习的进度和质量。若一味放任学员自由发挥，则难以保证学习效果；若干预得太多，则会挫伤学员的积极性，干扰学员的思考、决策和行动。因此，引导式培训师在培训之前要做充足的准备工作，以精准设计学习活动的方式来"修渠"，在培训现场顺势而为，最终引出学员积极参与和产出这渠"活水"。

不少引导式课程都会出现表 5-2 中的问题"互动耗时，难以控制时间"和"不知道哪个环节需要互动"，导致课程延时或未能达成培训目标。虽然这些问题发生在授课现场，但根源却在四部曲的第一步——确定关键模块。

我们仔细分析一下这两个问题。首先，互动比演讲更耗时，因此更需要明确哪些环节需要互动，更需要把有限的互动时间用在该用的环节上。那么，什么是该用的环节呢？答案是与学员的共性问题点和需求对应的课程重点模块和内容。因此，在设计引导式课程的过程中，确定关键模块的内容是开展课程设计的前提。一方面，它给第二步——设计学习活动提供了目标和方向，有助于培训师围绕重点模块和内容设计学习活动；另一方面，它也给第三步——匹配五线谱提供了时间线的区分依据，有助于培训师合理分配课程时间。

第一章介绍引导式课程的五个要素中的时间这一要素时，提供了针对延时问题的解决方案和案例。我们已经知道，无论是时间分配还是目标分解，都要围绕课程的关键模块和内容进行。那么，如何确定课程的重点模块和内容呢？我在《培训师成长实战手册：培训需求诊断和调研》一书中分享了四个途径、七大方法、四大工具以及相关的案例，大家可以根据自己的实际情况选择合适的方法和工具。

第二节　设计学习活动

引导式课程设计有两个特点，分别是大纲变问题和讲授变参与。引导的本质是参与，而通过设计学习活动带动学员的参与则是引导式课程的核心。

引导式课程成功与否的关键在于课程设计的质量如何。越来越多的培训师发现，常用的授课方式（如游戏法、竞赛法、小组讨论和案例法）等已经很难调动学员的参与积极性，但引导技术中的一些工具和方法可以调动学员的参与积极性。于是，很多培训师将引导技术当成了救命稻草，盲目地将其运用到培训中去。

案例 5-1：世界咖啡在销售技巧培训中的运用

内训师李谭要做一场针对销售人员的销售技巧培训。在网上看到世界咖啡的资料后，他就想尝试一下。这场培训一共有 28 位学员参加，培训时长为 2.5 个小时。他将所有学员分成四个小组，并为每个小组提供了大海报纸作为桌布，用于记录各组的讨论结果。

培训开始后，李谭请每个小组选出一名组长，并请各小组围绕销售技巧确定讨论主题。随后，李谭让各小组做三轮讨论，每轮 30 分钟。在讨论的过程中，他发现了以下几个问题。

（1）发言不均衡。每个小组都有学员不发言，发言的总是那些相对活跃的人。

（2）讨论结果空泛。在四个小组中，有两个小组的主题都是如何提升销售业绩，最终讨论出来的结果比较空泛，没有太多的可操作性。

（3）时间运用不均衡。在同一轮讨论中，常常出现有两个小组已经完成，没事可做，而另外两个小组还在热烈讨论的情况。

（4）分享环节冷清。三轮讨论结束后，请每个小组上台展示成果后，询问学员是否有疑问或补充，台下一片寂静。

培训结束后，销售总监找到李谭的领导，说学员纷纷表示通过这场培训没学到什么实用的内容，对销售没有任何帮助。领导让李谭针对这场培训好好做一下总结，找到问题所在，但他不知道该如何下手。

针对案例 5-1 中李谭的问题，我们一一找出可能的原因并提供对策，详见表 5-4。

表 5-4　案例 5-1 中的问题的原因和对策

问题	可能的原因	对策
发言不均衡	未营造畅所欲言的氛围，每个小组的人数太多，未建立发言机制	（1）在第一轮开始前先进行暖场，营造畅所欲言的氛围 （2）在介绍世界咖啡时，说明其核心是贡献，每个人的贡献都是非常有价值的 （3）建立发言机制。请各个小组选一个物品作为谈话棒，并决定从谁开始，以及按照什么样的顺序传递谈话棒。此时要强调，只有拿到谈话棒的人方可发言，其他人只能聆听和记录 （4）每个小组的人数控制在五个人以内，否则就算使用谈话棒，也会比较耗时 （5）培训师随时观察和提醒。培训师在各个小组之间走动和观察，必要时进行提醒
讨论结果空泛	对时长为 2.5 个小时的培训来说，销售技巧这个主题太大了，各个小组的讨论主题未聚焦	没有错误的答案，只有错误的问题，模糊的问题只能得到模糊的答案 （1）通过培训需求诊断和调研，了解学员的共性问题点，细化销售技巧 （2）根据调研结果，围绕培训目标设计世界咖啡各轮的问题
时间运用不均衡	各个小组讨论的主题的难易度不同，培训师的引导不够	（1）运用 PDCA 和 5W1H 对主题进行细化和聚焦，避免主题空洞 （2）若有小组已经完成讨论，则通过提问引导他们对内容进行深入讨论 （3）在讨论过程中，通过走动了解各个小组的讨论进度，对讨论进度慢的小组进行提醒，必要时提出引导性问题 （4）根据现场情况灵活决定每轮讨论活动的结束时间，并在结束前两分钟进行提醒
分享环节冷清	讨论内容过于理论化，未能调动学员的参与积极性	（1）聚焦主题，在讨论的过程中提醒学员，避免讨论内容过于理论化 （2）通过请学员逛画廊（将各组成果放在桌上或张贴在墙上，请各个小组依序浏览）和投票的方式，确定学员认可的观点和有疑问的内容，以此为切入点进行分享和交流

通过表 5-4 中的原因分析可以看出，案例 5-1 中的李谭在尝试运用世界咖啡时，最大的问题在于未能聚焦主题。该问题主要包括两个方面：一是世界咖啡的主题未聚焦，李谭请学员围绕销售技巧这个主题进行讨论，对一个时长为 2.5 个小时的培训来说，这个主题太大了；二是各小组的讨论主题未聚焦，本来应该由培训师事先设计每一轮的问题，然后请学员进行讨论，但案例中的李谭请各个小组自行决定讨论主题，之后也未对各个小组确定的讨论主题进行确认，导致最终的讨论成果十分空泛，学员纷纷表示没有什么收获。

在引导式课程中，主题的聚焦主要靠培训师的提问来实现，即培训师通过提问帮助学员找到他们感兴趣的、具体的话题。在案例 5-1 中，如果李谭能先明确培训目标，将培训目标直接转化为第三轮的问题，然后再问自己"为了获得这个答案，前面还需要哪些问题进行铺垫"，那么前两轮的问题也就有了思路。通过一环扣一环的问题，循序渐进地将学员引向目标，既可以避免讨论主题过大、结果空泛的问题，又容易得到预期的产出，让学员通过讨论和交流得到实实在在的收获。

其实，案例 5-1 中的问题并非个案。在培训中运用引导技术时，常常发生以下情况。

（1）现场看似热闹，但未获得预期的产出。

（2）培训过程中场面失控。

（3）时间难以控制，拖堂严重。

（4）学员的参与积极性不高。

（5）虽然最终有产出，但价值不大。

发生以上这些情况，大多是因为引导式课程的设计质量不过关。引导式课程的设计需要遵循以终为始和以学员为中心的原则。其中，以终为始就是以培训目标为最终产出，所有的学习活动设计和时间安排都围绕这个产出进行。例如，值得花大量时间进行引导形成产出的环节，一定是课程的重点模块和内容。那么，什么样的学习活动设计才能吸引学员主动参与，积极贡献自己的想法和观点呢？这就需要培训师按照以学员为中心的原则去设计活动。

我们在跟朋友交流时，肯定不会无话可说。通过前期的诊断和调研，我们对学员及其问题点有了深入的了解，相当于把他们变成了自己的朋友。这时，提出学员愿意回答的问题或邀请他们参与某个活动或游戏，就变得相对容易了。当然，设计引导式课程的学习活动比邀请朋友参与某个游戏或活动的难度更大。

第三节　匹配五线谱

四部曲的第三步是匹配五线谱，五线谱是指时间线、内容线、工具线、成果线和资源线这五条线，具体如图5-4所示。

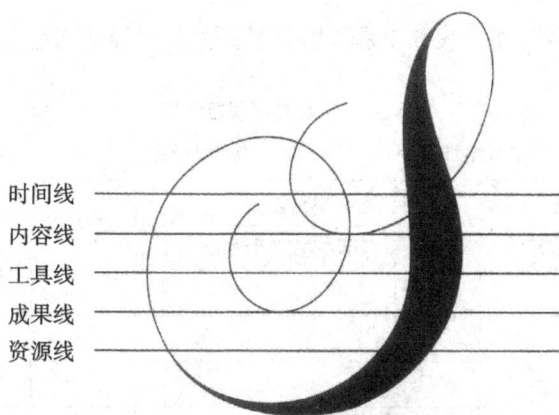

图5-4　引导式课程设计五线谱

在引导式课程设计五线谱中，时间线和成果线分别对应于引导式课程设计五要素中的时间和产出。内容线是指在课程的各个模块或环节中，运用什么样的工具和方法进行授课或引导。在设计内容线时，需要综合考虑学员、时间、空间和产出这四个因素。工具线和资源线都是为内容线服务的。

引导式课程设计五线谱中各条线之间的关系如图5-5所示。

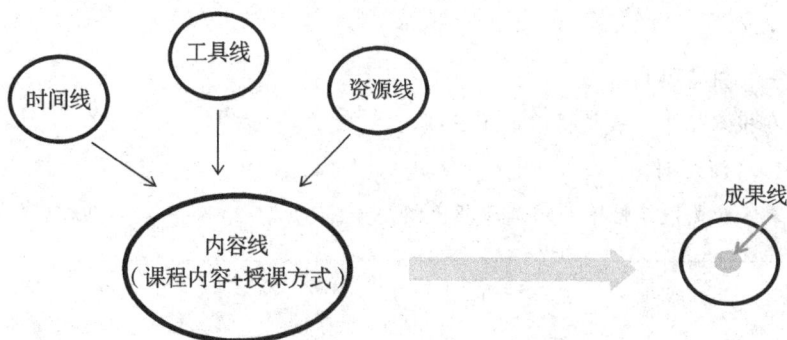

图5-5　引导式课程设计五线谱中各条线之间的关系

在图 5-5 中，成果线对应于培训目标，其他四条线都是为达成培训目标而服务的。其中，内容线包括课程内容和授课方式两个方面。本书所指的授课方式，包括教练技术、引导技术以及各种培训技术、工具和方法，它们共同为达成培训目标而服务。每个环节的工具线，体现了本环节内容线所使用的工具和方法。资源线是内容线中所需物资、设备等资源的细目，培训师要借助资源线做好课程前的准备工作。表 5-5 是运用五线谱做的引导式课程备课表。

表 5-5　引导式课程备课表

培训主题：　　　　　培训日期：　　　　培训时长：　　　　学员人数：

日期	时间线		内容线		工具线	成果线	资源线
	开始时间	用时	环节	授课方式（所需时间）			

案例 5-2："借力翻转课堂促行动"培训备课表

在一场时长为 3.5 个小时的"借力翻转课堂促行动"培训前，我做了以下准备工作。

一、报名帖内容

在报名帖中，我提供了以下三项内容。

1.培训大纲

表 5-6 是报名帖中的培训课程大纲。

表 5-6　"借力翻转课堂促行动" 培训课程大纲

借力翻转课堂促行动		
走进翻转课堂	翻转课堂案例分享	—
	翻转课堂翻转了什么	—
三步玩转翻转课堂	课前"学"与"习"	巧用学习任务单
		问题设计机关
		学习成果测试仪
	课中实操Q&A	4C流程促内化
		人人参与策略
	课后行动双响炮	跟进支持有氛围
		疑难杂症有智囊

2.两个案例

报名帖提供了两个运用翻转课堂开展培训的案例，培训主题均为"问题树模型"。

3.课前思考问题

我请报名者跟帖回答以下三个问题，未回答者不能参加培训。

（1）课前阅读资料中的案例1和案例2中的培训前的准备工作有哪些不同？

（2）案例1和案例2中的学员参与方式有哪些不同？

（3）案例1和案例2的共同之处有哪些？

二、课程设计

通过报名者跟帖回复的内容，我了解了学员对翻转课堂的理解和他们的基础，然后设计了如表5-7所示的备课表。

表 5-7 "借力翻转课堂促行动"培训备课表（初稿）

培训主题：借力翻转课堂促行动　　培训日期：2017.5.22　　培训时长：3.5 个小时
学员人数：15 个人

序号	时间线		内容线		工具线	成果线	资源线
	开始时间	用时（分钟）	环节	授课方式（所需时间）			
1	13：00	20	暖场	• 站队：按照 A（用过）、B（知道但未用过）、C（不知道）站队并在胸牌上做记号（5） • A、B、C 类自选交流并记录（5） • 小组分享收获（5） • 开放 5 个名额分享收获，其他人可以通过"+1"的方式表示赞同（5）	采访和分享	采访记录和分享的收获	• 写有"用过""知道未用过"和"不知道"的 3 张标牌 • A4 纸每人 1 张
2	13：20	40	急需解决的问题	• 每人写 3 个急需解决的问题（5） • 小组交流并选出 3 个共性问题（10） • 将问题写在 1/4 的 A4 纸上，并将其贴在墙上（10） • 分类和命名（15）	团队共创	急需解决的问题及其类别	• A4 纸 15 张 • 书写要求和中粗笔 • 1/4 的 A4 纸 16 张，美纹胶带 • 用于写符号的即时贴 10 张
3	14：00	10	休息	—	—	—	—
4	14：10	20	案例分享	• 分享 2 个问题树案例（10） • 答疑（5） • 翻转课堂到底翻转了什么（5）	分享和讨论	—	PPT
5	14：30	40	课前准备	• 小组讨论：课前准备清单（10） • 逛画廊，勾选 3 个重点（8） • 全体交流（12） • 课前准备 PPT 分享和答疑（5） • 总结（5）	小组讨论、逛画廊和交流	课前准备清单	• 1/2 的大海报纸 4 张，美纹胶带 • PPT

（续表）

序号	时间线		内容线		工具线	成果线	资源线
	开始时间	用时（分钟）	环节	授课方式			
6	15：10	10	休息	—	—	—	—
7	15：20	50	课中、课后	• 根据开场急需解决的问题分配小组任务（2） • 小组讨论解决方案（8） • 全体交流（5） • 课中 PPT 分享（5） • 总结（20） • 课后分享（10）	演练和点评	问题树	• 开场问题 • 大海报纸2张 • 美纹胶带 • PPT
8	16：10	20	总结	• 小组视觉化总结：10分钟微课（10） • 逛画廊（5） • 交流总结（5）	—	—	大海报纸4张

注：①"授课方式"这一列每个步骤后面都有一个括号，括号里面的数字代表这个步骤所用的时间，单位为分钟。例如，"小组分享收获（5）"表示"小组分享收获"这个环节的用时为5分钟。②"资源线"这一列中的各项内容与"授课方式"这一列中的各个步骤一一对应。例如，在"暖场"这一行，"资源线"中的第二项内容"A4纸每人1张"对应于"授课方式"中的第二项内容"ABC类自选交流并记录（5）"，表示在这个环节需要事先准备A4纸，每位学员1张。

通过案例5-2中的备课表，我们可以很清楚地看到这场培训的各个时间节点、内容、所用的授课方式和工具，以及所需要的物资和其他资源。

第四节 评估和完善

在匹配五线谱初步完成后，还要进行预演，发现可能的问题后要对设计进行进一步的完善。这个过程包括图5-6所示的三个步骤，分别是预演、发现可能的问题和完善设计。

图 5-6 评估和完善的三个步骤

一、预演

运用五线谱设计完学习活动后，我们可以通过三种方式进行预演——个人预演、他人试作和小组试验，大家可以根据自己的实际情况进行选择。

（1）个人预演。个人预演是指培训师在头脑中将备课表中所有的流程和步骤走一遍，据此发现可能的问题，为完善设计提供依据。如果没有其他人可以协助预演，那么培训师在设计好学习活动后，可以将学员活动在自己的大脑中预演一遍，就像过电影一样。在预演的过程中，培训师要把自己想象成学员，并向自己提出各种问题。例如，在听到某个学习活动的指令后会有什么样的感受？会做什么？在做的过程中，有哪些问题或困难？时间是否够用？所需要的物资是否充足？活动完成后有什么感受？培训师要边想象边记录。预演完成后，将预演过程与五线谱中的各项内容进行比对，找到存在差异的地方，评估是否需要进一步完善五线谱。

（2）他人试作。他人试作是指邀请其他人来充当学员，按照五线谱中设计的学习活动的步骤和要求来试作。之后，培训师可通过提问的方式分析试作者感到不顺畅或有疑惑的原因，评估如何完善现有的设计。

（3）小组试验。小组试验是指以小组的形式对学习活动进行实操演练。在这个过程中，培训师通过观察活动进度和完成质量来评估活动的难易程度；通过询问学员对这个活动的感受，了解活动是否具有吸引力；通过引导学员回顾过程，了解这个活动设计得好的方面有哪些，哪些方面还需要进一步调整。

以上三种方式各有利弊，其优缺点如表 5-8 所示。

表 5-8　三种预演方式的优缺点

预演方式	优点	缺点
个人预演	不受他人限制，方便、省时	可能会有盲点，很难做到换位思考
他人试作	可以更加客观地发现问题	可能会以偏概全，还需要进行求证
小组试验	预演的过程更真实，有利于发现问题	操作起来相对困难，需要配合小组成员的时间，比较耗时

二、发现可能的问题

1. 学习活动的反思要点

个人预演、他人试作和小组试验三种预演方式虽然在操作上有所不同，但都能为学习活动的完善提供依据。预演结束后，培训师要通过反思和评估发现可能的问题。表 5-9 列出了学习活动的反思要点。

表 5-9　学习活动的反思要点

项目	内容	对应的五线谱内容
指令或要求	是否清晰、明确、不用解释	内容线
活动过程	是否顺畅，学员是否有兴趣	工具线
活动成果	是否达到预期目标	成果线
时间	是否充裕	时间线
资源	是否充足	资源线

2. 五线谱的检视要点

针对备课表中的五线谱进行预演有两个要点，分别是核对时间和清点物资。培训师要围绕这两个要点检视课程流程设计以及使用的工具是否合理。

（1）核对时间。在引导式课程设计中，时间是非常重要的因素，时间不仅影响授课方式的选择，也影响最终的培训效果。评估五线谱时，第一步就是核对时间。表 5-10 列出了核对时间的顺序。

表 5-10　核对时间的顺序

顺序	五线谱	细目	核对重点	依据
1	时间线	用时	时间分配情况：重点模块分配到的时间应较长	（1）课前调研得到的学员的共性需求 （2）内容线中的"环节"内容
2	内容线	授课方式（所需时间）	（1）每个步骤的用时是否合理 （2）各个步骤所需时间的总和（A）与用时（B）是否吻合	（1）工具线和成果线 （2）学员的人数、状态和基础
3	时间线	开始时间	每个环节的开始时间是否为上一环节的开始时间加上用时	上一环节的开始时间和用时

通过表 5-10 可以看出以下几点。

① 五线谱的时间线中的"用时"列出了各个模块和内容所需要的时间。时间是根据课程模块和内容（重点与非重点）进行分配的，重点模块和内容分配到的时间较长。课程的重点模块和内容对应于学员共性的问题点和需求，来自课前的培训需求诊断和调研。

② 五线谱的内容线中的"授课方式（所需时间）"列出了各个环节所使用的授课方式及相应的步骤，以及每个步骤所需要的时间。这个部分的核对方式是先分后总，也就是先核对每个步骤所需要的时间是否合理，再将各个步骤所需时间的总和（A）与该环节的用时（B）进行比对，确认两者是否一致。一般来说，A 应该小于等于 B。在设计引导式课程时，需要预留一些机动时间。若发现 A 大于 B，则要重新评估"授课方式（所需时间）"。在评估每个步骤所需要的时间是否合理时，要综合考虑两个方面的因素，一是工具线和成果线，二是学员的人数、状态和基础，并评估所用工具和方法是否更有利于在有限的时间内帮助学员达成培训目标。因为各种工具和方法都有一定的特点，所以这个环节看似在核对时间，其实也是对工具、流程和步骤进行重新评估和梳理。

③ 五线谱的时间线中的"开始时间"，是否与上一个环节的结束时间（开

始时间加上用时）相衔接，是评估流程设计是否流畅的主要依据。在五线谱中，时间可以反映流程和步骤的设计是否合理，在核对时间的过程中发现问题时，排除简单的时间计算错误后，一定要反思流程设计和工具使用是否存在问题。

（2）清点物资。引导式课程所用的物资，比纯讲授的课程所用的物资更多，种类也更多，而且随着培训目标、学员人数和授课方式的不同，也会产生不同的组合。例如，在进行小组讨论时，将成果写在A4纸上还是大海报纸上？用中粗笔还是白板笔？投票时，用笔打勾还是在帖子中投票？分享时，用胶纸将成果张贴在墙上还是用磁扣将成果贴在白板上？针对不同的组合，需要准备不同的物资，一旦遗漏，不仅会浪费时间，还会影响培训的节奏，严重时甚至会导致事前设计的授课方式无法实现。因此，清点物资是备课阶段的一项重要工作。

有了备课表，清点物资便可按照图5-7所示的三个步骤进行。

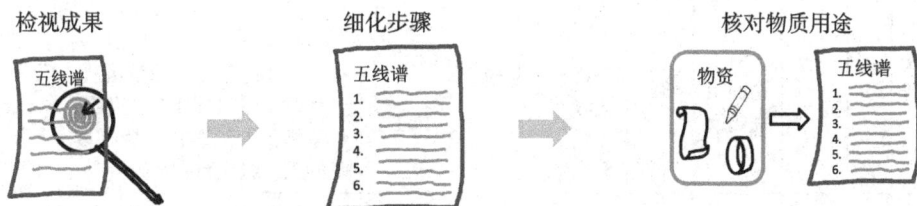

图 5-7 清点物资三步骤

① 检视成果。物资是为达成培训目标服务的，而培训目标体现为五线谱中的成果线，因此，检视成果就是对五线谱中的物资能否支持培训目标的达成进行评估。在核对时间时，培训师应根据学员的共性需求确定课程的重点内容，并为其分配较多时间。在清点物资时，培训师要在现有学员人数、水平和现状的基础上，评估所使用的授课方式能否支持获得成果线中的产出。若答案是否定的，则要重新思考所使用的工具、方法和步骤。若答案是肯定的，则进入下一步——细化步骤。

② 细化步骤。在引导式课程中，培训师根据课程的需要选择讲授和引导两

种方式。在培训中运用引导时，培训师通过流程设计、氛围营造和提问等方式来引导学员群策群力，产出成果。要想做好引导式课程中流程和能量的双向管理，培训师就要根据学员、产出、时间和空间四个要素提前进行精心设计。

我发现，在工具的使用上，很多人存在以下误区：为了使用某个工具而使用，未考虑引导式课程的五个要素；在备课时，对工具的具体操作的设计不够精细。前者会导致现场热闹但最终未达成培训目标，后者会导致培训现场突发状况频出，进而影响课程节奏、学员的参与度和最终的产出。那么，如何才能实现精细化设计呢？

培训师可运用 5W1H 对内容线中各个环节所对应的步骤进行细化。以培训中常见的分组活动为例，表 5-11 给出了运用 5W1H 进行精细化设计的范例。

表 5-11　分组活动的精细化设计范例

案例	总人数	每组人数	5W1H					
			Why	Who	Where	When	What	How
案例一	20	5	小组讨论的组别轮换	学员	小组—全体	课程进行中	组成 4 个 5 人小组	• 学员坐在原座位，培训师给 4 个小组各分配 1~4 号中的一个号 • 各个小组指定一位学员从"1"开始，按照顺时针方向报数 • 请学员找到跟自己所报数字相同的人，组成新的小组
案例二	20	10	两个组进行报数比赛	学员	全体	课程开始前	组成 2 个 10 人小组	• 全体学员起立并围成一个大圆圈 • 指定一位学员从"1"开始，按照顺时针方向报数，到"10"停止 • 请报数为 1~10 的学员组成 1 个小组，其他学员组成 1 个小组
案例三	20	2	两两分享课程收获和行动	学员	小组—全体	课程结束前	将 4 个 5 人小组重组为 10 个 2 人小组	• 请全体学员原地起立 • 请学员们在本组范围内自由组合为两人小组，完成后原地坐下 • 请各组落单的学员在全场范围内选择伙伴组成两人小组，并选择位置坐下

通过表 5-11 可以看出，虽然这三个案例都是关于分组的，但因目标和结果不同，所采取的方式也不同，尤其是 How 这个部分。三个案例的第一步都

先描述了对学员状态的要求，如坐或站立；第二步则是发布具体的指令，如报数、自由组合、组内组合或全体范围内组合等。

③ 核对物资用途。细化了各个步骤后，培训师可运用"物资用途表"（见表5-12），将其与五线谱的内容线各环节所对应的"授课方式（所需时间）"中的每个步骤一一核对，查遗补漏。

表 5-12　物资用途表

序号	内容线		资源线	
	环节	授课方式（所需时间）	物资	物资用途

案例 5-3：备课时的清点物资

在根据案例5-2中的"借力翻转课堂促行动"培训备课表进行清点物资时，我结合五线谱做了综合评估。

以表5-7中的环节"课前准备"为例，该环节包括以下步骤。

（1）小组讨论：课前准备清单（10）。

（2）逛画廊，勾选3个重点（8）。

（3）全体交流（12）。

（4）课前准备PPT分享和答疑（5）。

（5）总结（5）。

针对上述信息，我通过检视成果、细化工具和核对物资用途三个步骤进行预演，对课程所使用的物资做了清点。

步骤一：检视成果

具体到"课前准备"这个环节，其成果线为课前准备清单，包括两个部分：一是各组讨论的产出；二是对各组的产出进行交流、总结得到的课前准备清单内容。前者体现在第一步，后者体现在第五步。因此，通过这样的检视得到的结论是，通过本环节的五个步骤，能够得到预期成果。

步骤二：细化步骤

该环节的工具线为小组讨论、逛画廊和交流。为了便于核对物资，我运用 5W1H 对这三个工具做了细化，如表 5-13 所示。

表 5-13　五线谱的工具线细化表

序号	工具名称	5W1H					
		Why	Who	Where	When	What	How
1	小组讨论	请学员思考课前准备清单的内容	学员	本小组桌面	10 分钟	课前准备清单应包括哪些内容	以小组为单位，就课前准备清单应包括哪些内容进行头脑风暴，并用白板笔将小组讨论结果写在 1/2 的大海报纸上，完成后，用美纹胶带将其张贴在培训现场的墙面上
2	逛画廊	请学员选出自己认同的课前准备清单内容	学员	培训现场	8 分钟	观看各组的讨论成果海报并投票	以小组为单位，按顺时针方向依次浏览各组的讨论成果。4 张都看完后，每位学员用红色白板笔在自己最认同的 3 个项目前用打勾的方式投票
3	交流	汇总课前准备清单内容	学员	培训现场	12 分钟	课前准备清单应包括哪些内容	将 4 张海报纸张贴在白板上，圈出得票数多于三票的项目，并询问学员为什么会投票给这些项目。通过答疑和澄清，整合出一张课前准备清单

步骤三：核对物资用途

在"物质用途表"的基础上，将资源线列出的物资与内容线列出的授课方式一一对应，如表 5-14 所示。

表 5-14　"课前准备"环节的物资用途表

序号	内容线		资源线	
	环节	授课方式（所需时间）	物资	物资用途
1	课前准备	小组讨论：课前准备清单（10）	1/2 的大海报纸 4 张	将小组讨论结果写在海报纸张上

（续表）

序号	内容线		资源线	
	环节	授课方式	物资	物资用途
1		小组讨论：课前准备清单（10）	美纹胶带一卷	各组将记录了讨论结果的海报纸张贴在墙面上
2	课前准备	逛画廊，勾选三个重点（8）	红色白板笔 4 支	供学员在逛画廊结束后投票时使用
3		全体交流（12）	—	—
4		课前准备 PPT 分享和答疑（5）	PPT	展示课前准备清单内容
5		总结（5）	—	—

　　然后，评估现有物资能否满足每个步骤的需求。在这个过程中，我发现"逛画廊，勾选 3 个重点"这个步骤遗漏了用来勾选重点的白板笔，于是在表中添加了"红色白板笔 4 支"这项内容。

　　通过案例 5-3 可以看出，通过清点物资三步骤，培训师可以通过检视成果，确保课程设计沿着正确的方向进行，还可以通过细化步骤和核对物资用途进行查遗补漏，为后续发现问题和完善设计奠定基础。

　　在检视成果、细化步骤和核对物资用途的过程中，我们会发现可能出现的问题。表 5-15 列出了在预演过程中发现的关于物资的问题。

表 5-15　物资调整表

序号	增加	调整	原因
1	深色中粗笔 8 支	—	对应步骤是"在胸牌上做记号"，用于做记号
2	1/4 的 A4 纸 10 张	—	对应的步骤是"分类和命名"，用于写名字
3	红、黑、蓝白板笔各 5 支	—	逛画廊结束后投票时使用
	磁扣或美纹胶带	—	张贴小组讨论海报时使用

　　在资源线中，除了实体的物资，还要考虑其他资源。例如，在课程进行过程中，如果需要学员上网搜索信息或者填写网络调查表，就要为他们提供无线网络。通过预演可以发现，案例 5-3 中内容线的"授课方式（所需时间）"中的

步骤有些内容不够具体，需要运用 5W1H 进行细化，然后表述出来。

三、完善设计

通过预演发现问题后，下一步就要对备课表进行有针对性的调整和完善。案例 5-4 展示了案例 5-2 中的备课表的调整版。

案例 5-4："借力翻转课堂促行动"培训备课表（调整版）

经过预演和发现可能的问题两个步骤之后，我们对内容线的"授课方式（所需时间）"中的各个步骤进行了细化和描述，并同步调整了资源线的内容，如表 5-16 所示。

表 5-16　"借力翻转课堂促行动"培训备课表（调整版）

培训主题：借力翻转课堂促行动　培训日期：2017.5.22　培训时长：3.5 个小时　学员人数：15 个人

序号	时间线		内容线		工具线	成果线	资源线
	开始时间	用时（分钟）	环节	授课方式			
1	13：00	20	暖场	• 站队：按照 A（用过）、B（知道但未用过）、C（不知道）站队，并用中粗笔在胸牌上做记号（2） • A、B、C 类学员自选一人做两两交流并在 A4 纸上做记录，进行两轮（8） • 小组分享收获（5） • 开放 5 个名额分享收获，其他人可以通过"+1"的方式表示赞同（5）	采访和分享	采访记录和分享的收获	• 写有"用过""知道但未用过"和"不知道"的 3 张标牌，**深色中粗笔 8 支** • A4 纸每人 1 张
2	13：20	40	急需解决的问题	• 每人在 A4 纸上写 3 个急需解决的问题（5） • 小组内交流并选出 3 个共性问题（15） • 将选出的 3 个问题写在 1/4 的 A4 纸上，并将其张贴在墙上（5） • 学员自行分类和命名（15）	团队共创	急需解决的问题及其类别	• A4 纸 15 张 • 书写要求和中粗笔 • 1/4 的 A4 纸 16 张，美纹胶带 • 用于写符号的即时贴 10 张，1/4 **的 A4 纸 10 张**

（续表）

序号	时间线		内容线		工具线	成果线	资源线
	开始时间	用时（分钟）	环节	授课方式			
3	14：00	10	休息		—	—	—
4	14：10	20	案例分享	• 分享2个问题树案例（5） • 答疑（5） • 翻转课堂到底翻转了什么（10）	分享和讨论		PPT、计算机和翻页笔
5	14：30	40	课前准备	• 小组讨论课前准备清单应包括哪些内容，将讨论结果用白板笔写在1/2的大海报纸上，并用美纹胶带将其张贴在培训现场的墙上（10） • 以小组为单位，按顺时针方向逛画廊，每人勾选3个重点（8） • 将4张讨论成果海报张贴在白板上，全体交流投票的依据和想法（12） • 课前准备PPT分享和答疑（5） • 总结（5）	小组讨论、逛画廊和交流	课前准备清单	• 1/2的大海报纸4张，美纹胶带 • **红、黑、蓝白板笔各4支** • **磁扣或美纹胶带** • **PPT、计算机和翻页笔**
6	15：10	10	休息		—	—	—
7	15：20	50	课中、课后	• 根据急需解决的问题分配小组任务（2） • 小组讨论解决方案（8） • 全体交流（5） • 课中PPT分享（5） • 总结（20） • 课后分享（10）	演练和点评	问题树	• 开场问题 • 大海报纸2张 • 美纹胶带 • **PPT、计算机和翻页笔**
8	16：10	20	总结	• 小组视觉化总结：10分钟微课（10） • 逛画廊（5） • 交流总结（5）	—	—	大海报纸4张

注：表5-16中使用加粗字体的内容，是针对预演过程中发现的问题进行调整后的内容。

　　本节以"借力翻转课堂促行动"培训的备课过程为例证明了培训不必彩排，因为无论我们在课前演练了多少次，演练得有多好，都会在培训过程中遇到各种意想不到的状况。虽然培训不必彩排，但通过四部曲中的确定关键模块、匹配五线谱以及评估和完善，我们能够进行更充分的准备。这样做不仅能让课程设计更加完善，也能让培训师做到心中有数。培训师在培训现场碰到意外状况时，无需分心来回顾课程内容和授课方式，只需集中精力来处理意外状况，从而获得更好的培训效果。

第六章　知己知彼：常用工具介绍

工欲善其事，必先利其器。除了常用的授课方式，还有一些引导工具可以运用在引导式课程的设计中。表 6-1 列出了其中的四种，分别是焦点讨论法（ORID）、世界咖啡、开放空间和团队共创。

表 6-1　四种常用的引导工具

引导工具	特点	适用情境	人数	时间	空间	注意事项
焦点讨论法（ORID）	严谨、有层次的提问架构： • 发掘客观事实 • 反映自身感受 • 呈现多元化的观点 • 开启新的可能	访谈、讨论、开会和培训（看视频、做活动和做总结等）	不限	不限	无特别要求	ORID： • Objective——客观性问题 • Reflective——反映性问题 • Interpretive——诠释性问题 • Decisional——决定性问题
世界咖啡	• 连接和贡献 • 共同聆听 • 收获与分享集体智慧 • 汇谈方法	• 分享知识，激发创新思维，探究现实问题的可能性 • 深层次考察机遇和挑战，加深现有小组成员之间的关系，加强他们对结果的共同责任 • 引发有意义的互动	12 个人以上	1.5 个小时以上	足够大，每组 4～5 个人	（1）以下情况不适合使用世界咖啡： • 让大家得出事先确定的结论或答案 • 想做单向的信息传递 • 想做详细的实施方案和任务分配 （2）七大原则： • 设定情境 • 营造友好的空间 • 探索真正重要的问题 • 鼓励每个人积极参与 • 交流并连接不同的观点 • 共同倾听其中的模式、见解及更深层的问题 • 收获与分享集体智慧

（续表）

引导工具	特点	适用情境	人数	时间	空间	注意事项
开放空间	• 充满创意 • 集思广益 • 自动自发 • 自我管理	• 参与者背景多元化 • 问题复杂 • 没有人知道答案 • 需要一群人持续参与，寻求答案	5~1000个人	1~3天	空间足够大，便于走动	（1）四大原则： • 来的人都是对的 • 该开始时就开始 • 任何当下发生的事情都是当下所能发生的 • 该结束时就结束 （2）一大法则：双脚法则（小蜜蜂和蝴蝶）
团队共创	针对焦点问题，达成共识	• 创造愿景 • 分享想法 • 分析障碍 • 制定行动方案	2~30个人	45分钟以上	空间足够各组分散讨论	五个步骤： • 介绍内容 • 头脑风暴 • 组织群组 • 命名群组 • 确定群组的意义

表 6-1 列出了四种常用的引导工具的特点、适用情境及人数、对时间和空间的要求，以及相应的注意事项。结合表 6-1，在引导式课程设计四部曲的第三步——匹配五线谱，为了合理选择工具线，需要综合考虑适用情境、人数、时间和空间等因素，具体如表 6-2 所示。

表 6-2　匹配工具线时要考虑的因素

考虑因素	依据	注意事项
适用情境	本环节的目标是什么（即成果线的内容）	不同的工具达成的结果的性质不同，考虑工具与结果线的匹配程度
人数	学员的总人数	同时考虑到最多、最少人数的限制，以及自己的控场能力
时间	时间线中的"用时"	实际所需时间通常比预估时间长，要留出机动时间
空间	各工具对空间的要求	空间不仅包括场地大小，还包括可用墙面和桌椅的可移动性

在表 6-2 中，适用情境的注意事项"不同的工具达成的结果的性质不同"是指不同工具的用途不同。例如，如果某个环节的目标是让大家对某个问题达成共识，就可以选择团队共创；如果目标是探索和触发观点，就可以选择 ORID、世界咖啡和开放空间。通过表 6-1 可以看出，这四种工具对人数、时间

和空间的要求均不相同。培训师要对学员人数、用时和现有空间状况进行综合评估，并在此基础上选择合适的引导工具。

在引导式课程中，头脑风暴很常用，而且是不少引导过程的必要环节。因此，在介绍上述四种引导工具之前，先详细介绍一下头脑风暴这个基础工具。

第一节　头脑风暴

头脑风暴是一种能激发更多创意、催生新奇想法的方法。当我们需要摆脱常规思维的束缚，产生更有创意的想法时，可以使用头脑风暴，让大家都参与进来，对某个问题提出多样化的观点和想法。

一、头脑风暴的四个基本原则

头脑风暴的四个基本原则如图 6-1 所示。

图 6-1　头脑风暴的四个基本原则

因为引导技术的核心是参与，而参与的目的是鼓励学员贡献自己的观点和想法，所以头脑风暴是引导技术中常用的工具之一。头脑风暴在各种引导技术的不同阶段均可使用。

二、头脑风暴的类别

根据参与者人数的不同，头脑风暴可分为个人头脑风暴和小组头脑风暴；根据观点和想法的表达形式的不同，头脑风暴可分为口头式头脑风暴和书写式头脑风暴。

1. 口头式头脑风暴

在培训过程中，比较常用的是口头式头脑风暴，如图 6-2 所示。

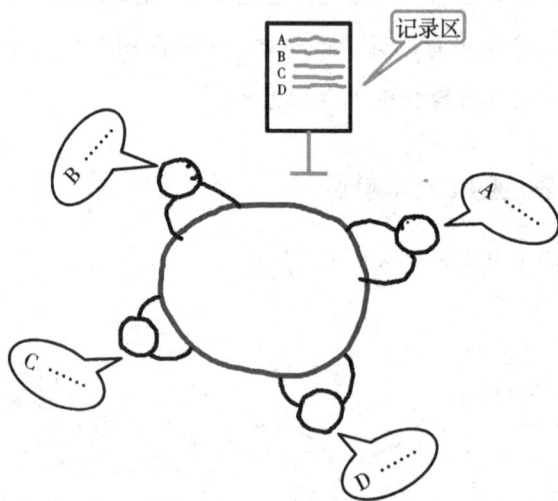

图 6-2　口头式头脑风暴

口头式头脑风暴的具体操作方法是，参与者以发言的方式表达自己的观点和想法，记录者将其同步记录在白板或海报纸上，并确保所有参与者均能看清，以便参与者彼此激发灵感，产出更多的想法和观点。

在进行口头式头脑风暴时，要特别注意提醒所有参与者遵循头脑风暴的四个原则，尤其是不评判、不批评原则。在实际操作中，拥有不同经验、阅历和思维方式的人们一旦开始发散思维，各种观点和想法就会涌现出来。很多人在听到与自己不同的想法或者自己不认同的观点时，可能会条件反射式地加以评判或反驳，从而影响其他参与者提出想法的积极性，进而影响头脑风暴的最终成果。因此，对一场成功的头脑风暴来说，营造畅所欲言、彼此包容的氛围十分关键。那么，如何才能营造这样的氛围呢？下面的案例提供了一种简单的方法。

案例 6-1：从知到行的 "YES AND" 练习

某场培训的学员均为经验丰富的企业高层领导，在前期的培训需求调研中，我发现学员都习惯于批评他人。为了确保头脑风暴这个环节顺利进行，在开始之前，我带领学员做了 "YES AND" 练习。这个练习包括两个阶段，分别是知和行。

1. 知的阶段

知的阶段主要包括以下四个步骤。

步骤一：请学员猜 "YES AND" 是什么意思。我事先在白板上写下了大大的 "YES AND"，我请学员猜这是什么意思。有的学员说，这是沟通中常用的句式 "是的，同时……"，有的学员说这是表达认同的意思，有的学员说这是一个游戏的名称。我一边听，一边将大家的答案写在白板上。

步骤二：投票。等到无人发言后，我请大家用两种贴纸表达自己对白板上观点的看法。其中，笑脸贴纸代表认同，心形贴纸代表有疑问。

步骤三：答疑。投票结束后，由心形贴纸得票数排前三位的观点提出者详细说明自己的观点，并在随后的答疑环节回答其他学员提出的问题。

步骤四：总结。交流结束后，我提出了以下几个问题，带着所有学员进行回顾和总结。

（1）在刚才的答疑环节中，你看到、听到了什么？

（2）在答疑环节中出现的哪些观点与你之前想的不同？

（3）这些不同的观点对你的启发或价值是什么？

（4）如果没有答疑环节，你会有这些收获吗？为什么？

通过这四个问题，大家开始反思自己日常的思维习惯，并认识到：不同的观点和看法能够拓展自己的思维，开阔自己的视野；在听到不同意见时，不要先做评判，而要用好奇心去询问，这样自己才能有更多的收获。

2. 行的阶段

行的阶段由学员进行 "YES AND" 回应练习，这个阶段主要包括以下三个步骤。

步骤一：说明规则并示范。我先指出海报纸上的"YES AND"的三个回应方向并说明规则：一位组员说出自己在沟通中的一个优势并举例后，其他两位组员可以按照海报上提示的三个方向进行"YES AND"回应。

（1）补充优点：我发现你还有……

（2）共鸣感受：我也有同样的感受。

（3）倾慕式提问：你是如何做到的？

之后，我请一位学员说出自己的优势，然后对"YES AND"的三个回应方向进行示范。

步骤二：进行"YES AND"造句练习。请三人小组进行"YES AND"造句练习。一位组员先分享自己在沟通中的一个优势，然后其他两位组员进行"YES AND"回应。

步骤三：分享和总结。"YES AND"造句练习结束后，我问学员以下几个问题，请学员分享自己的感受。

（1）自己小组的三个优势是什么？

（2）对于自己的优势，其他两位组员做了什么样的回应？

（3）听到组员这样回应之后，自己的心情如何？

（4）"YES AND"造句练习对自己在日常沟通方面有什么启发？

通过"YES AND"造句练习，学员认识到自己的沟通习惯有很大的问题，尤其是在倾听这个方面。因为造句的依据是其他人说出来的优势，要想完成造句，一方面要逼着自己认真倾听对方的话，另一方面要依照"YES AND"的三个回应方向引导自己放弃评判和批评，从中选出能够呼应对方的回应，这是跟他们以前的习惯很不一样的做法。通过这个练习，学员体验到了"YES AND"的神奇力量，认识到了自己在以后的工作中要多倾听他人的观点，不能急于打断和评判。

经历了从知到行两个阶段的体验和练习后，学员在后面进行头脑风暴时，大多能做到包容他人，即使偶尔有学员提出批评意见，经其他学员稍作提醒，这些学员也能马上就意识到错误并改正。

在案例 6-1 中，学员是习惯于评判他人的企业高层，为了引导他们进行反思并有所改变，我利用"YES　AND"练习让学员进行了从知到行两个阶段的体验，为后面头脑风暴的顺利进行奠定了基础。在实际操作中，培训师可根据学员的实际状况灵活运用该方法。

案例 6-2："YES AND"练习

在一场"内训师的授课技巧"培训中，培训师张远运用了"YES AND"练习，为头脑风暴做铺垫。

考虑到企业文化较开放且时间有限，张远请30位学员组成5个小组，每组6个人，从左到右用"YES AND"造句。造句的规则是，不管前一位组员说了什么，后面的组员依次每人说一个词，最终用本组的所有词组成一个完整的句子。这个活动一共有两轮，第一轮为小组演练，第一个词由本组左起第一位组员决定；第二轮为即兴造句，各组学员上台后，由张远提供一个词，随后由该组学员依次接下去，在最短时间完成一个完整句子的小组胜出。

活动结束后，张远请大家分享感受和启发。通过交流，学员发现，胜出的小组的所有成员会全神贯注倾听其他组员说出的词，并马上思考如何承接；而速度较慢的小组的成员在听到其他组员说出来的词后，第一反应可能是说："怎么是这个词？什么意思？"当然，这个问题是没有答案的，思考这个问题只会浪费时间。大家认为这个活动给自己的启发是，不管自己是否理解其他人为什么说出这个词，或者是否认为这个词对达成目标（整个小组快速完成一句话）有帮助，最有效的做法就是完全接纳后立即思考如何去协作完成。

最后，张远基于这个启发引出了头脑风暴的四个原则，再次强调了不评判、不批评和互相激发的原则，并告诉大家，只有按照这样的原则行事，才能快速达成共同的目标。

通过案例 6-1 和案例 6-2 可以看出，虽然培训师都使用了"YES AND"练习，但他们根据可用时间、学员的开放程度和习惯的不同，选择用不同的方式达成同样的目标——为头脑风暴做铺垫。

2. 书写式头脑风暴

在进行口头式头脑风暴时，除了部分学员可能会习惯性地评判和批评，还可能出现以下状况：一是学员不愿意表达自己的观点，参与度不高；二是大家你一言我一语，导致记录者因没有听清楚而遗漏了部分观点；三是记录者太辛苦，而且没有成就感。

与口头式头脑风暴不同，书写式头脑风暴的具体操作方法是让所有参与者将自己的想法写在纸上，然后通过交换纸张来催生新的想法。书写式头脑风暴可以让参与者更好地互相启发，消除了评判和批评的行为。图 6-3 展示的是以小组为单位进行的书写式头脑风暴。

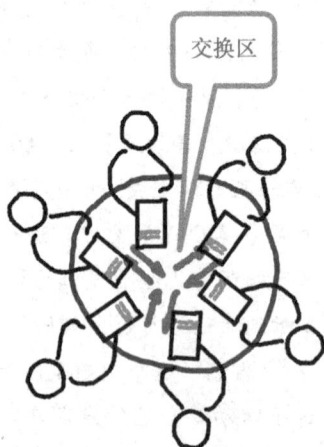

图 6-3　以小组为单位的书写式头脑风暴

书写式头脑风暴的操作流程如下。

（1）发散阶段。将参与者分成若干小组，以小组的方式进行个人头脑风暴。所有小组成员在一张空白的 A4 纸的最上方写下头脑风暴的主题，然后逐条写下自己的观点或想法并标注序号。完成后，所有小组成员将 A4 纸放置于桌子中间的交换区，从中拿一张其他组员的 A4 纸继续补充，写完后放置到交换区，不断循环，直到时间用尽或被叫停。

（2）收拢阶段。小组成员互相分享观点，评选出组内最受欢迎的观点。在评选最受欢迎的观点时，小组成员之间要相互讨论，澄清想法，互相激发和补充。

案例6-3：书写式头脑风暴的运用

在一场"视觉思维在培训中的运用"培训中，我采用了书写式头脑风暴，带领学员探讨这个主题，最终产出惊人。具体操作步骤如下。

1. 热身

热身阶段包括两个环节，分别是视觉化自我介绍和漫游挂图。

（1）视觉化自我介绍。这场培训的主题是"视觉思维在培训中的运用"，培训时间是2015年年底，我请学员按照图6-4中的要求画出自己想要表达的内容。学员可以使用图形和关键词呈现这些内容。

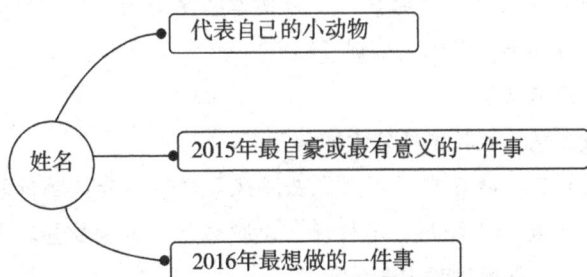

图6-4 思维导图版自我介绍

通过视觉化的自我介绍，大家很快互相熟悉起来，并记住了彼此的名字。

（2）漫游挂图。在这场培训中，漫游挂图的具体操作步骤如图6-5所示。

图6-5 漫游挂图

① 张贴主题。我事先在四张大海报纸上分别写下了"成人学习""视觉思维""培训"和"参与"这四个关键词，并将其张贴在培训现场的不同墙面上。

② 巡视和分享。我将学员分为两个小组，各小组成员在房间内巡视，阅读海报纸上的内容，并按照顺时针的顺序，用图形和关键词记录自己对这四个关键词的理解。

③ 集中讨论。每位学员都写下了自己对这四个关键词的理解后，我将大家集中在一起，逐一查看并讨论每一张海报纸上的想法，并询问："你认同哪些想法？对哪些想法有疑问？"这两个问题引起了大家的交流，大家彼此交换想法，也对海报纸上的关键词有了更深入的理解。经过上面的参与和体验，大家结合海报纸上的四个关键词，一致同意将主题细化为"用视觉思维方式让培训对象参与其中，以达成培训目标"。

2. 书写式头脑风暴

书写式头脑风暴的具体操作步骤如下。

（1）说明规则。我介绍了书写式头脑风暴的流程和头脑风暴的四个基本原则——互相激发，不评判、不批评，大胆想象，追求数量。我要求大家在进行书写式头脑风暴的过程中保持静默。

（2）进行书写式头脑风暴。我将所有学员分为两个小组，要求所有学员将自己的观点写在A4纸上并编号；1分钟后，各组成员将A4纸放到桌子中间的交换区，从中拿一张其他人的A4纸进行补充，写完后将A4纸再次放到交换区，不断循环，直到时间用尽。最终，每个小组的成果都非常丰富，每张A4纸上都写有20条左右的想法。

（3）分类想法。接下来，各组将所有想法汇总、分类，先运用不同颜色、符号进行标注，然后根据不同的分类依据将所有想法归类。

（4）制作思维导图。各组将整合好的内容转化为思维导图，并将其画在大海报纸上。

（5）集中讨论。最后，各组将画有思维导图的海报纸张贴在墙面上，两个小组依序浏览。最后，我引导学员对思维导图进行交流，答疑解惑。

图6-6为各组思维导图的综合版。

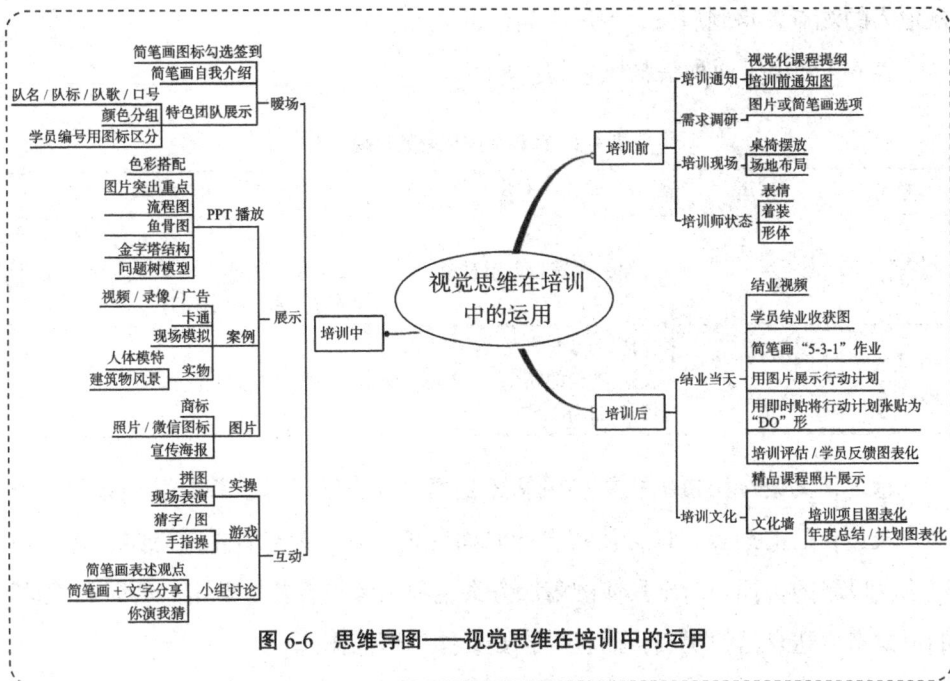

图 6-6　思维导图——视觉思维在培训中的运用

在案例 6-3 中，在运用书写式头脑风暴之前，我通过视觉化的自我介绍，使学员初步体验了视觉思维的魅力，然后通过漫游挂图，引导学员对与本次培训主题相关的四个关键词进行交流。这样做不仅为后续的书写式头脑风暴营造了轻松的氛围，也预热了头脑风暴的内容，为最终的产出奠定了基础。在书写式头脑风暴的收拢阶段，我并没有选出最优想法，而是请学员对所有的想法进行整合。我这样做的原因如下：一方面，学员来自不同的行业和企业，他们所面对的课程主题和对象均不同，只有合适的选择，没有最优选择；另一方面，我不希望这场头脑风暴仅仅针对某一次课程，我希望这场头脑风暴的成果可以成为他们后续做课程设计时的指引。

3. 两种头脑风暴的优缺点

在实际操作中，书写式头脑风暴的个人头脑风暴阶段不允许参与者发出声音，这个要求在一定程度上抑制了评判和批评的行为，就算参与者有这个念头，也要等到这个阶段结束之后才能行动，从而避免了在运用口头式头脑风暴时常发生的参与者立刻反驳或相互争执的情况。这有利于参与者集中注意力，从他人的观点中得到启发，并写下自己的观点。

表 6-3 列出了两种头脑风暴的优缺点。

表 6-3　两种头脑风暴的优缺点

形式	特点	优点	缺点
口头式头脑风暴	用听和说的方式互动	方便，发表观点用时短	可能会有强势者控制发言，内向者缺少发言机会，容易产生评判和批评的行为，记录耗时
书写式头脑风暴	用书写和阅读的方式互动	为所有参与者提供了平等的表达观点的机会，减少了评判和批准的行为	书写想法相对耗时

总之，无论运用口头式头脑风暴还是书写式头脑风暴，都要避免只用一个词来表达自己的观点，这会使解释的时间变长，影响参与者发散思路。如果使用头脑风暴的目标是产出具体的解决方案，那么参与者要尽量用"动词＋名词"的形式来表达自己的观点，而且内容要具体、可操作。

第二节　焦点讨论法

一、什么是焦点讨论法

焦点讨论法（ORID）可以通过严谨、有层次的提问架构，适当地设计各个层次的问题，使提问者客观、中立且全面地了解其他参与者对事实的不同认知、感受以及多元化的观点。

焦点讨论法涉及四个层次的问题，分别是客观性问题、反映性问题、诠释性问题和决定性问题。

客观性（Objective）问题：事实和外在的情况。

反映性（Reflective）问题：内在情绪和感觉，由客观事实带来的联想。

诠释性（Interpretive）问题：主题的价值、意义和重要性。

决定性（Decisional）问题：做出决议，促进参与者下定决心。

图 6-7 展示了 ORID 的提问架构。

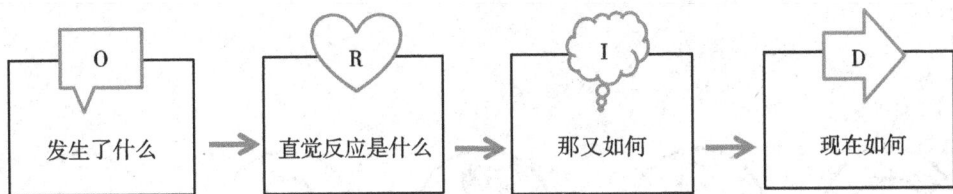

图 6-7　ORID 的提问架构

ORID 的提问架构体现了人的自然思考的过程。例如，上班路上堵车了，我们的直觉反应是什么？我们是怎么想的？我们是如何做决定的？图 6-8 运用 ORID 的提问架构，将这个内心的思考过程展示了出来。

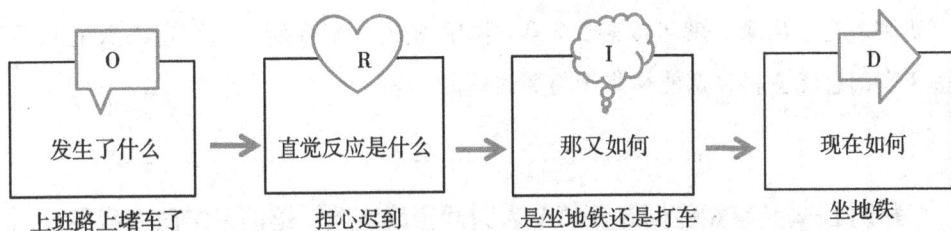

图 6-8　ORID 案例——堵车

二、焦点讨论法四个层次的问题

1. 焦点讨论法四个层次的问题的内容

（1）客观性问题。客观性问题来自事实和外在情境，包括资料、关于主题的事实和外在的现实状况。每位参与者看到的、听到的、触摸到的、尝到的和闻到的都属于客观性问题，如图 6-9 所示。

客观性问题
已发生的事实、信息和数据

看到的　听到的　触摸到的　尝到的　闻到的

图 6-9　客观性问题

客观性问题看起来简单，但非常重要。有时我们会发现，会议已经开了很久，但大家谈论的却不是同一个话题。参与者先通过客观性问题将关于主题的事实和数据说出来，就可以避免发生类似的情况，确保所有参与者都清楚地了解所有信息和资料，都能聚焦于将要讨论的主题。

案例 6-4：客观性问题在"个人时间管理宝典"培训开场时的应用

我在一场"个人时间管理宝典"培训的开场环节使用了三个客观性问题与学员互动。

我（问题1）：最近半年，大家跟家人出去旅游了多少次？

张陵：一次也没有。

刘军：两次，公司组织的。

我：最近半年，大家跟家人出去旅游的次数分别是张陵零次、刘军两次，刘军的两次旅游都是公司组织的。

我（问题2）：那么，大家每周陪伴孩子的时间有几个小时呢？

张陵：估计很少，大概有 6 个小时吧，看来我的时间管理很有问题。

刘军：平均每周 6 个小时，工作时间是平均每天 7 个小时。

我：每周 7 天，共 168 个小时，张陵和刘军每周陪伴孩子的时间均为 6 个小时。

我（问题3）：请问，大家是如何给孩子过儿童节的呢？

刘军：没过，因为孩子要上学！

张陵：以前会和孩子一起打球，运动一下。这几年对孩子的关注好像少了些，毕竟孩子已经上初中了。

刘军：同感！

张陵：老师，我现在迫不及待地想要听关于时间管理的课程了，因为我认为自己在这个方面存在问题。

通过案例6-4可以看出，我利用三个问题，请学员自己说出事实或数据，从而发现自己的问题，并以此激发了学员的学习动机。如果换一种方式，直接告诉学员"你们的时间管理有问题"，那么大多数学员可能都不会承认，就算有人心里认同，但碍于面子，也不一定会表示赞同。更糟糕的是，这样做可能会引起学员的反感和对立情绪，从而影响他们的学习兴趣以及课程的最终效果。

案例6-4充分展示了客观性问题的威力。培训师说学员时间管理有问题，这是主观判断，其结论因人而异，很容易引起争议和学员的不满。当事实和数据摆在眼前时，说服力就很强了。在案例6-4中，学员回答了前两个问题后，我都简短地做了小结，将学员提供的事实和数据呈现出来，这可以让我扮演镜子的角色。镜子只反映照镜人的真实情况，其他的由照镜人自己判断。

培训开场时，培训师要想激发学员的学习动机，就要从趋利避害的人性角度去考虑。趋利是指让学员知道培训能给自己带来哪些好处。例如，做时间管理培训时，培训师可以列举时间管理做得好和不好的正反两面的例子，询问学员是否希望成为正面例子中的主人公。避害是指找到学员的痛点。例如，在提出案例6-4中的客观性问题之后，培训师告诉学员培训能够解决这些问题。不管是趋利还是避害，都能为后面顺理成章地引出课程内容（即解决方案）做好铺垫。

关于客观性问题，培训师可以问学员"你看见了什么""哪些字眼或语句引人注意""发生了什么事情"等。培训师要想问出事实，既可以问模糊的问题，如"刚才发生了什么"，也可以运用4W1H（人物、时间、地点、事情和言行）进行提问；如果培训师已经了解相关数据和资料，那么可以问得更具体，如"室温多少度"和"销售额是多少"等。

（2）反映性问题。反映性问题是关于感受、心情、情绪的反应、回忆或联想（见图6-10），具体包括下列内容。

① 情绪的反应，如喜、怒、哀、乐。

② 对某些事情或话语的感觉，如生气、兴奋、好奇、恐惧、挑战、迷茫、沮丧和高兴等。

③ 对过去经验的联想，即针对工作和生活中的场景或之前的相关经验的回忆或联想。

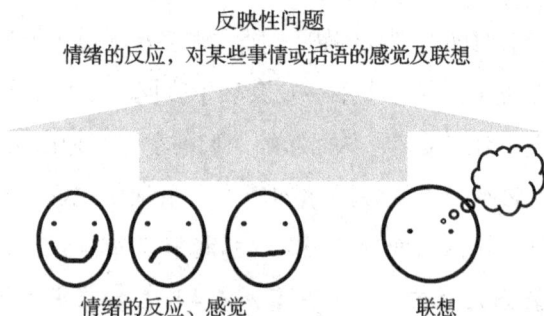

反映性问题
情绪的反应，对某些事情或话语的感觉及联想

情绪的反应、感觉　　　　联想

图6-10　反映性问题

很多人都不善于表达自己的情绪和感受，初学者常常不知道应该如何设计反映性问题。下面提供一些关于人的心情、情绪和感受的词，大家可以根据需要进行选择。

关于人的心情、情绪和感受的词

高兴、痛苦、幸福、快乐、郁闷、生气、沮丧、悲观、难过、惊讶、
着急、困扰、焦虑、兴奋、舒服、激动、痛恨、可怜、孤单、冷漠、
惆怅、疯狂、嫉妒、茫然、困惑、惊喜、眼前一亮……

关于反映性问题，培训师可以问学员"什么让你感到高兴""你最喜欢哪个部分（环节）""这让你联想到了什么"等。

在案例6-4中，我在提出客观性问题之后，又问了一个问题："看到刚才的数据（每周陪伴孩子的平均时间为6个小时），大家有什么想说的呢？"学员的回答多是"内疚""懊悔""感觉对不起家人"等。通过提出这个反映性问题，我成功地达到了强化学员感受的目的，进一步激发了学员的学习动机。

（3）诠释性问题。诠释性问题是关于多层次的意义、目的、重要性、暗示性故事及价值观的问题，它可以帮助团队思考各种可能或选择，从资料和事实中看到意义，如图6-11所示。诠释性问题的内容如下。

① 意义、目的和信仰，即团队成员从客观的资料和事实中看到的目的和意义。

② 焦点主题的重要性与价值，即为什么要讨论这个主题，这个主题对每个人和团队有多重要，解决这个问题能带来哪些价值。

③ 团队成员在生活中有哪些故事被当作讨论时的诠释。

图6-11　诠释性问题

关于诠释性问题，培训师可以问学员"这对我们来说有什么意义""这会如何影响我们的工作""我们从中学到了什么""我们还有哪些选择"等。在提出诠释性问题时，不建议一直问为什么，因为这会让被提问者产生被逼迫或审问的感觉。在引导的过程中，培训师可以换一种说法来提问。例如，"你为什

么会这样说"可以调整为"你这样说，是出于什么样的考虑"，"你为什么觉得
这件事很重要"可以调整为"你觉得这件事很重要的原因是什么"。

（4）决定性问题。决定性问题是关于共识、具体实践和行动的问题，它可
以让谈话或会议与未来产生关联，从而避免只说不做，如图 6-12 所示。决定性
问题主要包括以下两个层面。

①认识层面：新的认知、问题、办法、决心和决定。

②行动层面：行动、行为转变。

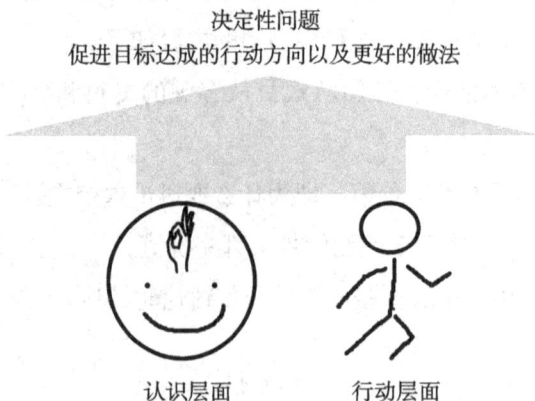

图 6-12　决定性问题

关于决定性问题，培训师可以问学员"我们学到了什么""可以马上进行
的行动是什么""回去后，我们会采取哪些不同的做法""需要做出什么决定""接
下来的步骤是什么"等。

2. 焦点讨论法四个层次的问题之间的关系

不少培训师向我反馈，让学员看完视频或做完活动后，邀请大家分享时无
人回应。在询问了当时的具体情况（如在什么主题的什么阶段，问了什么样的
问题等）后，我发现了一个共性问题：在无人回应的情况发生前，培训师一般
都是直接向学员询问他们得到了什么启发，如"这段视频对你有什么启发"或
"刚才的活动对你有什么启发"。这类问题属于焦点讨论法中的诠释性问题，培
训师在学员看完视频或做完活动后马上提出这些问题，学员可能会不知道从何

说起，从而导致冷场。如果培训师先问学员一些客观性问题，如"刚才的视频中有几个角色""他们在干什么"或"在刚才的活动中，你做了什么""你看到、听到了什么"，就能帮助学员回顾刚才的视频或活动。而且，客观性问题的难度较低，也有利于更多学员参与进来。

案例 6-5：需求汇总演练后的总结

在"培训引导中的发散和收拢策略"培训开始之前，我设计了以下三个问题。

（1）在培训中，在哪些情况下你会收集信息？

（2）对于收集到的信息，你希望做哪些后续处理？

（3）在收集和处理信息的过程中，你最大的困扰是什么？

我要求每位学员必须回答这三个问题。随后，我汇总了所有学员的回答，并将其打印出来，提供给所有学员。在培训现场，我请每个小组在15分钟内对这些需求进行整理和分类，并制作思维导图。

在各组完成了需求信息整理演练后，我运用ORID跟大家一起做了反思和总结，学员的参与度非常高。我问的问题如下。

（1）在宣布开始后，每个小组的第一步是什么？

通过五个小组的回答，我发现了两种做法，一种是将三个问题分给不同的组员完成，另一种是对组员进行分工，大家一起完成三个问题。

（2）在整个演练过程中有哪些感受？

大家谈到了纠结、紧张、畏难、轻松和成就感等感受。

（3）哪个环节最纠结？

大家认为在信息的分类标准上很难达成共识，因为给出的需求信息不明确。

（4）哪个环节最轻松？

大家一致认为，完成草稿、绘制思维导图最轻松。

（5）对于刚才的演练过程，自己有哪些思考或新的想法？

有的学员表示，在培训需求问卷中出现了一些很笼统的回答，以后要进一步细化问题，这样才能得到更具体的信息。有的学员表示，分类的依据最关键。

最后，我做了一个总结："以终为始是发散和收拢的首要原则。在做任何事情之前，先要想清楚自己做这件事的目的，为后面的发展指引方向。之所以大家觉得绘制思维导图最轻松，是因为在前面的讨论中已经明确了思路。虽然五个小组的分类方式不同，但只要小组内部达成共识，后面的执行就很容易了。同时，方便快捷也很重要。就像今天，我们用了25分钟就完成了三个问题的整理过程。五个小组运用不同的方式进行分工，在不同的情境下，哪种方式更方便快捷呢？这是我们要去思考的问题。"

在案例6-5中，进行需求信息整理演练的目的是让学员理解发散和收拢的原则，为后面的培训内容"处理长清单的方法"做铺垫。同时，这个演练是在课程刚开始时进行的，只用了O、R、I三个层次的问题，就达到了目的。

（1）"在宣布开始后，每个小组的第一步是什么"——客观性问题。

（2）"在整个演练过程中有哪些感受"——反映性问题。

（3）"哪个环节最纠结"——反映性问题。

（4）"哪个环节最轻松"——反映性问题。

（5）"对于刚才的演练过程，自己有哪些思考或新的想法"——诠释性问题。

在这五个问题中，客观性问题最简单，问客观性问题的目的是让大家都能开口，同时引出发散和收拢的方便快捷原则。三个反映性问题是按照总、分的顺序来问的，先问总体感受，再分别问感觉最纠结和最轻松的环节。在回答这些问题时，不少学员主动说出了原因。最后一个是诠释性问题，它与很多培训师喜欢问的"有什么启发"这种问题相似，但因为有了前面两个层次的问题的铺垫，再加上问得更加具体，所以学员能很容易地说出自己的观点和想法。

有的培训师发现，在培训中运用了ORID后，仍没有达成培训目标，但不知道问题出在哪里。这时，我们要先弄清楚ORID四个层次的问题之间的关系。图6-13展示了这四个层次的问题之间的关系。

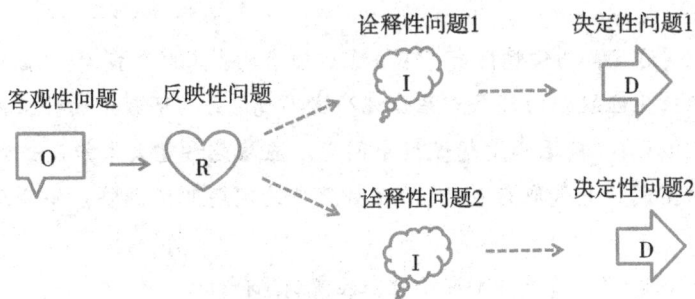

图 6-13　ORID 四个层次的问题之间的关系

通过图 6-13 可以看出，反映性问题源自客观性问题，也就是客观事实、数据和现状；诠释性问题是整个焦点讨论法的转折点，也是关键，不同的诠释性问题会引出不同的决定性问题。那么，如何才能确保最终的决定性问题是我们想要的呢？下面介绍焦点讨论法的设计步骤时会详细说明。

焦点讨论法是一整套过程，运用了整个身体的感官、记忆和感受等资源以达成目标。焦点讨论法还运用了左脑和右脑、理性和感性，将外在世界主观化，将内在世界客观化，它赋予外在世界感受与意义，同时将通常不外显的内在情绪与洞见展现出来。

案例 6-6：一杯水的启示

内训师马俊在做职业生涯规划培训的准备工作时，打算用半瓶水当道具引导学员做课程总结。于是，马俊设计了以下问题，请同事模拟回答。

问（O）：当你看到这个瓶子时，注意到了什么？

答：有半瓶水，空了一半，还有这瓶水的品牌、颜色和瓶子大小。

问 (R)：当你发现瓶子里有半瓶水时，如果只用一个词来形容你当时的心情，那么这个词会是什么？

答：高兴、失望或者亲切。

问（I）：这半瓶水对你做职业生涯规划有什么启示？

答：没什么关系，半瓶水乱晃，或者半瓶水也是水，要好好利用。

模拟到这里，马俊觉得走不下去了，便来向我求助。我问："你想将这半瓶水与职业生涯规划的哪个点结合呢？这半瓶水是为课程中的什么内容服务的？"马俊说："我还真没想过这个问题。应该是希望大家能认识到自己还有提升的空间，并采取行动吧。"我对原来的问题做了调整，并请马俊模拟回答。

问（O）：当你看到这个瓶子时，注意到了什么？

答：还有半瓶水。

问（R-1）：当你发现瓶子里有半瓶水时，如果只用一个词来形容你当时的心情，那么这个词会是什么？

答：有点失望。

问（R-2）：是什么原因让你产生了这样的心情呢？

答：因为觉得少了一半。

问（I-1）：如果这个瓶子代表你自己，那么这半瓶水可能代表什么？

答：知识、技能和态度等我已经拥有的东西。

问（I-2）：瓶子空了的部分又是什么呢？

回答：自己欠缺的部分。

问（I-3）：如果我们希望提升自己的竞争力，那么我们可以做些什么呢？

答：提升自己欠缺的部分。

问（D）：如果今天就开始进行一项提升自己的行动，那么它会是什么？

答：给自己制订一个读书计划，以后每天至少读30分钟。

模拟结束后，我问马俊："感觉如何？"他说："很顺畅！不知不觉中就说出了自己的行动计划。"后来，马俊在职业生涯规划培训结束之前的环节，用这几个问题引导学员做课程总结和行动计划，同样获得了预期的效果。

培训结束后，马俊特意向我分享了他的感受："之前我也会在课程中呼吁大家要有行动，但响应者很少，这让我觉得只有自己一个人激动，挺无趣的。这次我运用了ORID，只是提出了几个问题，但学员回答问题时很积极，而且最后主动说出了行动计划。然后，我让大家把行动计划写在即时贴上，并把它们贴在行动墙上。最后，我让学员进行一对一的互相监督，以便在下周的培训中检验行动成果。这样操作，不仅效果好，我自己也很轻松。谢谢您的指点！"

通过案例 6-6 可以看出，让马俊走不下去的是问题 I——"这半瓶水对你做职业生涯规划有什么启示"，这个问题看似将半瓶水与培训主题联系了起来，但太笼统，学员不知道该如何回答。从我与马俊的交流来看，在设计 ORID 问题时，马俊并没有想清楚他想通过一系列的提问达成什么目标，这正是他走不下去的原因。那么，如何才能按照以终为始的原则设计出有效的问题呢？下面介绍一下焦点讨论法的设计步骤。

三、焦点讨论法的设计步骤

焦点讨论法看似简单，但要想获得预期的效果，就要事先做精心的设计。焦点讨论法的设计步骤如图 6-14 所示。

图 6-14　焦点讨论法设计三步骤

明确目标　　　　　设计问题　　　　　准备开场白与结束语

与引导式课程设计一样，焦点讨论法的设计也要遵循以终为始的原则，先明确目标，再设计问题。这个过程就像导游，明确目标是指明确目的地，设计问题是指带领游客（学员）按照不同的线路去观赏风景，确保游客有一个愉快的旅程。当然，这里的风景既有外在的（通过客观性问题提醒大家去发现），也有内在的（通过反映性问题帮助大家了解自己的情绪和感受）。此外，还要通过诠释性问题促进思考，通过决定性问题催生新的想法、决定或行动。

焦点讨论法设计三步骤的第一步体现了以终为始的原则，第二步体现了以学员为中心和以少胜多的原则，第三步体现了以学员为中心的原则。

1. 明确目标

在设计 ORID 问题之前，首先要明确想要运用 ORID 达成什么目标，这个目标是关于哪个方面的。这里所说的"哪个方面"就是焦点讨论法中的"焦点"，即 ORID 问题围绕什么主题展开。然后，我们要据此确定理性目标和感性目标，具体如图 6-15 所示。

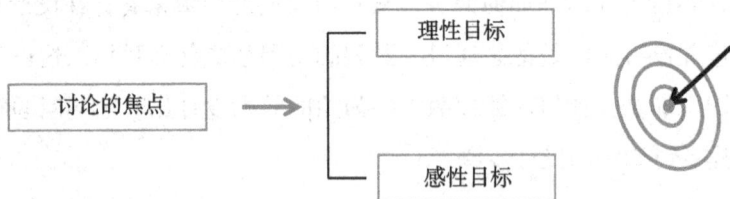

图 6-15　明确目标的三个要点

明确讨论的焦点是成功运用 ORID 的前提，否则很容易泛泛而谈，浪费时间。这是因为，模糊的主题只能得到模糊的答案。

明确了讨论的焦点之后，还要明确讨论的目标，即希望通过讨论达成哪些目标。我们要从两个方面来考虑目标。

（1）理性目标：讨论后产生的实际成果，也就是决定性问题的两个层面。

① 认识层面：新的了解、问题、办法、决心和决定。

② 行动层面：行动、行为转变。

（2）感性目标：培训师期望这个讨论过程对团体产生的内在影响，如希望团队建立信心，引发团队成员的兴趣等。

案例 6-7：一个游戏在两场培训中的运用

内训师李轩在两场新员工培训中都运用了小组报数竞赛的游戏（见表 6-4），培训主题分别是责任心和执行力，同时他还运用了 ORID 进行引导，效果都很不错。

表 6-4　小组报数竞赛游戏在两场培训中的运用

培训主题	讨论焦点	理性目标	感性目标
责任胜于能力	团队合作中的责任心	列出能够体现责任心的行为	感受个人与团队之间的关系
通过执行力打造竞争力	如何才能提升执行力	列出有助于高效执行的行动清单	体验团队合作的氛围

通过案例 6-7 可以看出，虽然两场培训使用的游戏是一样的，但因为培训主题不同，所以产生了不同的焦点问题，与之相对应的理性目标和感性目标也不相同。

2. 设计问题

焦点讨论法涉及 O、R、I、D 四个层次的问题，问题的设计是关键。我看到不少培训师在运用焦点讨论法时，一开始就在考虑四个层次的问题分别是什么。这样的做法看起来便捷，但存在着以下陷阱。

（1）容易忽视或偏离目标。问题是为目标而服务的。如果一开始就思考各个层次的问题，就可能会过于专注这个方面，反而忽视或偏离了目标。

（2）挫伤积极性。对大多数尝试使用 ORID 的人来说，提出客观性问题和诠释性问题相对困难。如果一开始就纠结于如何设计这两个层次的问题，那么很可能会导致进度停滞不前，这反而会挫伤自己运用 ORID 的积极性。

（3）问题设计的有效性。当我们纠结于如何去设计各个层次的问题时，很可能会忽视或偏离了目标，导致最终设计出来的问题缺乏有效性。在实际运用时，可能会发生学员听不明白、无人回应和答非所问等情况，导致无法达到预期的效果。

设计问题的三个步骤如图 6-16 所示。

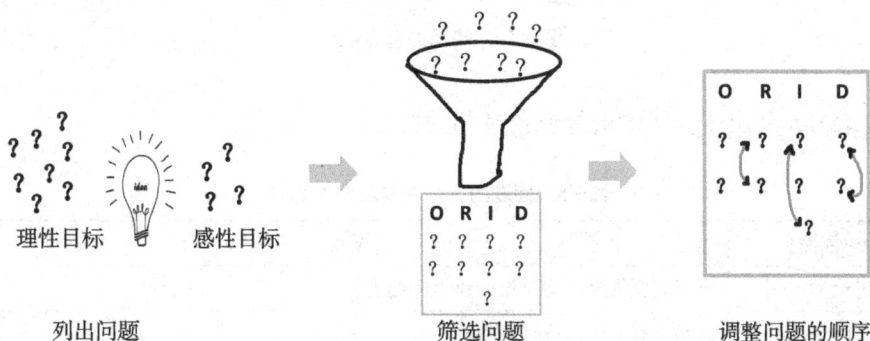

图 6-16 设计问题的三个步骤

（1）列出问题。先不考虑 ORID 的框架。拿出一张纸，先分别写下理性目标和感性目标（见图 6-17），然后思考在这个主题下，哪些问题能达成理性目标，哪些问题能达成感性目标，并将其一一记录下来。

图 6-17　列出问题

（2）筛选问题。列出问题后，依据图 6-18 所示的四个方面——讨论的主题、理性目标、感性目标和学员，选择需要的问题。

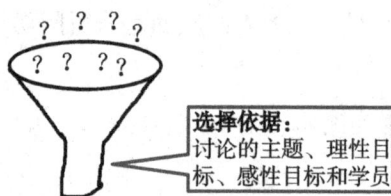

图 6-18　问题的选择依据

表 6-5 列出了问题的选择依据及相关要点。

表 6-5　问题的选择依据及相关要点

依据	要点
讨论的主题	所有问题都要围绕讨论的焦点问题展开
理性目标	该问题有助于达成理性目标
感性目标	该问题有助于达成感性目标
学员	该问题是否说明白了，学员是否愿意回答，是否容易回答

表 6-5 中关于学员的部分是相对容易被忽视的。我在《培训师成长实战手册：培训问卷设计与运用》一书中，针对如何设计有效问题做了详细的说明，并分享了若干案例。为了便于大家理解，我对该书中关于有效问题的评估标准的内容做了一下汇总，具体如表 6-6 所示。

表 6-6　有效问题的评估标准

维度		标准
想清楚	针对性	一次只问一个问题
	逻辑性	问题与想要达成的目标之间是否存在直接的因果关系
说明白	通俗易懂	本课程的学员能否理解问题的意思
	不用解释	在不解释的情况下，本课程的学员是否对该问题有一致的理解
	简洁明了	主谓宾的关系是否明确
巧表达	愿意回答	本课程的学员是否愿意回答这个问题
	容易回答	根据本课程的学员的基础和能力，这个问题是否容易回答

表 6-6 列出了评估问题是否有效的三个维度——想清楚、说明白和巧表达，以及相应的细目和标准。要特别注意"巧表达"这个维度，即便是同一个主题，学员的基础、经验和阅历不同，问题可能也会不同。就算问题的目的和意思相同，可能也需要换种方式来问，让学员更愿意回答、更容易回答，这样才能达成运用 ORID 的最终目标。在对问题进行评估和筛选后，将留下来的问题写在即时贴上，将其分别张贴于 ORID 的四个层次下面。

（3）调整问题的顺序。调整每个问题的顺序时，主要看每个问题之间的逻辑关系，如是否从易到难、层层递进，每个问题之间的衔接是否自然、顺畅等。有些问题单独看还不错，但将所有问题放在一起时，若没有梳理出合适的提问顺序，就可能就会导致前后两个问题过于跳跃，影响学员思考的质量和回答的数量。

调整问题的顺序时，可以用两种方式来做预演：一种是自己尝试回答每个问题，看看自己会在哪个问题上卡住，或者虽然觉得能够回答，但不是很顺畅，然后思考如何改进；另一种是请同事或学员代表来试答，并询问其是否愿意回答，是否容易回答，感受如何，然后根据对方的感受和反馈来调整问题的顺序，必要时调整问法。

案例 6-8：小组报数竞赛游戏后的 ORID 问题设计

内训师李轩在一场针对新员工的"责任胜于能力"培训中运用了小组报数竞赛游戏，他希望通过这个游戏让学员认识到在团队合作中每位成员具备责任心的重要性。他首先确定了理性目标（列出能够体现责任心的行为）和感性目标（感受个人和团队之间的关系），然后按照设计问题的三个步骤来设计游戏后用于引导学员的 ORID 问题。

步骤一：列出问题

结合主题，李轩分别列出了以下问题，这些问题分别对应于理性目标和感性目标。

1. 对应于理性目标的问题

与理性目标"列出能够体现责任心的行为"相对应的问题如下。

（1）在刚才的活动中，哪些表现体现了小组成员的责任心？

（2）在报数的过程中，自己做了什么？

（3）获胜小组的成员在报数时是如何做的？

（4）自己所在小组获胜时，是什么心情？

（5）报数前，自己所在的小组做了哪些准备工作？

（6）落后小组的成员做了哪些影响胜出的举动？

（7）得知自己所在小组落后时，有什么感受？

（8）小组报数竞赛游戏让自己想到了什么？

（9）小组报数竞赛游戏与自己的日常工作有什么相似之处？

（10）要想在游戏中胜出，小组的每位成员需要有哪些行为表现？

（11）哪些行为可以让我们成为一个有责任心的职场人？

（12）如果自己所在的团队是一个卓越的团队，那么你认为每位团队成员应该有哪些能够体现责任心的行为？

2. 对应于感性目标的问题

与感性目标"感受个人和团队之间的关系"相对应的问题如下。

（1）你用哪个词来形容自己在这个游戏中与自己所在小组之间的关系？

（2）在观察获胜小组报数时，你发现他们拥有怎样的精神状态？

（3）有哪些行为影响了本组报数的速度？

（4）当得知本组获胜后，小组成员有什么举动或表示？

（5）当得知本组落后时，小组成员的反应是什么？

步骤二：筛选问句

李轩在上述的 17 个问题中，选出了以下 6 个问题。

（1）在报数的过程中，自己做了什么？

（2）获胜小组的成员在报数时是如何做的？

（3）自己所在小组获胜或落后时，是什么心情？

（4）小组报数竞赛游戏与自己的日常工作有什么相似之处？

（5）哪些行为可以让我们成为一个有责任心的职场人？

（6）有哪些行为影响了本组报数的速度？

步骤三：调整问题的顺序

接下来，李轩对选出的 6 个问题做了顺序调整。

（1）在报数的过程中，自己做了什么？

（2）获胜小组的成员在报数时是如何做的？

（3）自己所在小组获胜或落后时，是什么心情？

（4）小组报数竞赛游戏与自己的日常工作有什么相似之处？

（5）有哪些行为影响了本组报数的速度？

（6）哪些行为可以让我们成为一个有责任心的职场人？

　　然后，李轩将上述 6 个问题分别写在即时贴上，并将其分别张贴在 ORID 的四个层次下面，如表6-7所示。

表 6-7　小组报数竞赛游戏后的 ORID 问题设计

层次	问题
客观性问题（O）	在报数的过程中，自己做了什么
	获胜小组的成员在报数时是如何做的
反映性问题（R）	自己所在小组获胜或落后时，是什么心情
	小组报数竞赛游戏与自己的日常工作有什么相似之处
诠释性问题（I）	有哪些行为影响了本组报数的速度
决定性问题（D）	哪些行为可以让我们成为一个有责任心的职场人

通过案例 6-8 可以看出，李轩按照设计问题的三个步骤设计问题时，先围绕讨论的主题、理性目标和感性目标列出相应的问题，再根据学员的基础和现状对问题进行筛选，之后对筛选出来的问题进行顺序调整，力求保证这些问题学员都愿意回答、能够回答，最后才将问题与 ORID 的四个层次一一对应起来。这种反推式的设计过程比一开始就思考 ORID 的四个层次分别有哪些问题的设计过程更能聚焦于讨论的主题，并能充分考虑学员的实际情况，十分有助于设计出极具针对性的问题。

3. 准备开场白与结束语

和培训一样，一个完整的讨论过程也要有始有终。其中，开场白对于引导是否有效非常重要。表 6-8 列出了开场白的五个作用。

表 6-8　开场白的五个作用

作用	说明
说明背景	说明讨论的原因，并将其与学员联系起来
过渡	在上一个环节和接下来的讨论之间架设桥梁，确保衔接顺畅
明确范围	让学员明确讨论的主题和范围，避免跑题
引发兴趣	引起学员参与讨论的兴趣
邀请参与	欢迎并邀请学员参与，让每位学员都感受到自己是受到邀请来参与讨论的

ORID 主要用于培训开场，培训中看完视频、做完活动或游戏之后的互动，以及培训结束之前的总结。若在培训中看完视频、做完活动或游戏之后运用 ORID，则可利用开场白说明背景，使之发挥过渡的作用。例如，培训师可以告诉学员，刚才是做活动的环节，接下来的环节是针对这个活动进行交流和讨论。如果培训师不做这样的过渡，突然提出问题，那么可能造成两个问题：有些学员正处于活动引起的兴奋状态中，可能听不到问题；有些学员会觉得很突兀，回答很可能不够顺畅。

案例 6-9：小组报数竞赛游戏后的 ORID 开场白

内训师李轩在一场针对新员工的"责任胜于能力"培训中，将学员分成四个小组，让他们做小组报数竞赛游戏。游戏结束后，学员很兴奋，继续热烈交流。李轩在运用 ORID 问题进行引导前，先请学员回到座位并安静下来，然后说："刚才我们分成四个小组进行了报数竞赛，虽然游戏已经结束了，但我看到大家还在热烈讨论，我想大家一定有不少话要说吧？别着急，下面我们就一起回顾竞赛中的趣事，看看里面暗藏了哪些玄机。"

李轩的这段开场白发挥了表 6-8 所列的五个作用。

（1）说明背景。李轩用"刚才我们分成四个小组进行了报数竞赛"这句话点出了接下来的讨论的背景——小组报数竞赛游戏。

（2）过渡。"虽然游戏已经结束了，但我看到大家还在热烈讨论，我想大家一定有不少话要说吧"这句话，为已经结束的小组报数竞赛游戏和接下来的讨论之间建起了一座桥梁，这是一个很自然的过渡。

（3）明确范围。"下面我们就一起回顾竞赛中的趣事，看看里面暗藏了哪些玄机"这句话可以让学员知道，接下来的讨论是针对刚才的小组报数竞赛游戏的。

（4）引发兴趣。可能有人会问："为什么不在开场白中直接告诉学员 ORID 的理性目标？"其实这有点像看电影，剧本中的每个章节要达到什么目的，不能直接告诉观众，否则就没有任何悬念了。同理，如果培训师在讨论还没有开始时就向学员说明讨论的目标是"列出能够体现出责任心的行为"，那么学员很可能会想："原来让我们玩游戏就是为了这个呀！绕了这么大的一个弯！"听到这个目标后，有些学员可能会觉得培训师想要给自己"洗脑"，有些学员可能会觉得完成这个目标很枯燥、有压力……这些感受都可能引起学员的反感或降低他们参与讨论的兴趣。因此，李轩用"趣事"和"玄机"这些字眼来引发学员的兴趣。

（5）邀请参与。"下面我们就一起回顾竞赛中的趣事，看看里面暗藏了哪些玄机"这句话中的"我们"和"一起"字眼都向学员发出了邀请，表达了希望他们参与到接下来的交流中的意思。

通过上面的案例分析，我们可以看到，在设计焦点讨论法时，明确的目标可以帮助我们进行更有针对性的问题设计，但我们不一定非要在开场白中告诉学员这些目标是什么。引导是一个"渠成水到"的过程，流程和问题设计由培训师准备，最终目标是使学员顺着培训师修好的渠，让好的想法和观点自然而然地流淌出来，达成预期的目标。

结束语的内容不需要很多，但不可或缺。ORID 的结束语的主要作用是肯定学员的贡献，感谢他们的参与，同时宣布本环节结束。若有必要，也可以为下一个环节做适当的铺垫。

案例 6-10：焦点讨论准备表

李轩将自己按照设计问题的三个步骤得到的成果，汇总在表 6-9 所示的焦点讨论准备表中。

表 6-9　"小组报数竞赛游戏"的焦点讨论准备表

主题：责任胜于能力	对象：新员工
讨论焦点：团队合作中的责任心	时长：15 分钟
理性目标：列出能够体现责任心的行为	感性目标：感受个人和团队之间的关系

开场白：
　　刚才我们分成四个小组进行了报数竞赛，虽然游戏已经结束了，但我看到大家还在热烈讨论，我想大家一定有不少话要说吧？别着急，下面我们就一起回顾竞赛中的趣事，看看里面暗藏了哪些玄机

ORID	O：客观性问题	R：反映性问题	I：诠释性问题	D：决定性问题
问题	• 在报数的过程中，自己做了什么 • 获胜小组的成员在报数时是如何做的	• 自己所在小组获胜或落后时，是什么心情 • 小组报数竞赛游戏与自己的日常工作有什么相似之处	有哪些行为影响了本组报数的速度	哪些行为可以让我们成为一个有责任心的职场人

时间（分钟）	2	3	3	5

（续表）

结束语：
　　大家一起通过头脑风暴获得了很多产出，这些产出都体现在这张海报上。海报上有很多充满智慧的观点和可以落地的行动计划，让我不由地为大家点赞！知道不等于做到，期待大家能够用行动实践自己的观点，成为真正有责任心的职场人

综上所述，无论是 O 还是 R，都会有各种可能。我们要以终为始，从目标出发，思考我们提出什么样的 I，才可以得到我们想要的 D。这是一个"渠成水到"的过程，设计问题是在修渠，学员的思路和想法是水。我们只有精心设计好渠的走向，才能引导学员主动地到达目的地。因此，引导的结果是设计出来的。

四、ORID 的运用范围

1. ORID 在培训中的运用

ORID 不受时间、场地的限制，可以运用在培训的不同阶段。表 6-10 列出了 ORID 的运用要点及注意事项。

表 6-10　ORID 的运用要点及注意事项

情境	运用目的	侧重点	运用要点	注意事项
培训需求调研	让被调查者愿意开口	O	运用客观事实、数据、资料开场	（1）提前收集被调查者的基础信息和数据 （2）指出问题时要避免指责
培训开场	激发学员的学习动机	R	强调学员的痛点或让学员看到益处	（1）案例或故事应贴近学员的工作 （2）选择出现频率高的、典型的、容易引起共鸣的案例
培训互动	深化知识点或技能	I	运用视频、故事、案例或演练后，要将其与课程对应的知识点和技能联系起来	（1）明确视频、故事、案例或演练的运用目的，避免流于形式 （2）从教学活动引导到课程中相应的知识点和技能，促进了解和运用

（续表）

	情境	运用目的	侧重点	运用要点	注意事项
培训结尾	知识类	回顾知识点，促进记忆	O	对课程的重点内容进行回顾和总结	80%由学员来说，培训师负责提问、肯定和总结
	态度类	深化内心的感受，促进行为改变	I	课程内容引发的感悟和反思	请学员谈感受，说心情和感悟，培训师负责提问、鼓励和总结
	技能类	促进学员学以致用	D	通过回顾和总结，促进学员思考如何行动	（1）引导学员思考如何行动，重点在于下一步如何做 （2）80%由学员来说，培训师负责提问、肯定和总结

案例 6-11：运用 ORID 进行"跨部门沟通"培训需求面谈

企业内训师高凌要做一场"跨部门沟通"培训，他根据 ORID 的框架设计了以下问题。

（1）客观性问题（O）。

① 在公司里，你们部门常与哪些部门进行业务往来？

② 你们一般有哪些信息需要跨部门沟通？

（2）反映性问题（R）。

① 最近困扰你的跨部门沟通问题是什么？

② 在跨部门沟通不畅时，你是什么心情？

（3）诠释性问题（I）。

① 跨部门沟通不畅给你的部门带来了哪些影响？

② 你如何看待目前公司在跨部门沟通方面的问题？

（4）决定性问题（D）。

你希望通过"跨部门沟通"培训得到哪些收获？

案例 6-11 中的七个问题有着不同的目标和作用，具体如表 6-11 所示。

表6-11　"跨部门沟通"培训需求面谈的ORID问题的目标和作用

问题	目标	作用
O	通过客观性问题收集学员的基础信息	客观性问题容易让被访谈者开口，也便于访谈者了解被访谈者的工作关系和状况
R	通过询问学员的感受了解其困惑或问题	了解跨部门沟通不畅的具体表现，既可以将其作为确定课程重点内容的依据，也可以将其作为案例
I	通过询问重要性和意义，了解问题对学员的影响，以及学员的看法	通过了解跨部门沟通不畅对各个部门的负面影响，激发学员的学习动机，同时了解学员对这个问题的看法
D	通过询问预期收获了解学员对课程的期望和态度	了解学员对课程的期望和态度，将其作为课程设计的参考依据

案例 6-12：运用 ORID 做培训总结

我常常使用ORID来引导学员做培训总结。表6-12中的两场培训时长均为两天。同样是培训总结，在"引导式课程设计"培训中，ORID被应用在两天培训结束之前的总结阶段；在"问题树模型"培训中，ORID被应用在第一天培训结束之前的复盘阶段。

表6-12　ORID在培训总结中的运用

培训主题	ORID的运用阶段	ORID问题
引导式课程设计	两天培训结束之前的总结阶段	O：今天看（听或参与）了哪些环节 R：什么环节让自己兴奋（纠结、惊喜或疑惑） 　　有哪些内容跟自己之前的理解（操作）不同 I：有什么启发或新的思考 　　在今天所学到的内容中有哪三项可以立即运用 D：关于这三项内容的运用计划是什么
问题树课程开发模型	第一天培训结束之前的复盘阶段	O：今天学习了哪些内容 R：此刻是什么心情 　　哪些环节让自己纠结（困惑或沮丧）？原因是什么 　　哪些环节让自己开心（惊喜或欣慰）？原因是什么 I：今天的学习对自己有什么启发 D：希望以后能够保持哪些方面 　　希望改善或调整哪些方面？具体行动计划有哪些

通过案例 6-12 可以看出，虽然都是两天的培训，同样是培训总结，但因目标不同，ORID 问题的数量和内容也不同。在"引导式课程设计"培训中运用 ORID 的目标在于促进学以致用，因此问题侧重于 I 和 D；在"问题树课程开发模型"培训中运用 ORID 的目标在于对内容和过程进行回顾，为第二天的培训奠定基础，因此问题侧重于 O 和 R。这也是设计引导式课程时遵循以终为始原则的具体体现。

表 6-13 列出了本书中的 ORID 案例。

表 6-13　本书中 ORID 案例一览表

情境	案例编号	主题
培训需求调研	6-11	运用 ORID 进行"跨部门沟通"培训需求面谈
培训开场	6-4	客观性问题在"个人时间管理宝典"培训开场时的应用
培训互动	6-5	需求汇总演练后的总结
	6-6	一杯水的启示
	6-8	小组报数竞赛游戏后的 ORID 问题设计
培训结尾	6-12	运用 ORID 做培训总结

2. ORID 在其他方面的运用

ORID 不仅可以用在培训中，还可以用在工作和生活中的方方面面。

例 1：主管想要了解某位下属的工作进度。

O（客观事实）：已经完成了哪些工作？

R（感觉、感受）：最有挑战性的是哪个环节？

I（思考）：有什么启发？

D（决定）：下次再做，会如何进行？

例 2：孩子放学后，父母可以运用 ORID 问题与孩子交流。

O（客观事实）：今天你上了哪些课？

R（感觉、感受）：你最喜欢哪门课？

I（思考）：你学到了什么？

D（决定）：你该怎么应用呢？

案例 6-13：运用 ORID 引导读书分享

我在读了《麦肯锡教我的写作武器》后，在中国培训师沙龙的 QQ 群里做了读书分享。我事先运用焦点讨论准备表做了相应的设计，详见表 6-14。

表 6-14 "《麦肯锡教我的写作武器》读书分享"的焦点讨论准备表

主题：《麦肯锡教我的写作武器》读书分享		对象：中国培训师沙龙 QQ 群的成员	
讨论焦点：如何用金字塔结构写出具有说服力的文案		时长：1.5 个小时	
理性目标：列出能够提升文案说服力的行动		体验目的：让大家享受到沙龙提供的福利	
开场白： 　　各位老师下午好！欢迎大家参加今天下午的《麦肯锡教我的写作武器》读书分享活动。今天的主题是"如何用金字塔结构写出具有说服力的文案"。我事先提供了相关阅读资料，还有我写的博文《高明的文案说服技巧》的链接。在正式开始之前，我先做一个调查，看完相关阅读资料的老师请打"1"，没来得及看的老师请打"2"			
ORID	O: 客观性问题	R: 反映性问题	I: 诠释性问题	D: 决定性问题
问题	• 看了《高明的文案说服技巧》，您注意到了什么 • 您看到了哪些与提升说服力相关的内容	• 看完这些内容，您的感受是什么 • 有什么觉得困惑或不理解的地方吗 • 这些内容让您联想到了工作中的哪些场景？当时发生了什么	博文中的内容对您有哪些启发	• 为了提升自己的文案说服力，您会采取哪些行动 • 为了实施这些行动，您需要做哪些准备
时间（分钟）	15	30	25	20
结束语： 　　非常感谢大家的参与和精彩分享！这是《麦肯锡教我的写作武器》读书分享活动的最后一期。从下周开始，我们将举办《非暴力沟通》读书分享活动，时间暂定为每周三，如遇突发事件，再调整时间				

在案例 6-13 中，我将 ORID 运用在读书分享会中，引导参与者讨论书中的内容，进而达成引发行动这个目标。其中，客观性问题可以帮助参与者回顾书中的内容；反映性问题可以引导参与者回忆看书后的感受，使其联想到工作中的场景；诠释性问题可以引导参与者进行深入思考；决定性问题可以引发参与

者的具体行动。这几个循序渐进的问题帮助我达成了引导学员从知（理解书中内容，获得启发）到行（提升文案说服力的具体行动）的目标。

案例 6-14：运用 ORID 策划活动

老板要求 HR 组织一些活动，目的是营造学习氛围，丰富员工生活。HR 部门主管王敏打算召集本部门的三位同事，对此事进行讨论。在此之前，王敏需要设计一份焦点讨论准备表，详见表 6-15。

表 6-15 "公司活动策划"焦点讨论准备表

主题：公司活动策划			对象：HR 部门的同事
讨论焦点：能够营造学习氛围、丰富员工生活的活动应该如何开展			时长：1.5 个小时
理性目标：确定营造学习氛围、丰富员工生活的活动的初步规划，确定活动类型和活动方式		体验目标：让同事们发挥创意和想象力，在参与的过程中产生成就感	
开场白： 大家好，在昨天的例会上，老板要求我们组织活动，目的是营造学习氛围，丰富员工生活。今天，我们一起来集思广益一下，看看有哪些合适的活动，以及应该如何开展。希望大家积极参与			
ORID	O：客观性问题	R：反映性问题	I：诠释性问题	D：决定性问题
问题	• 公司之前是否举办过类似的活动？如果举办过，活动的内容和形式是什么 • 以前是否参与过类似的活动 • 类似活动都有哪些人员参加？在什么样的场地进行 • 活动组织者是谁 • 准备了哪些材料 • 本次活动的预算有多少	• 在你参加过的活动中，哪些活动受欢迎 • 在你参加过的活动中，哪些活动被冷落 • 活动结束后，参与者认为最有吸引力的环节是什么	• 理想中的活动类型是什么样的 • 目前有哪些比较好的活动类型可供选择 • 可以采取哪些方式开展活动	• 目前我们最适合做哪类活动 • 我们可以选择的最佳活动方式是什么
时间（分钟）	25	25	20	20
结束语： 大家积极参与的结果让我感到非常惊喜，感谢大家的积极参与和贡献！这几天，大家再思考一下具体的操作细节，让老板看到我们 HR 部门的创意和执行力，大家一起加油吧			

总之，无论将 ORID 运用在工作方面还是生活方面，都要先明确讨论的主题，希望最终达成什么样的理性目标和感性目标，为决定性问题的设计和筛选提供依据；然后思考在用客观性问题和反映性问题做完铺垫后，如何设计诠释性问题才能顺利引出决定性问题。在这个过程中，开场白和结束语的作用不可忽视。

第三节　世界咖啡

一、关于世界咖啡

1. 什么是世界咖啡

世界咖啡是由朱安妮塔·布朗和戴维·伊萨克提出的一种在轻松的氛围中，通过充满弹性的小团体讨论和真诚对话产生集体智慧的讨论方式。其具体操作方式是营造一个安全、平和的环境，让参与者针对一个或多个主题，坐在咖啡桌旁促膝而谈。在几轮汇谈中，除了桌主，其他人均可在每轮时间截止时，自由选择任意一桌参与交流，如图 6-19 所示。这种方式可以建立一个充满生机的集体汇谈网络，带动同步对话，反思问题，分享知识，创造集体智慧，寻找新的行动契机。

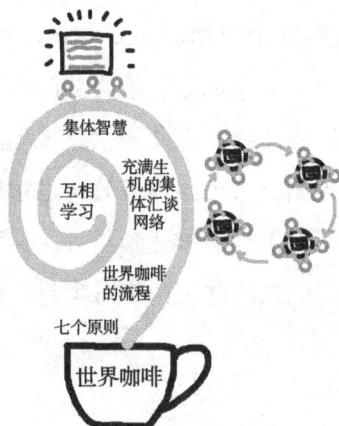

图 6-19　世界咖啡

那么，世界咖啡是如何创造集体智慧的呢？图 6-20 展示了世界咖啡的原理。

一种有生命的网络　　将问题作为引子　　多元化的观点　　连接各种观点　　呈现集体智慧

图 6-20　世界咖啡的原理

世界咖啡将 4~5 个人分为一组，以亲密的谈话形式和交叉轮换、交流思想的多轮汇谈方式，有意地把部分和整体联系起来，鼓励参与者在汇谈中发现最基本的或最让人振奋的观点并加以传播。随着主要观点和见解在汇谈网络中的迅速传播，整体观点的精髓就会越来越明显。

首先，所有参加世界咖啡的人，在轻松、友好的环境和氛围下，形成了一种有生命的网络。这是世界咖啡与我们出去参加的某些看起来高大上的高峰论坛或活动最大的不同之处。在这个有生命的网络中，无论人员、信息还是观点，都在不断流动，而非单向传播。然后，以大家都关注的一个或多个问题为引子，各个小组展开对话和深度交流，实现多元化观点的碰撞。之后，通过自由选择下一桌的方式，将各桌的智慧进行传播和连接，彼此激发，呈现出集体智慧。最后，将所有参与者的集体智慧进行分享和传播。

世界咖啡以全新的方式将对话当作一个核心流程，团体和组织可以通过对话改造周围的环境，催生有助于成功的必要知识。世界咖啡的主要精神是跨界，即让来自不同专业背景、不同职务、不同部门的人们，针对一个或数个主题发表自己的见解，进行思维碰撞，以此激发意想不到的新点子。人们很容易被自己过去所学或经验所限制，一个团体或公司也很容易被既有文化或价值观所限制，不容易产生新点子。世界咖啡让参与者从对职务、权威、情感和智商等的关注中解放出来，让他们以新的视角来看世界，同时进行深度的汇谈，以此产生更富远见的洞察力。

2. 适合运用世界咖啡的情形

世界咖啡十分适合用于分享知识，激发创新思维，针对现实生活中的各种话题和问题展开探索。表 6-16 列出了适合运用世界咖啡的情形。

表 6-16　适合运用世界咖啡的情形

条件	目标
参与者在 12 个人（含）以上	让现有团队成员之间建立更好的关系，培养认同感
至少有 90 分钟以上的时间	针对问题、挑战和机会展开深入探讨
—	让初次见面的人们能够展开真正的对话

引导式课程设计的五个要素为学员、产出、时间、空间和过程。表 6-16 中的两个条件体现了对学员和时间的要求；三个目标对应于设计引导式课程时以终为始的原则。世界咖啡是一种创造集体智慧的汇谈方法，而汇谈就是探索。世界咖啡适合用于探讨有深层意涵的事情，探索某个主题的意义。在分组汇谈的过程中，参与者除了要表达自己的看法，更重要的是倾听别人讲的话，然后通过重新连接组合，发现全新的观点或盲点。

世界咖啡的形式比较随意，但对参与人员的要求很高，非常强调参与人员的多样性，如领导、内外部实践者和各类专业人员。只有确保参与人员的多样性，才能让他们通过碰撞产生知识和智慧。世界咖啡很反对根据级别挑选参与人员，更主张邀请那些可能会被汇谈结果所影响的参与者，以及能提供独特视角的参与者。那些认为有待研讨的问题无关痛痒的参会者只会成为会议的破坏者。

参与世界咖啡的人数从 12 个人到 1000 个人以上都可以，但每桌 4~5 个人的规模是不变的。因此，世界咖啡适用于中大型的研讨，如果人数少于 12 个人，那么还是更适合采用传统的研讨方式。

3. 不适合运用世界咖啡的情形

表 6-17 列出了不适合运用世界咖啡的情形。

表 6-17　不适合运用世界咖啡的情形

条件	目标
参与者不足 12 个人	只想做单向的信息传达
只有不足 90 分钟的时间	将要讨论的问题已经有了答案或对策
—	正在制订或已经制订了详细的执行计划

　　世界咖啡是以小组成员流动参与各组讨论的方式来连接参与者的想法和观点的。人数太少，每个小组的人数过少，或者可供轮换的小组太少，都会影响汇谈的质量。时间是充分对话和交流的前提条件，若可用时间不足 90 分钟，可能会导致无法获得预期的结果。至于目标，单向的信息传达不是汇谈，以这个目标为前提运用世界咖啡只不过是走个形式。如果将要讨论的问题已经有了答案或对策，就会束缚和局限参与者的思路，挫伤参与者的积极性。另外，如果已经存在确定将要实施的计划，那么进行世界咖啡也就没有意义了。

二、世界咖啡的七个原则

　　要想组织一场成功的世界咖啡，就必须遵循图 6-21 所示的七个原则。

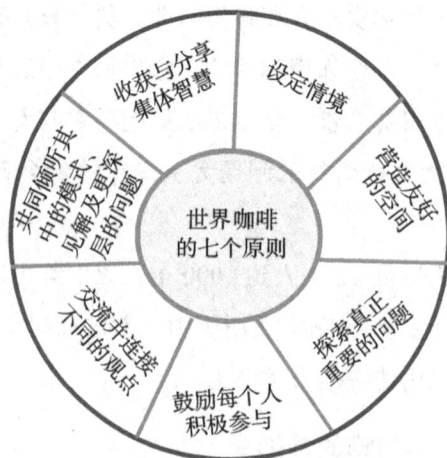

图 6-21　世界咖啡的七个原则

　　（1）设定情境：明确交流目标、参加人数和会议地点。

（2）营造友好的空间：提供一个热情的、安全的、人性化的环境。

（3）探索真正重要的问题：特别注意对参与者来说最重要的问题。

（4）鼓励每个人积极参与：鼓励每个人都积极参与并且有实在的期望。

（5）交流并连接不同的观点：鼓励提出不同的观点并且探究不同观点之间的联系。

（6）共同倾听其中的模式、见解及更深层的问题：将在所有参与者的观点和激情的共鸣中出现的团体观点内化。

（7）收获与分享集体智慧：将团体的共同智慧显性化。

1. 原则一：设定情境

（1）情境的角色。为什么设定情境是世界咖啡的七个原则中的首要原则呢？图 6-22 给出了答案。

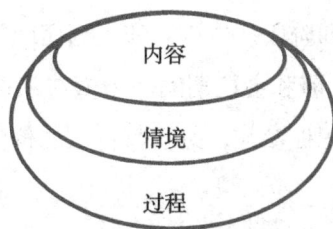

图 6-22　情境的角色

在一场成功的汇谈中，情境支撑、围绕并传达着汇谈的过程和内容。情境是环境、参考框架和周围因素的综合，有助于我们给自己的经历或体验赋予内涵和意义。我在十几年来做职业培训师的生涯中，已经深深感受到了情境的魅力。例如，每场 TTT 培训都会有几天的内容被设置为特别的情境，如用友大学的"新产品上线发布会"、熔盛重工的"航海挑战赛"和苏泊尔的"内训师技能大比武"，有的还画了相应的培训海报。课程内容围绕着情境展开，学员的参与度高且印象深刻，效果非常好。在培训中，情境不仅能让枯燥的内容变得生动有趣，营造出良好的氛围，还能充分激活学员的右脑，让学员加深对培训内容的印象，强化其记忆。

（2）情境的职能。在世界咖啡中，情境就像河流，有助于汇集观点和思想，如图 6-23 所示。

图 6-23　情境的职能

在世界咖啡的汇谈策划阶段，主持人和策划团队需要帮助参与者集中汇谈内容（非控制），并在会议前和会议期间，为塑造汇谈过程提供支持。在这个过程中，人人平等，大家积极参与，并贡献自己的价值（观点、思想、视野和想法等）。

（3）情境要素。要想为世界咖啡设定合适的情境，就要考虑三个要素——目的、参与者和外在因素。这三个要素相辅相成，共同创造了一个围绕并传递汇谈主题的整体系统，使汇谈变得连贯而无需控制。记得之前有人问："在世界咖啡现场，主持人应该如何引导话题？"我的回答是："主持人对整个话题的引导，其实重在事前的准备，如设定情境、营造友好的氛围、找准主题和参与者、设计合适的问题等。"只有在前期做好充分准备，才能让现场看起来连贯而无需控制。当然，做到这一点并不容易。图 6-24 展示了情境要素的具体内容。

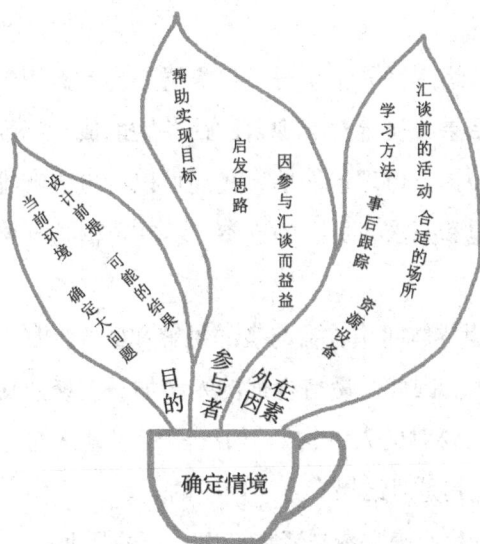

图 6-24　情境要素的具体内容

① 目的。明确目的也是设计引导式课程时以终为始原则的具体体现。明确目的包括以下四个方面的内容。

a. 当前环境。要先弄清楚本次汇谈的大环境，可以问自己究竟是什么样的环境和需要令这次汇谈如此重要。在培训中，适合运用世界咖啡的情形包括：需要在拥有一定知识和经验的人群中创造新的智慧；需要打破"一言堂"的会议习惯和思维方式；需要开拓思路，分享知识，讨论问题，进行改善。例如，对于某些课程内容，尤其是涉及观念和意识的内容，若采用常规的授课方式，则大家很可能只限于知道而不会产生感悟或行动。若运用世界咖啡，则可以通过问题的设计，引导学员层层递进，进行深层次的思考并有所感悟。

b. 设计前提。探索自身的设计前提也就是探索人们是如何共同创造知识的。若将培训定位为复制，则学员只能死记硬背；若将培训定位为创造，即学员结合自己的知识和经验，将培训的内容予以内化，变成自己的知识，则学员将做到举一反三。

c. 确定大问题。以终为始是世界咖啡的目的，也是衡量世界咖啡是否成功的标准。以下问题可以帮助我们找到答案：为什么要把这些人聚集在一起？汇谈要满足什么要求？

d. 可能的结果。运用世界咖啡时不仅需要进行有意识的设计，还要预设结果。事先明确汇谈结果或设定对实现目的最关键的成功标准，是举办一场成功的世界咖啡的重要前提。道理很简单，我们可以将世界咖啡当成一趟旅行，先让参与者知道目的地和要求，更有助于参与者在灵活选择路径的同时围绕世界咖啡的主题行进。

② 参与者。在世界咖啡中，参与者的见解和经验应尽可能多元化，以帮助大家看见议题的全貌。因此，邀请合适的人参加是汇谈成功的关键因素。世界咖啡的理念就是"只要对的人参加"。如果需要多元化的观点，就要邀请各个层次的人员参加，尤其是对结果有直接影响的人。

回答以下问题对我们确定参与者将产生一定的帮助：

- 我们还希望哪些人参加以帮助我们实现目标？
- 还有其他什么角度可能会启发有价值的思路？
- 谁会因为参加汇谈而真正受益？

这三个问题可以帮助我们明确哪些人参加汇谈最合适。其实，这和管理的原则是相通的。例如，在制订某个计划时，最好请执行者来参与讨论，这样可以确保计划的可执行性；同时，让更多部门的主管参与，而非某个部门闭门造车，可以让计划的内容更全面，执行起来更顺畅。不过，在做培训的时候，很多情况下，参与者已经确定了。因此，我们只能从培训目标、培训时间、企业文化、学员的基础和特点等方面去评估是否适合运用世界咖啡。

世界咖啡现在很流行，但如果它确实不适用于这场培训，那么培训师就要选择其他工具，不能为了运用世界咖啡而运用。同时，培训师也要考虑自己在培训主题上的专业度、引导和控场能力等多个方面的因素。如果这场培训确实适合运用世界咖啡，那么培训师就要在现有的条件下，尽量拓展思想和体验的多样性。在具体操作时，一方面要在氛围的营造上多下功夫，让大家能够畅所欲言；另一方面要在问题的设计上多花心思，在聚焦于主题的前提下，给参与者更多的发挥空间。

③ 外在因素。外在因素对我们的影响是双向的，一方面可能会产生制约或

限制作用，另一方面也能为我们所用。这里要谈的是如何创造性地运用外在因素，具体包括以下几个方面。

a.学习方法。传统的演讲是以发言人为主体的；世界咖啡则是以参与者为主体的，主持人只是支持和协调人员。确定整体的学习方法和汇谈方法，并明确世界咖啡所能做出的贡献，有助于我们设计情境及相关要素。到底应该采用哪种学习方法？在培训中运用世界咖啡之前，培训师需要思考这场培训的重点是在授、教、用、思考或创意的哪个层次上。

以为期两天的 TTT 培训为例，第一天早上我花两个小时采用世界咖啡的方式进行，第二天早上我花 1.5 个小时采用开放空间的方式进行，其余时间我都采用"讲解＋演练＋点评＋总结"的方式进行。我这样安排的原因如下。

第一天早上的培训内容主要是观念和知识性的内容，若采用传统的培训方式，则很难让学员获得深刻的体验，从而有所改变。思维的转变是后续培训的基础。通过世界咖啡的三轮汇谈和总结，学员在思想和观念的碰撞中进行交流、反思，自己讨论得出课程大纲中的内容，这比我直接告诉他们更有效。当天下午的培训需要挖掘内容，这些内容对大多数学员来说都是新鲜的内容，而且掌握起来有一定的难度，所以我就采用"视频＋讲解＋示范＋演练＋逛画廊＋点评＋分享＋总结"的方式，把重点放在学员亲自操练之后的点评环节。

第二天的培训内容是授课技巧，学员对这部分内容并不是毫无了解，即使没有上台讲过课，也听过不少课程。因此，我采用了开放空间的方式，对课程大纲内容进行细分，然后请学员以组为单位来认领一部分内容后进行讨论（结合自己以往的经验，参考前一天我所运用的方式、方法，再跟大家进行碰撞），最终提出视觉报告。我利用这些视觉报告，对课程的重点模块进行了重点讲解和演练。

不难发现，第一天早上的培训重点是思考，第一天下午的培训重点是授、教和用，第二天早上的培训重点是思考和创意，第二天下午的培训重点是用。

b.汇谈前的活动。充分的准备是成功的一半。我在 TTT 培训中运用世界咖啡之前，都会做大量的准备工作，如设计情境，绘制世界咖啡手绘海报、世界咖啡礼仪简笔画，布置会场等。

c.事后跟踪。在培训中运用引导技术是为了达成培训目标。因此，在设计课程时就要考虑培训后的落地方案和跟踪方式，并将其设计在课程情境中。例如，我在 TTT 培训中经常采用"一对一学习伙伴"的形式，使学员之间不仅在课程现场互相点评，还在培训结束后相互监督。

d.合适的场所。培训师要根据培训的规模、情境和进行方式等选择合适的场所，基本原则是营造友好的氛围，促进参与者积极参与并贡献自己的想法和见解。

e.资源设备。需要优先考虑的资源和设备包括时间、预算、设备、家具和用品等。

2.原则二：营造友好的空间

在所有的汇谈方法中，世界咖啡可以说是最强调环境、空间和情境布置的汇谈方法。世界咖啡要让参与者产生宾至如归的感觉，让参与者获得安全感，这样他们才能放松心情、相互尊重。这也是布置环境时最重要的原则。

营造环境空间的重点如下。

（1）营造随和又不拘泥于形式的迎宾环境。

（2）将现场布置得像真正的咖啡馆。例如，可以在桌上铺桌布，放一些绿色植物等。

（3）用桌子将大团体分为小团体。

（4）在墙面上进行艺术装饰，并以音乐辅助换桌。

（5）用比喻的方式营造生命系统的图像，如播撒种子或异花授粉。

（6）用手绘制图表。

（7）穿着随意。

这里所说的空间，不仅包括供人们来回走动的实体空间，还包括鼓励彼此交流、共享和帮助的社交空间，以及供信息交流、传播和交换的信息空间。世界咖啡通过实体空间、社交空间和信息空间的三体合一，营造出了独特的学习空间。

（1）咖啡桌礼仪。世界咖啡不同于传统的培训或会议，为了营造轻松分享的氛围，参与者需要遵守图 6-25 所示的咖啡桌礼仪。

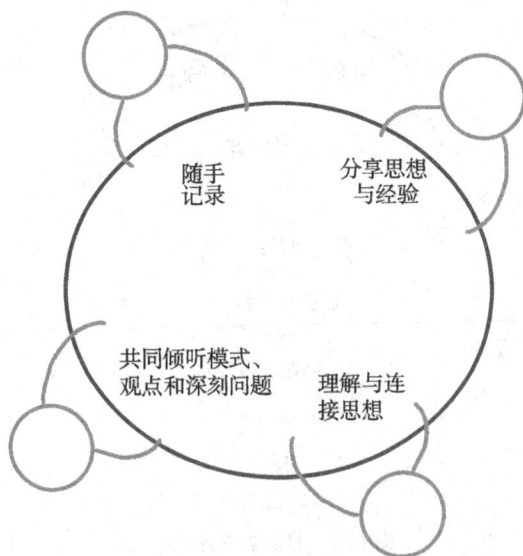

图 6-25　咖啡桌礼仪

① 分享思想与经验。世界咖啡的目标是互相学习，在这个过程中人人平等，参与者分享自己的思想和经验，贡献价值。

② 理解与连接思想。在世界咖啡中，每个人都要充分理解他人的观点和想法，并连接彼此的观点和想法，创造出新的思想和智慧。

③ 共同倾听模式、观点和深刻问题。在世界咖啡中，参与者要在互相学习的大前提下共同倾听，从中找到有启发的模式、观点和值得深入讨论的问题。

④ 随手记录。俗话说："好记性不如烂笔头"。在世界咖啡中，随手记录不仅是为了记录，也是为了促进共同倾听，深入理解内容。尤其提倡用图像进行记录，因为图像可以集中大家的注意力，帮助参与者快速准确地进行沟通。

在世界咖啡的所有礼仪中，最重要的是感谢他人的贡献。无论某个想法是否自己也有、是否得到了自己的认同，都能给我们提供不同的视角、思路和更多的可能性。

（2）世界咖啡的理念。世界咖啡的理念包括热情好客和创造友好空间两个方面，这两个方面涉及不同的细节，如图 6-26 所示。

图 6-26　世界咖啡的理念

①热情好客。热情好客是指以开放的态度对待参与者及其观点，欢迎新鲜的、不熟悉的、未知的事物，从而开阔我们的视野。世界咖啡欢迎多样化的人员参与其中，参与者通过多轮汇谈进行思想、观点和智慧的碰撞，促进新智慧的产生。

②创造友好空间。创造友好空间的意义在于提高汇谈的质量，这是世界咖啡能否获得成功的关键。我们可通过细化主题、精心布置场所（营造非正式会议环境）以及在汇谈过程中提供纸质桌布等细节来创造友好空间。

热情好客和创造友好空间的核心是欢迎、包容、创新和彼此贡献。

（3）创造好客和轻松的汇谈环境。创造好客和轻松的汇谈环境主要包括三个方面，分别是细化命名、房间布置和汇谈过程，如图 6-27 所示。

图 6-27 创造好客和轻松的汇谈环境

① 细化命名。用具体的命名突出汇谈主题，让参与者事先有所准备，并激发其兴趣。例如，如果将一个关于视觉思维的汇谈主题细化为"视觉思维在培训中的运用"，就更能激发参与者的参与热情。

② 房间布置。将房间布置得像咖啡屋一样轻松、温馨，提供小桌子供参与者进行汇谈，并通过布置艺术品和植物、播放音乐等手段营造轻松氛围。

③ 汇谈过程。在汇谈过程中，志愿者负责主持和接待工作；用"主人"和"客人"来彼此称呼，鼓励好客精神；穿着随意，营造轻松氛围；用手绘图取代演示文稿，提高参与度；通过交叉授粉的隐喻，帮助人们形成有生命系统的形象；走进参与者中间，共同发现和收获成果；派发礼物，等等。

案例 6-15：TTT 培训中的世界咖啡准备

我在一场 TTT 培训中运用了世界咖啡。在课程开始之前，我做了以下准备工作。

1. 命名

这场培训在年底进行，学员来自台资企业。考虑到台资企业有在年底举

办尾牙（聚餐的一种叫法）的传统，而且两天的培训均采用小组竞赛的方式进行，我便将这场培训的主题细化为"尾牙聚餐讲师秀"。

2. 氛围营造

（1）房间布置。我事先准备了"尾牙聚餐讲师秀"海报（见图 6-28）和课程大纲海报，并在培训现场用气球做了装饰，尽量营造轻松的氛围。

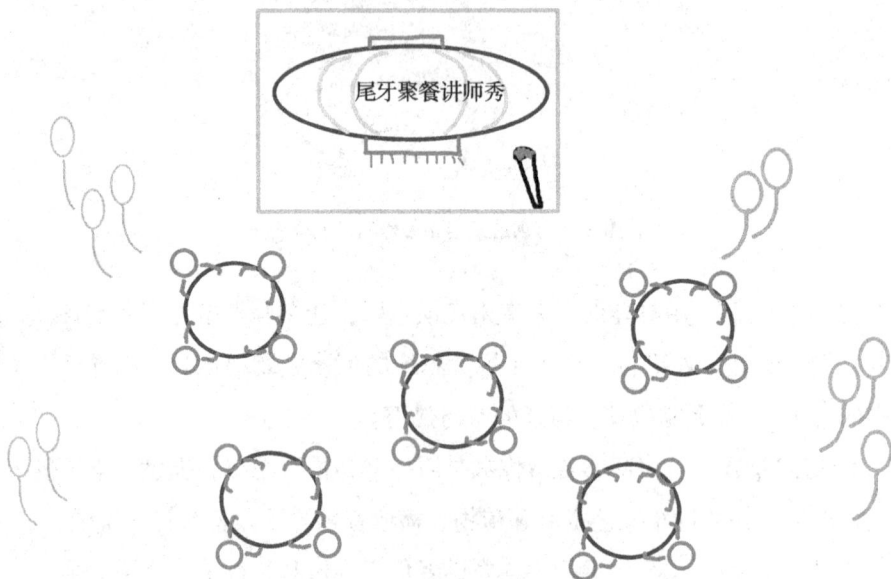

图 6-28　世界咖啡的氛围营造

（2）放音乐。在开场之前，我播放了欢快的圆舞曲，让学员还没进入培训现场就能感受到轻松的氛围。

（3）画酒杯。结合尾牙的情境，在准备阶段，我请所有学员画一个自己喜欢的酒杯，并用一个关键词说明画这个酒杯的原因。

（4）起队名。为了配合两天的小组竞赛，我请各队先起队名，不仅活跃了气氛，也为后续的竞赛做好了准备。

（5）角色分配。我让每个小组确定一位主人，由其负责接待客人，掌握时间，并做汇谈记录；其余人员为客人，分散到不同的小组去交流和分享，并在三轮结束后回到本组做分享和总结。

（6）餐桌礼仪。我用简笔画做了一个PPT，跟大家分享了餐桌礼仪，如分享思想与经验、跟帖倾听、鼓励和欣赏、连接思想、随手记录等。

（7）视觉化记录。考虑到很多学员可能是第一次做视觉化记录，我便以自己的读书笔记为例，分享了如何做视觉化记录。

（8）话筒。我请各组挑一支彩笔作为谈话棒，并将其放在桌子中间。我还说明了谈话棒的使用规则：想要发言的人就拿起谈话棒说话，没拿到谈话棒的人不许发言。这样就可以避免少数"麦霸"耗尽发言时间的情况。

上述准备工作帮助学员快速进入了情境，学员在轻松友好的氛围中开始了交流和讨论。

3. 原则三：探索真正重要的问题

该原则强调把共同的注意力集中在真正重要的问题上（见图6-29），以便集思广益。世界咖啡利用问题的设计与提问的架构，试图建构一个能够促进学习的对话过程。其中，关键的提问策略是运用"肯定式探询"的方法，让参与者燃起希望，发挥想象，全心投入对话，从而发现新的思考方向。

图 6-29　探索真正重要的问题

（1）问题的作用。在世界咖啡中，问题是牵引着我们获得集体智慧的索道。问题具有以下重要作用。

① 问题能打开集体发现的大门。

② 问题能开启对全新领域的探索。

③ 问题能创造出许多对未来的选择。

④ 问题能帮助我们深化对彼此观点的共同理解。

⑤ 问题能推进有效行动。

⑥ 问题能帮助我们集中精神和注意力。

（2）什么样的问题才能发挥出应有的作用。下面这些问题能够发挥出应有的作用。

① 超越自身的问题。关于理想、价值观和希望等方面的问题能够让参与者彼此连接并有所贡献。若只是谈论类似个人头疼脑热的常规问题，则无法获得同样的效果。

② 让人兴奋的正面问题。例如，正在为员工流失率高而发愁的 HR 应该用"如何留住人才"（正面问题）代替"如何防止人才流失"（负面问题）。

③ 生动且与每个人相关的集体问题。例如，你希望每天上班时看到下属处于什么样的工作状态？员工离职率降低 10% 会对本部门和公司产生哪些影响？

④ 能够转换的问题。问题转换是指将麻烦转换为问题。麻烦总是给我们带来挫折和疲惫感，使我们产生抱怨；而问题却能引发我们的思考，帮助我们走出困境。例如，我们应该将"人员离职率高怎么办"（麻烦）转换为"如何应对人员离职带来的挑战"（问题）。

（3）好问题的特点。结合上述两个方面，我们可以做出总结，一个好问题具有以下几个特点。

① 好问题往往意义重大，能吸引和产生能量，能带来更多可能性，能引发更深入的探讨。

② 好问题应该是简单的。过于复杂、抽象的问题会阻碍人们的参与。一个简单的问题能够激发参与者的发言积极性和集体智慧。

③ 好问题能让我们认识到自己当前的认知水平与应该达到的认知水平之间的差距，促使我们进步。

④ 好问题可能不是一个问题，而是一系列问题，因此好问题往往是开放式

问题，并且具有可连接性。

⑤ 好问题可以引发深刻反省和丰富答案，激发人们的好奇心和创造力。

（4）如何提出一个有力的问题。要想提出一个有力的问题，我们就要从建构、范围和假设三个方面来考虑。

① 建构。我们要精心构建问题的框架，一般来说，开放式问题比封闭式问题的效果更好。例如，与"我们在培训之前是否需要了解学员的需求"相比，"在培训之前我们如何了解学员的需求"更能引发参与者的思考。

② 范围。例如，"你在做内训师的过程中急需解决的一个问题是什么"的范围就比"你认为公司在培训方面有什么问题"的范围更小。如果只需要得到某个问题的方向和大体的思路，就要拓展思维，这时应该选择范围更大的问题；如果希望针对某个具体的问题讨论具体的行动方案，就要聚焦，缩小问题的范围。

③ 假设。理念和假设不同，提出的问题也不同。例如，对于一家企业的HR，我们应该将其定位为执行者还是解决方案的提供者？假设是执行者，问题可能就是"我们怎样才能更好地实施培训计划"；假设是解决方案的提供者，问题可能就是"我们怎样才能通过培训为提升公司的绩效做出贡献"。提问的方式不同，我们思考和做事的心态、方式也会有所不同。在这个基础上，我们可以根据实际需求，确定问题的范围，将你的问题转化为我、我们团队、我们部门乃至我们公司的问题，激发大家的参与积极性。例如，为公司的绩效做出贡献，对个人（团队、部门或公司）意味着什么？

4. 原则四：鼓励每个人积极参与

世界咖啡鼓励大家积极参与、踊跃发言，活化"我"和"我们"两者之间的关系。世界咖啡强调贡献（而非个人参与），主张每位参与者都有所付出、自愿承担和服务。强调贡献的理念，不仅可以促进知识创造，还可培养参与者的归属意识（见图 6-30）。通过共同贡献、共同创造和共同学习，参与者可以产生彼此相连、同属于一个更大整体的感觉。运用集体的力量创造共同的乐趣也可以培养参与者的归属意识。

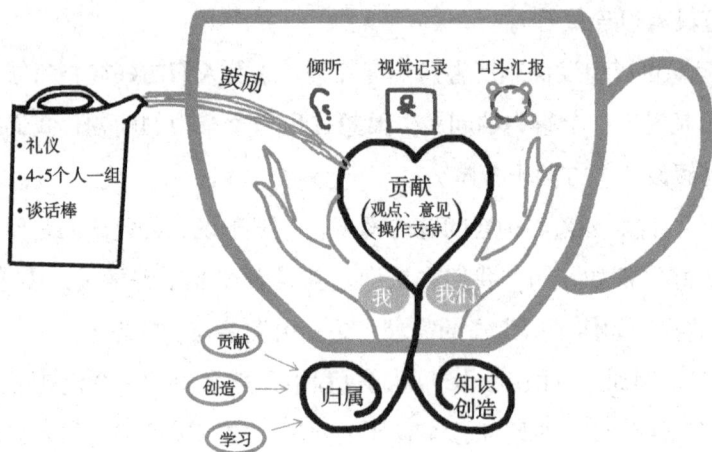

图 6-30　鼓励每个人积极参与

（1）贡献连接我和我们。世界咖啡是一种运用了交叉走动、交流的汇谈方法，通过所有参与者的贡献创造集体智慧。世界咖啡之所以能创造集体智慧，是因为它非常强调一个关键词——"贡献"，即每个人用自己的方式给予、付出和提供服务。在这个过程中，有人听他人的观点，有人在台布上绘图，有人做口头汇报。无论是提出自己的观点或意见，还是为关键操作提供支持，都是一种贡献方式。世界咖啡的目标不是批评，而是贡献。在世界咖啡中，不需要表演，只需要贡献。只要每个人都为综合集体的观点和意见做出自己的贡献，必然能丰富集体的智慧。

（2）如何鼓励每个人积极参与和贡献。既然集体智慧跟每个人的贡献有关，鼓励每个人积极参与和贡献就成了创造集体智慧的关键。为了鼓励每个人积极参与和贡献，除了要遵循世界咖啡的七个原则，还可以运用下列方法或工具。

①　世界咖啡礼仪。正式开始之前，让参与者了解世界咖啡礼仪，明确世界咖啡的目标是主动贡献，而不是被动发言。这就要求参与者进行自主管理，如明确讨论时的主持人、计时员、记录者和报告人等，并积极运用自己所长，为创造集体智慧做出自己的贡献。

②　小型分组。在培训中，我们会发现，当一个小组的人数超过 6 个人时，

在讨论的过程中就会有人游离在讨论圈之外，无所事事。在世界咖啡中，一般建议将 4~5 个人分为一组，让他们围坐在小桌子旁进行亲密汇谈，这有利于参与者共同做出贡献。

③ 谈话棒。为了促进每个人的积极参与和贡献，必须放慢讨论速度，营造合适的空间。如果每个人都急于表达自己的观点，就没有人会认真倾听他人的观点和看法，更不会将其连接起来，形成集体智慧。谈话棒是一个很好的工具，它可以有效地避免上述情况。只有拿到谈话棒的人才能发言，其他人不能发言，他们还肩负着将本组的主要观点分享到其他组的责任。这样的规则和责任可以促使所有参与者彼此倾听，并在认真思考后提出自己的观点。

（3）沟通文化。社会心理学家菲利普·史雷认为世界上有两种显而易见的文化——分隔文化和沟通文化。分隔文化会在人们的思想中划出分界线，让人们能清晰地分辨出"我们"和"他们"；沟通文化则着眼于将人们及其观点和世界观连接起来。世界咖啡在鼓励人们做出贡献的同时，加强了人们及其思想之间的联系。使沟通文化更有生命力，是世界咖啡对我们的共同未来的一种独特贡献。

5. 原则五：交流并连接不同的观点

要想在世界咖啡中交流并连接不同的观点，就要聚焦于重要问题，尽量增加不同观点的连接方式与密度。提出有力的问题有助于在"团体心智的各种突触"之间凝聚注意力，进而活化对话网络的自我组织能力；通过轮桌汇谈，可以让参与者以个体的身份进入网络式的交流过程之中。参与者可以体验到一种类似于"思想的共鸣""点亮会场系统""想法的加速演化"的思考活动。

"交流与连接不同的观点"这一原则让我想起萧伯纳的一句话："两个人各有一个苹果，互相交换后，每个人还是只有一个苹果；两个人各有一种思想，互相交换后，每个人便有了两种思想。"我在与沟通相关的培训中常常引用这句话，这句话用在世界咖啡上也非常合适。为了创造集体智慧，世界咖啡鼓励交叉走动、交流和提出问题，激励参与者做出贡献，强调围绕重要问题进行深入交流，并连接不同观点，汇集成集体智慧。

在世界咖啡中，每位参与者都有自己的责任。例如，每一桌的主持人都要负责迎接新人，分享本桌上一轮的交流内容。每位参与者负责将本桌的思想精华带到下一桌，或在每轮汇谈中发表观点、记录他人信息等。大家在桌布上做行视觉化记录可以帮助其他人想到新的观点。一个接一个的观点迸发，这正是产生集体智慧的基础。这些观点的诱因是有力的、能引起大家关注的问题。在汇谈开始时，每桌有一个共同的问题摆在所有人的面前。每位参与者对该问题进行思考后，因立场、角度、知识、经验和阅历等的不同，便会产生不同的观点。这些观点可能会引起他人的共鸣，或通过连接引出新的观点。在这个过程中，有意识地将走动倾听和提出有力问题结合起来，在多轮的汇谈过程中将部分和整体联系起来，就能促进集体智慧的产生，如图 6-31 所示。

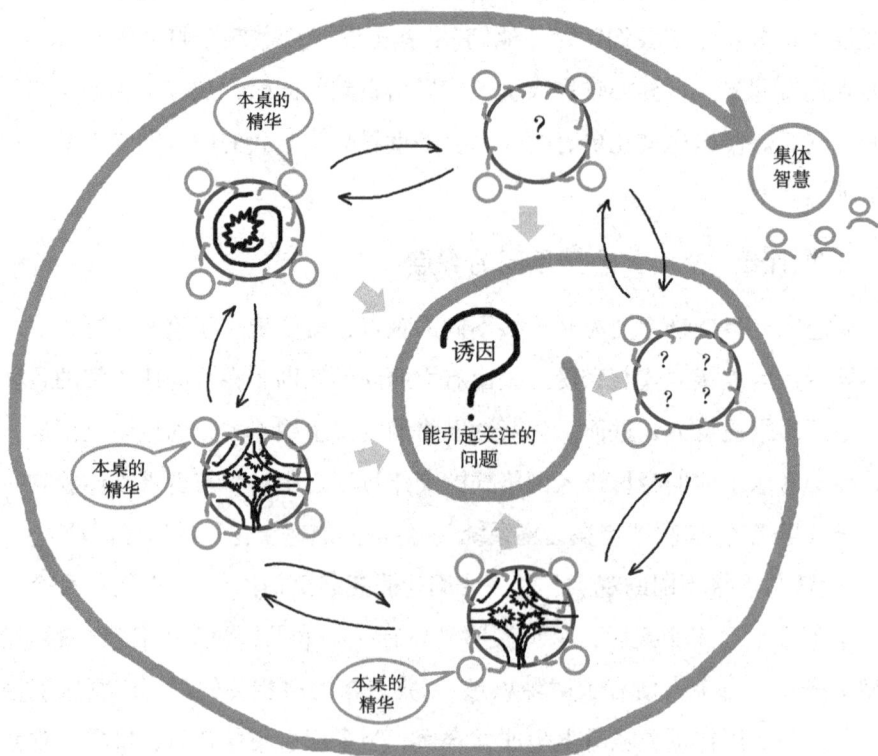

图 6-31　交流并连接不同的观点

6. 原则六：共同倾听其中的模式、见解及更深层的问题

为了落实这一原则，我们应集中所有注意力，在不抹杀个人贡献的情况下，找出思想的连贯性；通过倾听，发展一种属于自己的动能；营造良好的团队气氛，提升团队的凝聚力。例如，将谈话棒作为发言的工具；互相倾听，找出彼此之间的关系，发现各种观点所呈现的全新意涵，或背后更深层次的问题；鼓励参与者在倾听的过程中发现不同观点之间的新的连接关系，跳脱个别的观点，并与更大的整体连接；借助视觉语言和视觉倾听，将所思、所言、所感通过图像或书写的方式呈现在桌布上；透过注意力的聚集，促进集体反思。

（1）与众多舞者共舞。建立了共同倾听的氛围之后，每个人都能发表自己的观点，也能倾听他人的想法。随后，这些观点就像在跳集体舞，通过互相牵着的手和交织的舞步，彼此连接起来，形成一个强大的能量场，进一步促进深度汇谈的展开。

（2）视觉聆听。"视觉聆听"这个概念很契合现在这个读图时代。世界咖啡的目标是连接各种观点，形成集体智慧，而共同倾听是连接观点的前提。如何避免场面很热闹但未能达成目标的情况呢？视觉聆听就是一种非常好的方法。我们可以通过边听边在桌布上写、画或者涂鸦的方式进行视觉聆听，如图6-32所示。

在汇谈过程中，如果大家仅靠口头表达和头脑记忆，就很可能只会记下和分享自己感兴趣或跟自己一致的观点，在无意中过滤了部分可能对主题有价值的见解；而且，在口头传达的过程中，也可能会遗漏某些内容，从而影响最终的集体智慧。视觉聆听可以让我们通过记录在桌布上的信息高效、全面地传达各轮产生的观点，并找到其中的联系。实现视觉聆听最简单直接的方法就是运用色彩进行记录。

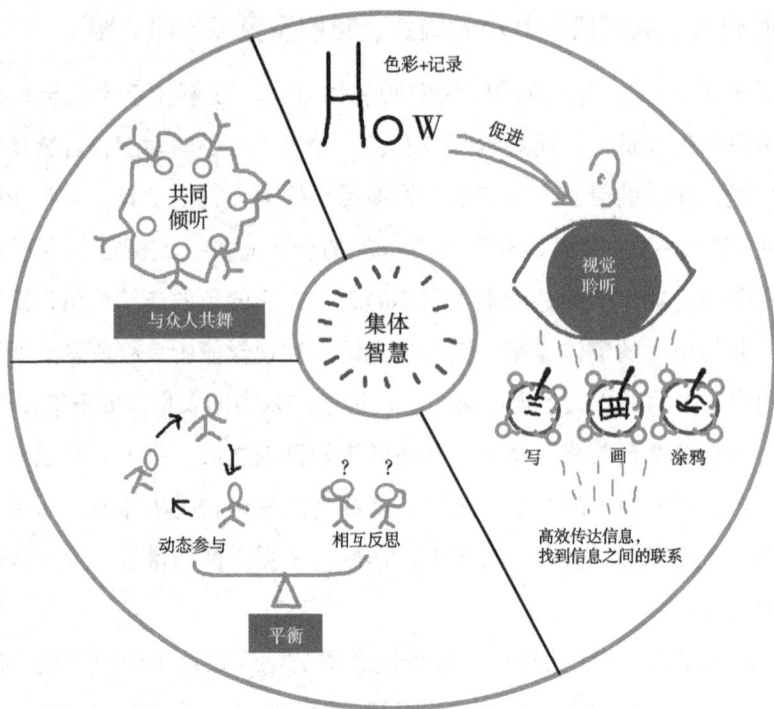

图 6-32　共同倾听其中的模式、见解及更深层的问题

① 色彩。对于色彩的作用，我在运用的过程中有着深刻的体会。现场的色彩布置以及桌面上的鲜花和彩笔都对促进参与者的发散思维都很有帮助。

② 记录。在桌布上的记录包括文字、符号和图片等，无论是哪一种，都会让参与者觉得自己的声音能被别人听到，这不仅可以调动大家的参与积极性，也能帮助看到这些记录的参与者进行思考，从而激发一些意想不到的见解和观点。

（3）反思。反思是世界咖啡的核心。集中注意力并对事物的关键部分进行集体反思，能够让小组成员倾听集体智慧，从而感知问题的模式、主题和深层次的问题。人们在各桌之间走动的过程中会越来越兴奋，但如果只是场面热闹，而无集体反思，世界咖啡就会变成一场娱乐。

那么，如何平衡动态参与和反思呢？下列几种工具和方法可以帮助我们进行反思。

① 谈话棒。谈话棒与话筒的作用一样，只有拿到谈话棒的人才能说话，其他人只能倾听。我常在培训中使用谈话棒，效果很明显。大家轮流拿着谈话棒分享自己的观点，不仅避免了"一言堂"，也帮助大家放慢了说话的速度，促进了倾听和思考。

② 音乐和诗歌。利用与主题相关的音乐和诗歌也可以营造一种反思的氛围。例如，舒缓的音乐能使大家放松心情，静下心来进行思考。此外，还可以请大家花点时间将自己的思考记录下来，以此启发集体智慧。

③ 沉默。在汇谈过程中，如果我们没有思考和梳理各种不同的观点，那么众多的观点就会将我们的大脑变得十分混乱，让我们无法冷静反思并找出其中的连接。为了避免这种情况，我们可以采用一种非常简单易行的方法——沉默。沉默能帮助我们在混乱中找到一个独处的空间，回顾和理解当下发生的事情，避免有价值的内容在热闹中流失。

心静了，才能看到水中的倒影。闹中取静的沉默可以给我们一个心静的机会。我在 TTT 培训中运用世界咖啡时，总会在三轮汇谈结束后的总结之前安排三分钟的静默。这短短的三分钟能让大家从热烈的讨论中安静下来，记录自己在三轮汇谈中的收获，然后带着这些信息回到本桌进行总结。这样安排比直接开始总结效果更好，因为大家已经对问题进行了反思，能更深刻地理解他人的观点，汇集到总结环节的内容会更有价值。

下列问题可以帮助参与者在沉默时进行更深入的思考。

① 在这次汇谈中，自己最欣赏的观点是什么？

② 在汇谈过程中，什么内容是真正有意义的？ 什么内容让我们吃惊？ 什么内容对我们有挑战？

③ 到目前为止，图片上还缺什么？ 哪些是我们希望看到的？

④ 还有哪些是我们希望探究的？

7. 原则七：收获与分享集体智慧

为了让集体性和有利于行动的知识与观点外显出来，必须充分重视集体知识的记录与呈现。

收获与分享关键的观点和见解，就像撑起帐篷的支柱，将这些支柱一个不少地撑起来，真正重要的东西就会显现出来，汇谈的整体含义就会浮现。世界咖啡是创造集体智慧的汇谈方式，其最终目标是收获与分享集体智慧，如图 6-33 所示。

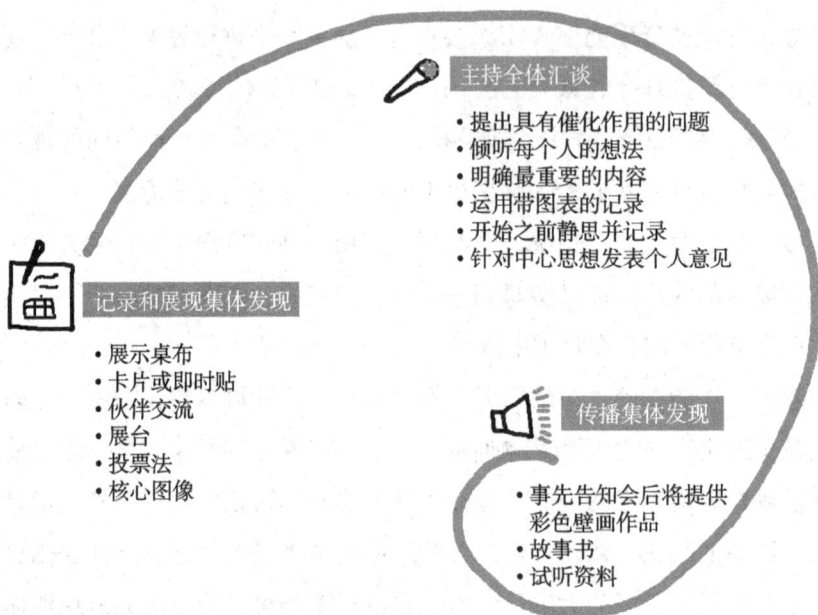

图 6-33　收获与分享集体智慧

（1）记录和展现集体发现。我们都知道，口头对话只有很短的"寿命"，缺乏语言或视觉记忆意味着在交谈中产生的创新性观点和见解往往会被扭曲或遗失。因此，我们需要找到一种既可以促进创造又可以展示个人和集体贡献的媒介，以此收获和分享发现，这是共同思考和行动的重要载体。

以下工具和方法可以帮助我们记录和展现集体发现。

① 展示桌布。展示各桌的桌布，请大家聚在一起看。

② 卡片或即时贴。根据人数的多少，确定每组一张卡片（即时贴）还是每人一张卡片（即时贴）；在每张卡片（即时贴）上面记录一个核心观点；把这些卡片（即时贴）贴在墙上，或将其分类后贴在墙上，进行展示。

③ 伙伴交流。先找一位伙伴交流哪些观点最有意义，然后再找两位伙伴参与进来，进行观点的连接，之后再找四位伙伴参与交流……如此循环，就可以让更多的人交流彼此的观点，分享集体智慧。

④ 展台。每个小组将自己的桌子布置成展台，展示各个小组的收获、发现和可能的行动；同时，每个参与者都可以到其他展台参观，分享自己的感悟，点评其他桌的观点。这个方法有点像逛画廊，我在培训中经常使用。除了世界咖啡，我还会把这个方法运用在问题树模型培训中。在演练完鱼骨图和问题树之后，我会留一定的时间，请每个小组把自己的演练结果铺在桌子上，每组留一位发言人，由其负责解说并听取其他人的观点，其他人则按照顺时针方向去参观、学习和交流。

⑤ 投票法。请参与者用投票的方式来确定多个问题的先后顺序，并用视觉化的方式呈现投票结果，让结果一目了然。

⑥ 核心图像。请各个小组在画布中央留下空白，收尾时，请每个小组在这个区域画图像，以表达他们对未来的期望。这些核心图像是决定先后顺序和未来发展方向的重要参考信息。

（2）主持全体汇谈。运用世界咖啡的目标是培养和分享集体发现，这是个人很难办到的。要想培养和分享集体发现，就必须依靠每个人的单独表达。因此，世界咖啡中最后一轮的全体汇谈是收获和发现集体智慧的关键时刻。

为了让汇谈自然而然地进行，并创造机会去激发集体智慧，必须选择合适的汇谈方法。汇谈方法的选择取决于汇谈目标和汇谈方式。

主持全体汇谈时，需要注意的要点如下。

① 提出具有催化作用的问题。具有催化作用的问题可以集中所有人的注意力。

② 倾听每个人的想法。请参与者倾听每个人的想法，若有类似的想法，则分享出来。这样做可以帮助参与者将所有观点汇集成一个相互交织联系的网络，使讨论的线索一个接一个地出现。

③ 明确最重要的内容，并以此为基础进行全体汇谈。

④ 运用带图表的记录。运用带图表的记录可以帮助小组获得更好的整体感

知。另外，视觉记录还可以揭示关键观点与其他观点之间的联系，使人们更系统地去思考问题。

⑤ 开始之前静思并记录。开始前，给参与者几分钟时间静静思考一下自己的想法并将其记录下来。

⑥ 针对中心思想发表个人意见。让所有参与者针对汇谈的中心思想发表个人意见，可以将大家的理性观点和感性观点都激发出来，避免常规的团体报告或代表报告的弊端。

（3）传播集体发现。

① 事先告知会后将提供彩色壁画作品。世界咖啡的组织者可以事先告知参与者，会后将提供根据世界咖啡收获的集体智慧整理而成的彩色壁画作品。这样做可以促使参与者用讲故事的方式分享汇谈过程中发生的事情，将他们看到的图片、关键词及其对工作的启发传播开来。

② 故事书。将世界咖啡产生的集体智慧制作成故事书，更能让其他人产生兴趣，达到传播的目的。

③ 视听资料。视听资料就像"记忆唤醒器"一样，可以促进后续的活动和执行。

三、世界咖啡实操

组织和实施一场世界咖啡通常会经历图 6-34 所示的四个阶段，即准备阶段、开场阶段、汇谈阶段及总结和分享阶段。

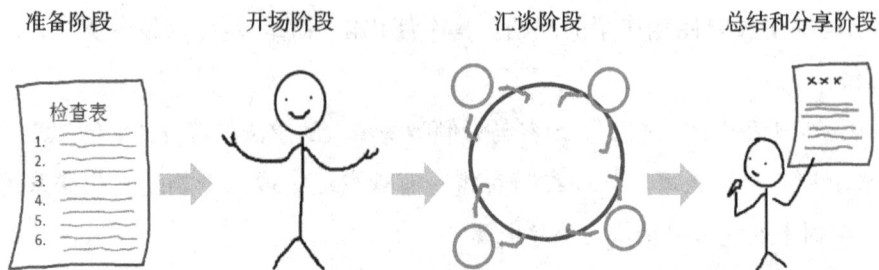

图 6-34　世界咖啡的四个阶段

1. 准备阶段

在组织世界咖啡之前，可以按照表 6-18 做好相应的准备工作。

表 6-18　世界咖啡检查表

项目	说明
适当性	是否符合我们的目标，是否有足够的时间进行世界咖啡，是否有可将所有参与者分为 4~5 个人一组的桌椅，是否有足够的墙面可供使用
参与者	参与者的背景、经验及其与主题的相关度
主题	主题是否清楚、聚焦，并具有足够的想象空间
各轮问题	—
房间布置	房间是否有足够的空间和采光；房间内是否有小圆桌，若无，是否便于席地而坐；房间的布置是否轻松、随意
物资准备	需要的设备、物品、资料、茶点和水果等是否准备齐全

（1）适当性。什么情况适合运用世界咖啡呢？人数和时间是硬指标。只有人数在 12 个人及以上，至少有 90 分钟以上的时间，才能考虑使用世界咖啡。起决定性作用的是运用世界咖啡的目标。如果目标是为了使现有的团队成员之间建立更好的关系，培养团队成员彼此之间的认同感，或者针对某个问题、挑战或机会展开深入探讨，或者让首次见面的人们能够展开真正的对话，就适合运用世界咖啡。如果只想做单向的信息传达，或者将要讨论的问题已经有了答案或对策，或者正在制订或已经制订了详细的执行计划，就不适合运用世界咖啡。除了时间、人数和目标，还需要考虑场地因素。考虑场地因素时主要考虑三个方面：一是场地是否足够大，是否有足够的座椅可供每组的 4~5 个人围坐在小圆桌旁；二是房间是否足够大，能否让参与者方便地在桌子之间移动；三是房间内是否有足够的墙面供参与者张贴世界咖啡的产出和作品。

（2）参与者。在培训中运用世界咖啡时，参与者通常已经确定了。此时，培训师要对参与者的情况进行全面的了解，例如，参与者是哪些人，他们的背景和经验如何。

（3）主题。培训师要思考以下几个问题：运用世界咖啡讨论的主题对应于培训中哪个部分的内容？这部分内容与学员有什么关联？如何表述这个主题对学员的吸引力更大，更能激发他们的参与热情？

（4）各轮问题。世界咖啡能否成功的关键在于提问，从主题到各轮的问题都会对最终的产出产生影响。世界咖啡一般有三轮汇谈，每一轮都有不同的目标，具体如表 6-19 所示。

表 6-19　世界咖啡各轮问题的目标

汇谈阶段	问题类型	目标
第一轮	热身问题	营造轻松的氛围，让学员互相认识，进行团队建设
第二轮	连接问题	从工作聚焦到世界咖啡的主题
第三轮	目标问题	深入讨论世界咖啡的主题

① 第一轮的问题是热身问题，其目标是营造轻松的氛围，拉近学员之间的距离，让学员彼此熟悉，让每个人开口，引发学员的兴趣。通常来说，轻松的、与学员相关或学员感兴趣的问题，更容易引起学员的兴趣。其中，轻松的问题一般以生活、兴趣爱好、关注点为切入点，而非培训主题。与学员相关的问题是指围绕学员展开的问题。学员感兴趣的问题一般是与学员的关注点、痛点和难点等相关的，容易引发学员共鸣的问题。

② 第二轮的问题是连接问题，其目标是从工作聚焦到世界咖啡的主题。通过第一轮的热身问题营造出轻松的氛围之后，要尽快切入主题。在设计第二轮的连接问题时，也要注意循序渐进，以免问题太过突兀，学员无所适从。

③ 第三轮的问题是目标问题，这是整个世界咖啡的重点，也是产出成果的体现。提出前面两轮的问题都是为了给提出目标问题做铺垫，引导学员一步步参与，思考世界咖啡的目标问题。

世界咖啡能否成功取决于氛围的营造和问题的设计。那么，如何才能设计出有效的问题呢？我们要遵循引导式课程设计的三个原则——以终为始、以学员为中心和以少胜多。表 6-20 展示了这三个原则在世界咖啡问题设计中的运用。

表 6-20 引导式课程设计的三个原则在世界咖啡问题设计中的运用

原则	体现	思路
以终为始	热身问题和连接问题都是为目标问题而服务的	为了获得目标答案，从热身问题到目标问题，都需要哪些步骤，分别为哪些问题
以学员为中心	围绕学员设计三轮问题	热身问题是与学员相关、学员有兴趣、能让学员产生共鸣的问题；连接问题要能引导学员从工作切入主题；目标问题要能引导学员对主题进行深入思考
以少胜多	每轮最多三个问题	到达目标问题的途径有很多，只选择最适合当前学员状态的三个问题即可

世界咖啡问题设计四步骤（见图 6-35）充分体现了以终为始的原则。

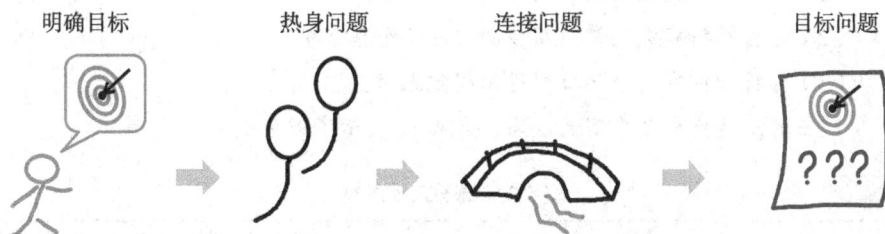

明确目标　　　热身问题　　　连接问题　　　目标问题

图 6-35 世界咖啡问题设计四步骤

通过图 6-35 可以看出，有效的问题设计是从目标开始进行反推的。第一步先明确世界咖啡的目标是什么，再思考什么样的热身问题能为达成目标而营造出轻松、畅所欲言的氛围。接下来的连接问题至关重要，它是热身问题和目标问题之间的桥梁，不仅发挥着承上启下的作用，还要以循序渐进的方式提出，为目标问题的提出做好铺垫。

问题设计的逻辑主要包括总—分、流程（PDCA 或前、中、后）、过去—现在—未来、为什么—是什么—如何做、知道的—不知道的以及外部的—内部的。

案例 6-16：运用世界咖啡进行"视觉思维在培训中的运用"培训

在一场主题为"视觉思维在培训中的运用"的时长为 4 个小时的培训中，我全程使用世界咖啡，将其情境设置为视觉咖啡，并设计了以下三轮汇谈问题。

第一轮：让你印象深刻的视觉表达。

（1）分享一个让你印象深刻的视觉表达（工作或生活方面的皆可）。

（2）为什么印象深刻？当时的感觉是什么？

（3）视觉表达有哪些好处？

第二轮：在培训中如何运用视觉思维。

（1）在培训中的哪些方面可以运用视觉思维？

（2）在培训中运用视觉思维要注意哪些要点？

（3）你打算在什么培训中运用视觉思维？

第三轮：运用视觉思维的行动计划。

（1）你打算将视觉思维运用在什么课程中？

（2）你打算将视觉思维运用在课程的哪个环节中？

（3）你将如何在这个环节中运用视觉思维？

这三轮汇谈产出了丰富的成果，表6-21展示了部分成果。

表6-21 部分汇谈成果

视觉表达的好处	在培训的哪些方面可以运用视觉思维	在培训中运用视觉思维要注意哪些要点
• 强化情感表达 • 激发联想 • 传播更快 • 快速转换 • 参与度高 • 简单直观 • 加深印象 • 吸引眼球 • 发散思维 • 有感染力	• 氛围营造 • 签到 • 自我介绍 • 课程大纲呈现 • 知识点说明 • 成果展示 • 培训宣传 • 培训总结回顾 • 实地培训 • PPT制作 • 知识归纳总结 • 流程安排	• 图像与内容匹配 • 简洁、有特色 • 用在关键点 • 重点突出 • 信息表达准确 • 图表简单化 • 注明关键词 • 一切为培训目标服务 • 请学员来画龙点睛 • 最好是原创的 • 视觉和声音相互配合

在整个过程中，学员们积极参与，讨论热烈，纷纷表示收获很多。

案例6-16全程使用了世界咖啡，通过三轮汇谈最终达成了目标——确定运用视觉思维的行动计划。

案例 6-17：世界咖啡在"公众表达与授课方法"培训中的运用

我给重庆的一家企业做了五场"公众表达与授课方法"培训，第一天早上的课程大纲如下。

第一章 魅力表达与管理

一、魅力表达与管理

1. 管理与表达

2. 表达障碍与管理效率

二、成人学习的特点及策略

1. 成人学习的三大特点及策略

2. 了解大脑喜好

三、优秀管理者的表达要求

这部分内容的理论性比较强，如果采用纯讲授的方式，那么很快就能讲完，但这样做一方面可能无法让学员有所触动，达不到自己设计这部分内容的目的，另一方面还可能会引起某些学员的反感。因此，我选择运用世界咖啡来传达第一章的内容，具体设计如下。

第一轮：15 分钟。

（1）如果选一个地方代表重庆，那么你会选择哪个地方？用一个关键词说明理由。

（2）如果给本队起个好听的名字，那么这个名字会是什么？

第二轮：20 分钟。

（1）你喜欢和什么样的人交流（用两个关键词描述）？为什么？

（2）你在语言表达方面最需要提升的地方是什么？（用一个关键词描述）

第三轮：20 分钟。

（1）你认为现在的学员有哪些特点？

（2）如何表达（方式、方法）对方才愿意听？

总结：30 分钟。

（1）你有哪些新发现和收获？

（2）在表达前，需要想些什么？

（3）表达时，怎样才能说明白？

在世界咖啡开始之前，我结合PPT和工作中的场景，说明了世界咖啡的规则，并以视觉化课程海报为案例，分享了"图形＋关键词"的方式、要求和目标。在进行第一轮汇谈时，我发现学员的思维很活跃，行动力很强。为了避免"一言堂"，我请每个小组确定一个谈话棒，并规定拿到谈话棒的人才能发言，其他人必须认真倾听。在这个过程中，所有小组在讨论时都严格遵守了关于谈话棒的规则。

在进行总结之前，我特别安排了三分钟的沉默时间，请大家思考并写下来这三轮汇谈的收获，帮助他们梳理思路，促使他们进行思考，从而达到了预期效果。表6-22展示了各个小组在总结阶段的成果。

表6-22　各个小组在世界咖啡总结阶段产出的成果

队名	内容		
	收获	表达前	表达时
一棵树	了解受众的需求，图文并茂	了解和分析受众的需求，明确目标，搭建框架	视觉上图文并茂，听觉上声情并茂
五本智慧	换位思考，表达形象直观，内容有创意、有思想、逻辑清晰、有条理，团队智慧	明确目标，分析目标群体，收集和整理信息	内容与主题相关，重点突出，图片与案例相结合，列出关键词
双龙汇	团队、逻辑、整合、换位、方法、创新	目标、主题、对象、需求、观点、方式	目标明确，图文并茂，重点突出，条理清晰，氛围控制
开拓	以图述事，以境动人	了解对象及其需求，表达内容，授课方式	提炼观点，重视细节
舌尖上的风暴	专注度、亲和力、倾听、氛围、沟通方法	对象、方法、结果、分析、场合	证据有力，互动结合，语速适中，条理清晰
狼之队	氛围（依内容建立情境），沟通三部曲（表扬、委婉提出问题、期望），简洁（观点明确），形式（图文并茂）	因人而异，选择不同的沟通方式	图片、肢体、互动

案例 6-18：世界咖啡在"生动培训技法"培训中的运用

我曾给某家具企业做过一场为期两天的"生动培训技法"培训，其中第一个模块的课程大纲如下。

第一部分　培训师的角色认知

一、以终为始——培训的价值

1. 培训的目标

2. 从知到行的距离

二、知彼——成人学习的特点

1. 成人学习的三大特点及对策

2. 认识我们的大脑

三、知己——内训师的五大角色

为了避免说教，并让学员通过思考理解内训师的五大角色，我运用了世界咖啡。我结合培训时间为 4 月月底这个情境，设计了以下几轮问题。

第一轮：10 分钟。

（1）分享"五一"假期计划。

（2）给团队起个好听的名字。

第二轮：20 分钟。

（1）你在工作中面临的最大的问题或挑战是什么？

（2）你喜欢什么样的培训？（用三个关键词描述）

（3）你在担任内训师时最大的困惑是什么？

第三轮：30 分钟。

（1）影响培训效果的因素有哪些？

（2）现在的学员有哪些特点？

（3）内训师在培训前、培训中做些什么，才能使培训后的跟进更有效？

总结：30 分钟。

（1）你有哪些新发现和收获？

（2）合格的内训师应具备哪些条件？

> 在进行世界咖啡的过程中，学员的参与度非常高。通过彼此的交流和成果展示，大家进行了反思。例如，有的学员看到其他小组写下的关于现在的学员有哪些特点的成果后，提出："我发现我们写的都是学员的缺点，好像没有看到大家的优点。"这个提醒引发了全体学员的反思，拓展了大家对这个问题的思考角度，也达成了我设计这个问题的目标。
>
> 总结中的最后一个问题是"合格的内训师应具备哪些条件"，最终得到的答案基本上与我的大纲一致，这与我在课前需求问卷中得到的信息相差甚远。这充分说明学员通过世界咖啡对自身的角色有了新的认知。

在案例 6-18 中，我运用世界咖啡的目标是帮助学员梳理对内训师的角色认知，事实证明这场培训达成了这个目标。

在问题设计方面，第一轮的热身问题从培训的时间点切入，通过容易让人开口的"五一"假期计划来营造轻松的氛围，通过让学员给团队起个好听的名字来得到团队建设的效果。其中，"五一"假期计划主要有两个特点：第一，"五一"假期即将来临，"五一"假期计划是最近几天的热点话题，也是学员日常谈论的话题，学员容易参与；第二，"五一"假期计划范围很广，所有学员都容易开口。给团队起名则是一个收拢的过程，它能帮助学员聚焦于主题，为下一轮问题的讨论奠定基础。

案例 6-16 全程运用世界咖啡，而案例 6-17 和案例 6-18 则将世界咖啡作为一种授课方式，用于培训的其中一个模块。三者的主题、运用情境虽然不同，但对问题设计的依赖程度是相同的。表 6-23 对这三个案例的问题设计逻辑进行了对比和说明。

表 6-23　案例 6-16、案例 6-17 和案例 6-18 的问题设计逻辑

案例	培训主题	运用情境	问题设计的逻辑	说明
6-16	视觉思维在培训中的运用	全程视觉咖啡	是什么—为什么—如何做	热身问题从是什么开始，请学员回顾一个让自己印象深刻的视觉表达，然后询问为什么；第二轮和第三轮的连接问题和目标问题均为如何做。其中，第二轮的问题侧重于知，第三轮的问题侧重于行

（续表）

案例	培训主题	运用情境	问题设计的逻辑	说明
6-17	公众表达与授课方法	两天培训中的一个模块	总—分	第一轮的两个热身问题，从第一个问题强调的重庆聚焦到本组；第二轮的连接问题聚焦于学员自身；第三轮的目标问题聚焦于自己与学员的交流和表达；总结环节的问题从"自己的收获和发现"这个发散的问题逐步聚焦到了表达前和表达后
6-18	生动培训技法	两天培训中的一个模块	总—分	第二轮的三个连接问题为总分逻辑，从工作到培训再到内训师，逐步聚焦；第三轮的三个目标问题也是总分逻辑，从影响培训的因素到学员再到内训师

　　通过案例 6-17 和案例 6-18 可以看出，在培训的某个模块或环节运用世界咖啡时，要以课程大纲为依据。简单地说，培训师要将课程大纲转化为问题，让学员通过汇谈的方式进行思维碰撞，自己找到答案。其中，让学员自己有所发现是世界咖啡非常重要的价值之一。这是因为，学员通过参与和思考看到自己的盲点比培训师直接指出学员的盲点更有效，学员更有可能在之后采取相应的行动。

　　在培训中运用世界咖啡时，首先要明确目标，也就是明确世界咖啡的最终产出是什么，然后再确定问题的类型和具体的提问。表 6-24 展示了这个过程。

表 6-24　目标与问题

案例	目标（最终产出）	问题	
		问题的类型	具体的提问
6-16	明确运用视觉思维的行动计划	目标问题	（1）你打算将视觉思维运用在什么课程中 （2）你打算将视觉思维运用在课程的哪个环节中 （3）你在这个环节中将如何运用视觉思维
6-17	表达前和表达时应该如何做	目标问题	（1）你有哪些新发现和收获 （2）表达前，需要想些什么 （3）表达时，怎样才能说明白
6-18	梳理内训师的角色认知	目标问题	（1）你有哪些新发现和收获 （2）合格的内训师应具备哪些条件

表 6-24 印证了世界咖啡问题设计四步骤——明确目标、热身问题、连接问题和目标问题。有效的世界咖啡问题设计，都是从明确世界咖啡的目标开始的。只要明确了目标，就可以避免"现场热闹，培训无效"的尴尬。

在培训中运用世界咖啡时，目标应该是解决"三点"（即学员的痛点、难点、疑点）问题。值得注意的是，"三点"问题不是培训师凭主观臆测或凭经验确定的问题，而是通过培训需求诊断和调研了解到的学员的共性问题。如果目标出现偏差，那么后面的问题设计和实施都很可能出现南辕北辙的状况，从而导致培训沦为娱乐。

很多读者向我求助，说自己不知道如何设计有效的问题。通过与这些读者交流，我发现，问题的根源不在于问题设计本身，而在于他们缺乏充足的准备，包括对学员基础信息的了解、课程重点模块的确定等。换句话说，他们在培训前对培训需求的诊断和调研不足，甚至有人根本就没有做。在这种情况下，设计出有效的问题几乎是不可能完成的任务。只有做了充分的需求诊断和调研，才能在开发课程时做到知己知彼。同时，在分配课程时间和选择授课方式时，我们要紧紧围绕课程的重点模块和内容（即学员的共性需求），确保通过培训真正解决学员亟需解决的问题，让培训产生应有的价值。

除了各轮汇谈的问题，我们还要准备适用于各种目标的问题，具体如表 6-25 所示。

表 6-25　适用于不同目标的问题举例

目标	问题举例
集中全体注意力	• 什么样的问题对我们所探讨的情境的未来具有重大意义 • 这种情况对你来说重要的是什么，你为什么在意它 • 是什么引导你思考这个问题 • 你来到这里的目的是什么 • 在这种情况下，我们有哪些机会 • 是什么深层次的原因让我们愿意全力以赴 • 关于这个场景，目前我们知道什么，我们还有什么要学习的地方 • 在这种情况下，我们的困境或机遇是什么 • 在考虑这种场景的时候，我们需要测试和挑战什么样的假设 • 与我们观念不同的人对这种情况会有什么看法

（续表）

目标	问题举例
连接观点，发现深层次的见解	• 在这里形成了哪些观点 • 在各种观点的背后我们听到了什么，其中的核心问题是什么 • 汇谈中出现了哪些新的观点，你做了哪些新的连接 • 汇谈中哪些内容对你来说具有真正的意义 • 汇谈中哪些内容让你感到吃惊或迷惑？哪些内容对你来说是一种挑战 • 到目前为止，海报上还缺少什么 • 海报上的哪些地方需要进一步明晰 • 到目前为止，你学到了什么 • 在更深的一个层次中，我们要思考的是什么 • 如果有一件尚未提及但对更深一层的理解有帮助的事，那么这件事是什么
启发创新	• 针对这个问题进行改革，应该如何做 • 怎样做才能让自己全身心地投入到这种场景中去 • 这里可能会发生什么？谁会在意它 • 为了取得进展，我们应该将注意力集中到哪里 • 如果可以保证百分之百成功，你会选择实施哪些大胆的举措 • 为了开展下一步的活动，我们应该如何互相帮助？我们各自会有什么独特的贡献 • 我们会面对什么样的挑战，怎样去面对它们 • 如果今天就开始一场汇谈，怎样进行才能为未来创造更多的可能性 • 我们今天播下什么样的种子，才会对未来产生重大的意义

表 6-25 列出了一些具有启发性的问题，这些问题可以帮助我们在培训的各种场合中激发新的智慧和创造性思维。值得说明的是，表 6-25 中的问题仅供大家参考，大家在具体使用的时候，需要根据提问的目标、主题和参与者的状态等因素进行综合评估，确定最适合的提问方向和措辞。

（5）房间布置。要想营造像咖啡馆一样的轻松氛围，就要在房间布置方面多做文章。世界咖啡是以小组为单位进行的，每个小组 4~5 个人，围绕一个小圆桌促膝而谈。如果一桌少于 4 个人，那么产生的观点就会很有限；如果一桌多于 5 个人，那么参与者之间的交流很可能会受到阻碍。同时，小圆桌可以布置得稍微随意一些，以营造出一种自由轻松的氛围；小圆桌应铺带有方格图案或色彩较休闲的桌布，如果没有这类桌布，那么也可以用白色桌布；桌面上放置用于记录的纸和彩笔；如果能在房间里放置一些植物或鲜花，那么效果会更好。

（6）物资准备。表 6-26 列出了世界咖啡所需的各种物资。

表 6-26　世界咖啡所需物资一览表

类别	具体名称	规格	使用说明
硬件	椅子	可移动	根据人数确定小圆桌和椅子的数量；每个小组 4 ~ 5 个人
	小圆桌	可移动	
	投影仪	—	根据需要选择使用，若人数超过 25 个人，建议在分享阶段使用投影仪
	投影幕布	—	
	放投影仪的桌子	—	
	影音设备	—	放音乐用
	电源线	1.5 米以上	为影音设备提供电源
	录音笔或手机	—	各组分享成果时使用，便于做记录和整理
	话筒	—	至少两个
	活动挂图板	大于 1 米 × 0.8 米	场地中没有桌子或桌椅时，用于挂小组记录的大白纸
	移动白板	长度大于 1 米	若不使用投影仪，则在小组分享成果时使用
	长桌	根据茶点数量	放置咖啡、茶、水和茶点等
	小圆桌	—	放在会场前面，供主持人放置物品和资料
海报	世界咖啡海报	1 米 × 0.8 米	用简笔画介绍世界咖啡
	世界咖啡主题海报	1 米 × 0.8 米	用全场可看到的字号，在海报上写明世界咖啡的主题
	世界咖啡各轮问题	根据需要	若不使用投影仪，则将世界咖啡各轮问题写在海报纸上，确保所有学员均可看清
物品	纸箱	—	装所需物资
	海报纸	1 米 × 0.8 米	记录各小组的汇谈成果
	A4 纸	白色	供学员涂鸦
	中粗彩色笔	12 色	供各小组汇谈时做记录或涂鸦用
	美纹胶带	宽 24 毫米	将海报纸贴在墙面上
	透明胶带	宽 48 毫米	粘贴纸张时使用
	纸杯	—	请学员在纸杯上写自己的名字
	饮品（咖啡、茶等）	可选品种尽量多一些	具体数量根据人数确定，一般是平时同等人数茶歇用量（包括饮品、饼干、零食和水果等）的两倍或更多
	饼干、点心等零食		
	各种水果		

在物资准备方面，用于营造世界咖啡氛围的海报非常重要，尤其是手绘海报，它能快速激发学员的好奇心和参与积极性。在案例 6-16 中的"视觉思维在培训中的运用"培训开始之前，我手绘了如图 6-36 所示的海报，并事先将其张贴在墙上。每位走进培训场地的学员都会忍不住过来看看这张海报，还彼此交流、讨论为什么是"视觉咖啡馆"。开场后，我做暖场时也从这个问题切入，马上就吸引了学员的注意力。

图 6-36　视觉咖啡馆

在案例 6-17 中的"公众表达与授课方法"培训中，我将为期两天的 TTT 培训的情境设置为"重庆两日游"，并用重庆的代表性景点（朝天门码头、解放碑和大足石刻）分别代表三个课程模块，以此呈现两天的课程大纲，如图 6-37 所示。

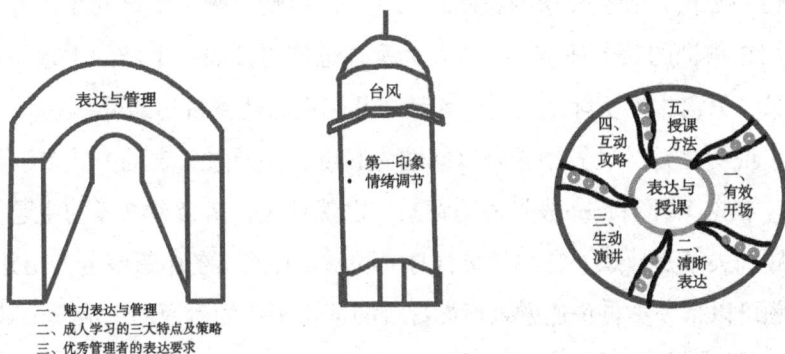

图 6-37　"公众表达与授课方法"培训课程大纲海报

世界咖啡的热身问题"如果选一个地方代表重庆，那么你会选择哪个？用一个关键词说明理由"，就是围绕"重庆两日游"这个情境设计的。这个问题既能让世界咖啡这个环节融入两天的课程，保持课程的整体性，也有助于快速暖场，营造轻松的氛围。

2. 开场阶段

在准备阶段，我们在主题、场地的适当性、参与者、主题、各轮问题、房间布置和物资等方面进行了全方位的准备。等学员分桌坐好后，就进入了开场阶段。开场的目的主要有两个：一是营造轻松的氛围；二是介绍世界咖啡的流程，为后面的汇谈做好准备。

表 6-27 列出了世界咖啡开场的五个步骤的具体事项和说明。

表 6-27　世界咖啡开场的五个步骤

步骤	具体事项	说明
欢迎	致欢迎词	几句话即可
说明主题	说明世界咖啡的主题和目标	阐述世界咖啡的情境，建立主题与学员之间的联系
描述流程	介绍世界咖啡的流程	包括角色、几轮换桌的顺序和规则、汇谈问题
角色分配	请每组选出一位桌主	说明桌主的职责
说明礼仪	说明世界咖啡的礼仪	结合海报进行讲解和说明

（1）欢迎。致欢迎词主要有两个作用：一是处理心情，让学员感受到培训师的热情和尊重，营造轻松的氛围；二是处理事情，吸引学员的注意力。将世界咖啡用在培训的某个环节，可以让大家知道即将开始一个新的主题。欢迎词不用很长，只需根据实际情况说一句话或几句话，达到目的即可。

（2）说明主题。世界咖啡是以问题为起点，并通过一定的方式来汇集团体智慧的。在这个环节，一般先说明背景，也就是为什么会有这样的主题，它与培训主题的关系是什么，它与学员自身的联系是什么，各组最终的产出是什么。说明主题可以帮助学员快速融入世界咖啡的情境中，为后面的汇谈奠定基础。

（3）描述流程。世界咖啡的流程与平时的会议或培训有很大的不同，因此一开始就要让学员清楚地知道整个流程。描述的内容主要包括汇谈一共分为几轮，每轮在哪里（本组还是其他组）进行；如果换桌，是按照规定的方向或方式进行（如顺时针还是逆时针），还是每组成员分散在不同桌即可；记录时有什么具体要求；最后的分享环节如何进行，等等。这些内容可以让学员获得安全感，使其能更安心地参与后面的汇谈。

（4）分配角色。每个小组确定一位桌主，其他人都是客人。每位桌主都要热情、包容、周到、负责地接待客人，掌握时间，邀请客人随时记录汇谈成果（写、画均可）。客人在本组第一轮的汇谈结束后，就分散到其他组去交流和分享，像蜜蜂一样去其他组采集精华和智慧。在三轮汇谈结束后，他们再返回本组来做分享和总结。

（5）说明礼仪。礼仪是世界咖啡能否成功的关键因素。培训师要强调，人人都有发言权，每个人的贡献都有其价值，无大小之分。只有大家都抱着参与和贡献的想法，共同聆听、理解、连接和分享思想，并随手记录，才能更好地激发集体智慧。培训师可结合手绘的世界咖啡礼仪海报进行说明。为了避免"麦霸"和有人不发言等情况，培训师可要求每个小组使用谈话棒，只有拿着谈话棒的人才能讲话，其他人不能讲话，只能认真倾听。

图 6-38 是我手绘的一幅世界咖啡海报，事先张贴于培训现场的墙面。在开场阶段，我结合这张海报说明了世界咖啡的流程、角色和礼仪。这张海报简单易懂，既便于学员理解，也便于学员随时查看。

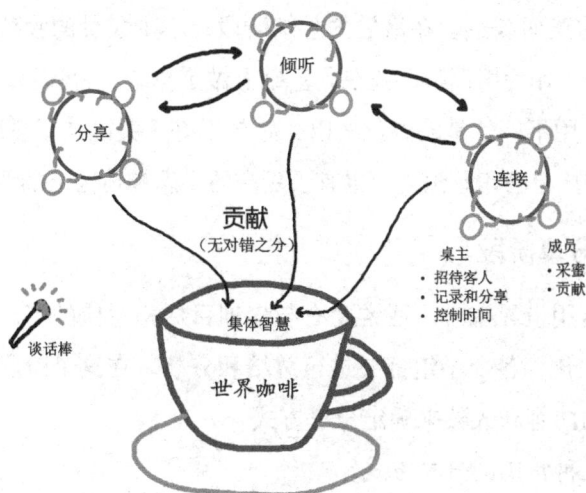

图 6-38　世界咖啡海报

3. 汇谈阶段

在汇谈阶段，培训师负责控制每一轮汇谈的时长。每一轮汇谈结束后，培训师要用铃声、音乐或其他方式宣布本轮结束。此时，桌主不动，客人们离开本桌，分散到其他组。每一轮开始前，桌主热情欢迎新来的客人，简单介绍刚才本桌讨论的主题、主要想法及问题，并鼓励新来的客人将本桌的想法与他们刚才讨论的内容联系起来。同时，在对话的过程中，所有参与者不仅要表达自己的看法，更重要的是倾听别人讲的话，先进行连接再进行重新组合，提出全新的观点或找出尚未发现的盲点。

在案例6-16中的"视觉思维在培训中的运用"培训的汇谈过程中，某位学员很想运用视觉思维，但因为对自己的绘画水平不自信而迟迟没有行动。通过大家的分享，他发现自己的盲点在于将视觉思维等同于绘画，并认识到了视觉思维可以通过图、表、实物、简笔画等多种方式来呈现，并不需要很高的绘画水平，只要能传递自己想要表达的信息即可。有了这样的认知后，这位学员马上开始学以致用，并取得了不错的效果。

在案例6-18中的"生动培训技法"培训中，运用世界咖啡进行第三轮汇谈时，有的学员在观看本小组讨论成果海报时提出："我发现我们写的学员特点，都是学员的缺点，好像没有提到学员的优点。"于是，大家继续思考并添加了关于学员特点的正面表达。在最后的总结阶段，不少学员的收获和新发现与这些正面表达相关。作为培训师，我在此基础上做了总结："我们每个人都有特点，用好了是优点，用不好就是缺点。所以，好与不好，关键在于自己。"很多学员表示，这个总结让自己印象深刻，也有了更多的反思和行为上的调整。

4. 总结和分享阶段

在培训中运用世界咖啡，通常要有与培训目标相对应的产出。为了将世界咖啡的产出最大化，各个小组都要进行总结和分享。在这个阶段，我们可以根据目标、总结的内容和人数来确定分享方式。

下面介绍几种常用的分享方式。

（1）逛画廊。若时间有限，则可以采取逛画廊的方式，将所有小组的总结海报张贴在墙上，或者摆放在地面上，请所有学员按照顺时针或逆时针的方向观看海报内容。如果学员人数超过 30 个人，那么可以请学员在逛画廊时，在即时贴上记录三个让自己印象深刻的观点。如果学员人数不超过 30 个人，那么可以给每位学员三张即时贴，请他们在逛画廊时将其张贴在海报中自己有共鸣或有疑问之处。逛画廊活动结束后，根据可用时间确定分享方式，如分享贴纸最多的三张或一张海报上的内容。若还有时间，则可多开放几个名额，请学员分享对自己触动或启发最大的观点是什么。

（2）小组分享。如果小组数量不多于 4 组，且有 10~15 分钟的时间，则可考虑以小组为单位来做分享。分享时，事先将小组总结海报张贴在墙面或白板上，限定每个小组分享的人员（如每组选派一位代表）、时间（如 1 分钟）、内容（如要求分享对海报中某个问题的思考）和方式（如读一遍，不做解释）等，以便控制时间。分享结束后，各小组可以设置"答记者问"环节，请其他小组成员提问，并由小组发言人回答，以此促进深入交流。

（3）ORID 引导。如果需要针对内容引导学员进行深入思考和总结，那么培训师可以运用 ORID 来引导学员进行反思和交流。具体做法是，请学员将各组的产出成果平铺在桌面上，每组请一位发言人留守，其他成员按照顺时针或逆时针方向去逛画廊。结束后，培训师运用 ORID 进行提问，具体问题如下。

O：在各组的成果海报上，哪个词让你印象深刻或吸引了你？

R：让你疑惑或产生共鸣的内容有哪些？

I：这些海报上的内容给你带来了哪些启发或思考？

D：如果用一句话分享你的收获，那么这句话会是什么？

第四节　开放空间

一、关于开放空间

1. 什么是开放空间

开放空间是一种富有成效的动态会议模式，它能在很少的规则辅助下，通过创造新的空间和时间规则，由参会者自行讨论一个对组织很重要的主题。1983年，开放空间的发明者哈里森·欧文在组织完一次年度会议后，向参会者调查他们最喜欢会议中的哪一部分，最后大家一致选择咖啡时间（Coffee Break）。后来，欧文就开始思考把会议的形式定为咖啡时间，加之欧文受到印第安人开会方式的影响（印第安人开会时会围成一个圆圈，酋长用一个大号角控制时间，其他人轮流发言），于是便有了开放空间。

开放空间提供了一个提倡自我承担责任的场合。在会议期间，每个参与者都可以在主题框架下，提出自己关心的问题或自己想要解决的问题，不同的参与者之间可以组成关注并致力于解决同一个问题的小组，在既定的规则下开展讨论。

开放空间具有以下几个特征：

（1）是一种内容丰富且产能极高的会议方式；

（2）是一种低成本且能有效地凝聚团队的方法；

（3）是一个热情、开放和充满信任的论坛；

（4）能以合理的议程结构来充分释放创造力，倡导自由管理；

（5）能以新的方式活化组织。

2. 开放空间的适用情境与不适用情境

开放空间适用于会议、对话、深度汇谈、制定策略、建立愿景、拟定宣言、设计行动方案、分享创意和想法、回顾及评估执行完毕的活动或方案等情境，同时也有若干不适用的情境，具体如表6-28所示。

表6-28　开放空间的适用情境与不适用情境

适用情境	不适用情境
参与者背景多元化，且必须以创新的方式解决问题时	已经有了腹稿或答案时
会议后，与会者将会持续地参与	负责人想掌控整个过程时
高层领导者希望整个团队参与，一起寻找答案时	主题模糊或无法引发参与者的关切、热情与行动意愿时
发生紧急状况，有一个实际的议题需要处理时	会议时间少于3个小时

（续表）

适用情境	不适用情境
议题错综复杂时	—
有很多不同的关系人和很多不同的观点时	—
大家想要改变时	—

通过表 6-28 可以看出，开放空间的适用情境一般符合以下几个条件。

（1）目标：以创新的方式解决某个问题。

（2）参与者：参与者的背景多元化，且拥有不同的观点，或者想要改变。

（3）议题：一般是实际的议题，且错综复杂。

开放空间的不适用情境往往符合以下几个条件。

（1）时间：会议时间少于 3 个小时。在参与者背景多元化且议题复杂的情境下，若会议时间少于 3 个小时，则无法进行充分讨论，从而无法真正解决问题。

（2）主题：模糊的问题，只能得到模糊的答案。只有设置参与者共同关心的主题，才能激发大家的参与热情和行动意愿。

（3）答案：已经预设了答案的情境不适合运用开放空间，因为这会限制参与者的参与热情和思维。

（4）负责人：当负责人想要掌控整个过程时，其意愿与开放空间的宗旨相违背。

开放空间对主题的要求如下：

（1）具有讨论的必要性；

（2）能激发共同的热情；

（3）具有高度的互动性；

（4）对参与者具有一定的号召力。

3. 开放空间的四大原则和一项法则

（1）四大原则。开放空间的四大原则是对开放空间中事物如何运作的概括。

开放空间的四大原则

- 来的人都是对的。
- 任何当下发生的事情都是当下所能发生的。
- 该开始时就开始。
- 该结束时就结束。

---

①来的人都是对的。这项原则是指，在运用开放空间时，并不是有多少人来或者有谁来（就地位或职位而言）才能算数，不用照顾谁或太在意谁，要相信每个人都能有所贡献，互动与对话的质量才是关键。

②任何当下发生的事情都是当下所能发生的。这项原则提醒我们要活在当下，无论发生什么事情，我们都要继续向前，准备好迎接惊喜。如果发现其他参与者的思路与自己的预期不同，议题参与者应该以接受礼物的心情来接纳这份惊喜，并记录下来。这样，惊喜就会一个接一个地出现。

③该开始时就开始。这项原则是指，无论何时开始都是对的，精神和创造力与时间无关。例如，时间表上规定下午一点开始讨论，但对参与者真正有价值的东西，未必就会在下午一点准时出现。如果预期的结果没有出现，则遵循前一项原则。

④该结束时就结束。这项原则是指，如果预订时间没有用完，而讨论的目标已经达成，就可以结束讨论。如果时间已经用完，而目标还没有达成，就可以继续讨论。

在开放空间中，每个人都要为自己的收获负责。如果选择做参与者，就不要抱怨没有针对某个主题进行深入讨论；如果选择做议题召集人，就要专注于自己的议题，迎接惊喜，不要担心因此错过了其他的议题（运用开放空间时，参与者要记录和分享各个议题的讨论成果）。

（2）一项法则。开放空间的一项法则是双脚法则，又称流动法则，是指在会议进行过程中，任何人觉得自己在某个小组没有学习产出也没有贡献时，必须去另外一个能让自己有产出或贡献的地方。由此，在开放空间中存在蝴蝶和蜜蜂两种角色，如图 6-39 所示。

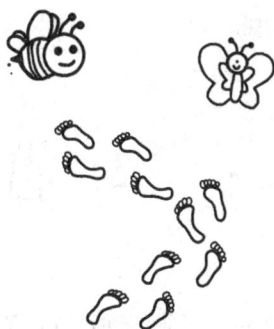

图 6-39　双脚法则

双脚法则具有以下四大作用。

①自我约束。坚信自己是唯一知道事实真相，不顾其他人的感受或需要的"自大狂"，在知道大家可以自由走动之后，就会因此而收敛。

②回归责任。将每个人对学习和贡献的责任交到他们自己手上。继续走动学习，还是浪费时间停留，是每个人自己的选择，其他人不会为你的选择负责。

③创造了蜜蜂。蜜蜂是指那些不停地在各个小组之间穿梭的人，他们能为讨论注入丰富而多元化的内容。

④创造了蝴蝶。蝴蝶通常从未真正参与任何一个小组的讨论，但他们创造了无为的中心，在那里享受静默，或引出某个新的话题。

双脚法则赋予了每一位参与者权利和责任，促使他们将自己的学习产出和贡献最大化。当参与者在参与过程中失去了兴趣或已经达成目标（如议题召集人），分享了自己所能做的（如蜜蜂）之后，就会继续前进，去做一些别的事情。

二、开放空间实操

开放空间主要包括四个阶段，分别是准备阶段、开场阶段、讨论阶段和结束阶段，如图 6-40 所示。

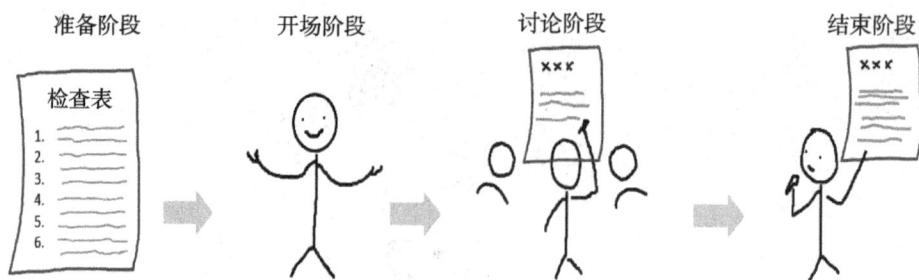

图 6-40　开放空间的四个阶段

1. 准备阶段

在运用开放空间之前可以按照表 6-29 来检查准备工作。

表 6-29　开放空间准备工作检查表

项目	说明
适当性	开放空间是否有助于我们达成讨论目标，是否有足够的时间进行开放空间，主会议室是否足够大，是否有足够的墙面可供使用
参与者	—
主题和议题	主题是否清楚、聚焦，并具有足够的想象空间
邀请	是否有足够的信息确定参加者能在正确的时间来到正确的地点，对内容的叙述能否激起参与者的参与积极性
产出	各议题召集人在大海报纸上的记录，电子版记录，现场成果呈现
物资	所需的设备、物品、资料、茶点和水果等

（1）适当性。开放空间适用于哪些情境呢？当一群背景多元化的人，必须用创新和具有生产力的方式来处理复杂且具潜在冲突的问题，尤其是没有人知道答案且需要一群人持续参与以求得解答时，开放空间的力量最大。反之，如果已经知道答案，或者有人自认为知道答案，或者有人认为需要控制局面，则不适合使用开放空间。

除了讨论目标的适当性，还要考虑时间和空间。在时间方面，一般 1~3 天皆可。在空间方面，开放空间需要一个大的主会议室，能容纳所有参与者围坐成一圈，或围坐成 2~3 圈的同心圆，舒服地坐在一起而不觉得拥挤，而且还要有足够的走动空间。开放空间所需的空间是平时按排坐的空间的两倍。正式分组时，原则上应该分 5 个组，每组 100 个人。若需进行分组讨论，则除了主会议室，还需要其他的会议室或场地（每 100 个人一间）。

关于圆圈，需要注意以下几个细节。

① 圆心几乎净空，除了必需的纸张、胶带、彩笔，不放其他物品。

② 在墙边留出便于进出的空间。

③ 留出圆周上的进出通道。

除了场地，还要在墙面上留出足够的可用空间。主会议室要有一面完整、无障碍物的墙，用于张贴公布栏，展示将要讨论的议题，其长度要足以让所有参加者能够分成 2~3 排站在它的前方。同时，胶带要黏得住海报纸，这也是非常关键的小细节。有些场地虽然有很多墙面，但墙面不平整，无法张贴海报纸，或者墙面空间很小，这些都会影响开放空间的正常进行。

（2）参与者。参与开放空间的人都是关注主题的人，最正确的人就是能来的人。自发性的选择是参与开放空间的必要条件。对于 5~1000 个人的团体，开放空间都能有效运作。

（3）主题和议题。开放空间是为了解决实际的议题而设计的，一定是没有标准答案的，必须将焦点放在参与者有热情去关心的议题上面。因此，运用开放空间的第一步就是用具体的词汇，清楚地指出想要达成的目标。此时，最好以提问题的方式来表达，这样可以引发参与者的兴趣，并让他们愿意承担责任。开放空间聚焦主题的方法包括 5W1H 和 PDCA（即计划、实施、检查和改善）等。

案例 6-19：运用 5W1H 和 PDCA 聚焦主题和议题

2015 年 11 月举办的中国培训师沙龙九周年庆典的主题为"培训师的诊断力"，其中一个分主题是培训师的问题诊断和解决。因为参加九周年庆典的都是来自全国各地、各个行业的培训师，其需求、层次差异都非常大，所以我们决定运用开放空间。首先，我们运用 PDCA 进行讨论，将主题聚焦在 D 这个环节，最终确定主题为"培训现场问题诊断"。因担心大家提出的议题过大很可能导致结果太空，在产出议题阶段，作为培训师的曾金老师做了以下几个方面的工作。

1. 规范格式

为了让参与者提出的议题能得到可落地的解决方案，曾老师运用5W1H将问题细化为"自己在培训现场曾经出现过的一个问题的情境是什么"。曾老师提前做了示范和展示，请参与者围绕自己在培训现场曾经出现过的一个问题的情境，按照"情境＋问题"的格式来写议题。

情境：
问题：

                            签字：

2. 议题确认

第一个环节一共产出20个议题，曾老师请大家将这些议题张贴在白板上。曾老师将每个议题读一遍后，先问大家："情境和问题是否清晰？有疑问吗？"若不够清晰，则由议题提出者进行补充和细化。最终所有议题由议题提出者自行合并为17个。

这个环节结束后，很多参与者表示收获非常大，因为有了格式的限制，大家提出的问题都很具体，也便于其他参与者提供更有针对性的解决方案。

（4）邀请。邀请涉及两个方面的问题：一是时间和空间，即确保参与者在正确的时间到达正确的地点，做好参与的准备；二是关于开放空间的表述，关键是让参与者对主题产生兴趣，并了解这次培训能给自己带来哪些帮助。

（5）产出。开放空间的产出包括以下几项。

①海报：各议题召集人在大海报纸上的记录。

②电子版记录：在讨论过程中，用计算机对各议题内容所做的记录。

③现场成果呈现。

要想确保上述三项产出，就要做好相应的准备工作。

案例 6-20：开放空间的产出整理分享

2013 年举办的中国培训师沙龙七周年庆典（以下简称为"七周年庆典"）的主题为"企业内训师的基本修炼"，包括六个分主题，具体内容如下。

主题一：如何搭建实效性强的企业培训体系
主题二：如何进行培训需求调研及诊断
主题三：内训师团队的组建及培养
主题四：如何持续开发适合企业的内训课程
主题五：内训师如何借力营销自己
主题六：如何进行培训效果追踪、落地及呈现

这些分主题是组委会事先在各 QQ 群收集各位老师们的意见，汇总后发布到中国培训师沙龙论坛，最后根据大家的投票结果选出来的。在七周年庆典现场，有四个分主题运用了开放空间。当时的目标是将每个分主题下面的每一个议题都记录下来，并分享到论坛中。为此，组委会做了以下准备工作。

1. 确定架构和职责

明确七周年庆典使用开放空间的各分主题的产出，包括各议题召集人在大海报纸上的记录、电子版记录和现场成果呈现。每个议题的参与者都不确定，观点和内容也未知，为了将现场成果完整、准确地转成电子版记录，组委会确定了如图 6-41 所示的架构图。

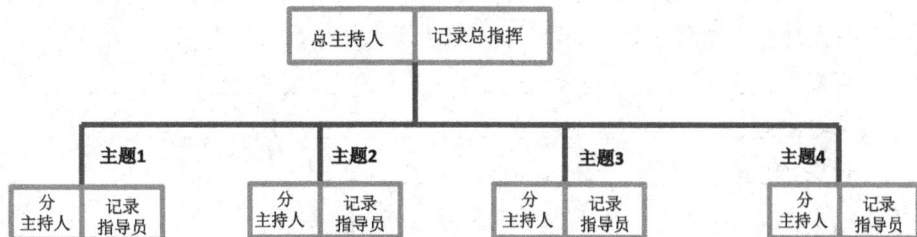

图 6-41　七周年庆典架构图

通过图 6-41 可以看出，每个分主题都有分主持人和记录指导员，其职责如表 6-30 所示。

表6-30　分主持人和记录指导员职责一览表

分主持人	记录指导员
• 号召参与者加入本主题 • 描述开放空间的规则 • 在A4纸上示范议题内容，大声读出来，并确保将本议题记录完整 • 号召参与者写出自己关注的议题，选择时间段，给议题编号 • 告知议题发起者的职责 • 宣布议题讨论开始 • 控制A、B段的时间，通知A段结束，开始B段讨论 • 协助记录指导员指导现场记录和拍照 • 结束前确认各议题记录整理完成 • 组织将本议题讨论成果呈现在大会场	• 与记录者明确记录原则，确认格式无误 • 指导专人拍照，确保影像资料完整、清晰 • 将照片集中到一台计算机中，照片编号按议题编号编制 • 整理各议题记录 • 在议题召集人分享时负责录音 • 汇总各主题记录，整理好后统一发给记录总指挥

2. 制定操作细则

为了确保分主持人和记录指导员顺利履行职责，记录总指挥涅磐老师还做了以下准备工作。

（1）确定六个分主题的编号，并做成海报张贴于两个会场。例如，按照议程顺序进行编号（1-6）。

（2）确定六个分主题的议题编号格式为"主题标号 - 议题序号"（在进行开放空间前，将每个议题编号后张贴在大海报纸上，以便记录）。

（3）确定电子版记录的格式。现场每台计算机中都要建立包含以下资料的 Word 文档。

议题：_____

议题编号：主题标号 - 议题序号（与议题海报一致，如"1-5"）

召集人：_____

参与者：_____

讨论 / 建议：_____

（4）现场操作。

① 准备满足各分主题编号和议题编号格式要求的海报。

② 请专人在计算机前指导记录，并确认格式无误。

③ 请专人给各议题拍照后，将照片集中到一台计算机中，在第一天晚上和第二天下午集中分享时，将照片依序展示。

④ 集中分享时进行录音，以便后续的记录补充。

3. 提前培训

在七周年庆典开始前，我提供了如图 6-42 所示的开放空间流程，并召集所有主持人和记录指导员在 QQ 群进行了关于开放空间流程和具体操作的培训。

图 6-42　七周年庆典开放空间流程

上述准备工作为开放空间的成功运用提供了保障。仅主题一"如何搭建实效性强的企业培训体系"就产出了23个议题。

（6）物资。物资包括影音设备、用于记录的计算机、大白纸、彩笔、即时贴等供参与者现场使用的物品、资料以及茶点、水果等。

此外，还要提前做一些辅助性的标识。开放空间的一个重要特征是参与者自主进行，贴在主会议室的各种标识可以为参与者提供不同层面的辅助信息。

① 主题、行为与期待。主题是指召开会议的理由。主题海报用于简要陈述活动的主题。

② 四大原则和一项法则。开放空间的过程受四大原则与一项法则的指引，因此有必要制作相应的标识并将其张贴于墙面。

③ 每日行程表和场地—时间矩阵表。开放空间没有预设的议程，所有人从一面空白的墙开始，因此有必要准备场地—时间矩阵表，让参与者知道做分组讨论时可用的场地或区域以及时间段信息。建议每个议题讨论1.5个小时。

④ 记录的制作。用计算机做记录时，可以做一张写有"新闻室"的大海报贴在计算机的旁边。

案例 6-21：开放空间所需物资一览表

在七周年庆典中，为了确保运用开放空间的四个分主题能够顺利进行，组委会提供了如表6-31所示的物资。

表6-31　七周年庆典物资一览表

类别	具体名称	规格	数量	使用说明
硬件	椅子	可移动	100张	进行开放空间时，将所有椅子围成2～3个同心圆
	笔记本电脑	—	6台	每个会场都要准备笔记本电脑和放笔记本电脑的桌子，以便参与者随时进行现场记录
	放笔记本电脑的桌子	长度至少1米	6张	

（续表）

类别	具体名称	规格	数量	使用说明
海报和标识	七周年庆典海报	1米×0.8米	2张	各会场张贴七周年庆典海报、主题海报以及四大原则、双脚法则、准备迎接惊喜海报，张贴各主题时段表（空白）、各主题编号表
	各会场主题海报		各1张	
	四大原则海报		各2张	
	双脚法则海报		各2张	
	准备迎接惊喜		各2张	
	时段表		各2张	
	各主题编号表		各2张	
	召集人议题格式示范	A4纸大小	—	开放空间引导者自备
其他物资	U盘	—	4个	供记录时使用
	白色A4纸	—	300张	供写分议题时使用
	不规则即时贴	45毫米×45毫米	—	供确定时段时使用（红、绿两色）
	马克笔	6毫米	150支	供讨论时在海报上写字
	美纹胶带	宽24毫米	10卷	供在墙面上贴海报纸时使用
	透明胶带	宽48毫米	5卷	供贴纸张时使用
	电源线	1.5米以上	6条	为计算机提供电源
	海报纸	1米×0.8米	300张	供记录各分主题讨论成果时使用
	录音笔或手机	—	6个	各主题记录者自备，供分享讨论成果时使用
	纸杯	—	200个	供学员在杯子上写自己的名字时使用
	饮品，如咖啡、茶等		按照100人准备	按照100人的茶歇所需的量的4倍准备；在整个活动期间，参加者均可以随时取用
	零食，如饼干等	—		
	各种水果			

2. 开场阶段

前期的准备工作完成，所有参与者在圆圈中坐定后，就要开场了。开场的目的是让参与者尽快进入积极的、鼓励共同创造的氛围。开场的原则是以少为多，即用尽量少的时间完成开场仪式，让参与者知道他们在做什么，并已经创造出议程，准备好开始会议。

开场分为五个步骤，分别是欢迎、集中团队的注意力、陈述主题、描述流程和创造社群公布栏，具体内容如表 6-32 所示。

表 6-32　开放空间开场的五个步骤

步骤	责任人	具体事项	使用说明
欢迎	引导者	致欢迎词	几句话即可
集中团队的注意力	引导者	通过走动集中参与者的注意力	围绕圆圈，邀请参与者随着自己的缓缓走动，认识所有参与者
陈述主题	引导者	解释会议的主题、目的和目标	包括本会场的分主题及预期的产出
描述流程	引导者	说明开放空间的流程，解释四大原则和一项法则	介绍开放空间，说明流程：议题召集人自荐，写标题和姓名（引导者示范），张贴
创造社群公布栏	引导者	张贴议题，声明自己的议题，选择讨论时段	提醒每个人都要对议题负责

（1）欢迎。致欢迎词时，首先由参与者都熟悉的人讲话，以此建立一个让所有人感到安全的空间。欢迎词应尽量简短。

（2）集中团队的注意力。利用肢体语言集中参与者的注意力。例如，从圈外到圈内，沿着圆圈内部边缘缓慢走动，引导大家进行眼神交流，环顾在场的人。在移动时要缓慢、从容，让参与者有足够的时间看到谁坐在圆圈中。

（3）陈述主题。陈述主题是指清楚地解释会议的目的，说明我们为什么会来到这里，预计要做些什么。为了激起参与者的热情并让他们愿意承担相应的责任，还要说明对活动产出的特定期望、产出的形式以及如何运用这些产出。在陈述主题的过程中，要用充满正能量的语言和语气，激发大家的好奇心和参与积极性。

（4）描述流程。先简要说明开放空间的历史，再列举成功的案例，让参与者相信开放空间这种方式，激发参与者的积极性。

（5）创造社群公布栏。第一步是引导者对议题格式进行示范和说明，并邀请参与者从圆圈中拿出一张纸，写下自己想要讨论的议题，签名后将其张贴在白板或公布栏上。一般来说，我在这一步会先说明议题明确的重要性（只有具体的问题，才能得到具体的答案），并请大家将写好的议题交给引导者协助确认。对于议题，需要进行两次确认。第一次是初步过滤，主要看议题召集人写的议题背景是否清晰，议题表达的问题是否具体、无歧义。若有必要，通过提问帮助对方了解需要做什么样的调整。第二次确认是在所有议题都被张贴在白板上之后，引导者逐一读出每个议题的内容和召集人，询问参与者是否有疑问。若有，请议题召集人进行解释，随后由引导者询问是否需要调整措辞或表达。经过这两次确认之后，所有参与者对每个议题都很清楚了，便能快速决定去参与哪个议题的讨论。

第二步是运用事先张贴在墙上的场地—时间矩阵表，完成时间和场地的分配。具体做法是：请大家在宣布完议题后，将写有议题的纸贴上墙之前，先经过矩阵表，从中选择合适的时间和地点，将对应的即时贴拿起来，贴到自己的纸上。这样做有两个好处，一是完成了时间和地点的分配，二是后面的议题召集人可以很清楚地看到哪些时间和地点已经被占用了。

我自己惯用的做法是让大家先张贴写有议题的纸，再统一去"抢"写有时间和地点的即时贴，这时场面看起来有点混乱，但这种混乱将极大地激发所有参与者的热情。

3.讨论阶段

讨论阶段是开放空间的核心部分，也是最终产出的主要来源。此时，各位议题召集人需要推销自己的议题，吸引更多的人来参与讨论，并随时将讨论成果记录在海报纸上。参与者可以选择做蜜蜂，去参与各个议题的讨论，也可以选择做蝴蝶，停留在各个议题召集人旁边，或者在场中观望。

（1）开放集市。在这个环节，引导者的主要任务是请参与者加入自己感兴趣的小组，然后参与讨论。我将开放空间的集市戏称为"菜场摆摊"，每位议题召集人相当于菜场中的一位摊主，提出自己的议题相当于在菜场中获得了一个摊位，而抢时段和地段相当于选择了摊位的具体位置和出摊时间。在这个环节开始之前，引导者可以跟摊主们分享一些获得更多关注和智慧的方法，具体内容如下。

① 以求助的心态，将每个人的观点当成礼物，表示感谢并马上写下来，如果有不理解的地方，就及时请教。

② 如果没有人来，就自己先思考，并将思考的结果写下来，以此吸引其他人。

③ 写完一条观点或建议后，马上写好下一个序号（每个人都有填空的欲望）。

④ 追问技巧，如 PDCA 和 5W1H，或者直接问"还有吗""如何操作"等。

⑤ 欣赏和鼓励，如"这个观点对我很有启发""我怎么没有想到""你是如何做到的"等。

（2）引导者的职责。在进行开放空间的过程中，引导者的主要职责是创造和维护安全的时间和空间。通过前两个阶段，引导者已经创造了安全的时间和空间；到了讨论阶段，引导者需要做的就是维护安全的时间与空间，即在进行开放空间过程中，提醒参与者注意时间，维护场地，做好后勤工作。

我自己在这个阶段会用摇铃的方式提醒上半场结束，下半场开始了。之后，我会做全场巡视，将可能会影响参与者走动的椅子放到合适的位置，清理地上的垃圾，或整理一下茶点桌前的物品。

要想创造并维持安全的时间和空间，必须注意以下四个要点。

① 出现。引导者本人必须到现场，且处于平静的状态。安全的空间是开放空间成功的前提，而安全的空间首先是平静的，创造这份平静必须从引导者开始。

② 当下。活在当下的人的状态让别人感觉很舒服，而且身上蕴藏着力量。引导者要通过自己活在当下的状态，让参与者感受到自己的稳重、真实和坚定，让他们觉得安全、平和、有力。

③ 真话。引导者要以身作则，言行一致。

④ 放下。引导者不对任何事情下定论。放手是有效引导开放空间的关键，控制只会适得其反。

案例 6-22：没有"摊主"的议题成果

在一场 TTT 培训中，针对培训互动的问题，我运用了开放空间。这场培训是系列培训中的一场，前面已经进行过"引导技术在培训中的运用"培训，学员已经体验过开放空间。因此，在这场培训中，我不仅引导学员作为参与者提出和思考议题，也引导他们思考如何才能更有效地运用开放空间。

在进行开放空间之前，学员们提到了不少他们担心的问题，例如，如果大家在进行开放空间的过程中都只做蝴蝶，没有蜜蜂，那么应该怎么办。我请大家带着这些问题先进行体验。在这个过程中发生了一个小插曲，一位议题召集人在议题纸上才写了两条内容，就因突发事件被领导临时叫走了。我没有做任何处理，站在一边静观其变。有趣的事情发生了，在没有"摊主"的议题前，常常有人走过来驻足观望，也有不少人自己拿起笔在议题下面写出自己的观点。在开放空间结束时，这个议题下面已经写了 15 条想法。

在案例 6-22 中的开放空间结束时，我提出了以下几个问题。

（1）在进行开放空间的过程中，谁一直做蝴蝶，没有参与任何议题？

回答：没有。

（2）大家都参与了几个议题？

回答：两三个。

（3）在参与的过程中心情如何？

回答：轻松、开心。

（4）对于"摊主"（议题召集人）离开这种情况，你怎么看？

回答：摊主虽然离开了，但他提供的议题还是很有价值的，因此大家才会自发地讨论和记录。

（5）以后自己运用开放空间时会注意些什么？

回答：要尽量对主题达成共识；议题要尽量聚焦；"摊主"的态度要谦和；

对于任何观点和建议，都要探讨，不要批判，感谢每位参与者的贡献。

通过案例 6-22 可以看出，提出参与者关心的好问题是成功运用开放空间的前提。

4. 结束阶段

开放空间的结束没有固定的方式，通常的做法是让所有参与者坐回圆圈内，大家分享在整个过程中的感受和想法。具体操作方法是：将话筒放在圆心，想发言的人自己去拿话筒，若因场地关系，所有人围成了 2~3 个同心圆，外围的参与者不方便进入圆心，则由专人负责递送话筒。在这个阶段，不需要规定按照某个顺序轮流发言，因为不是所有的人都需要在这个阶段发言，也不是所有的人都刚好在轮到自己时有话可说。就像开放空间的整个过程一样，每个人自己掌握着主动权，自行决定自己参与哪个议题的讨论，选择发言还是不发言。

如果在培训中运用开放空间，那么在结束阶段需要增加分享环节，也就是将写有议题的纸张贴在墙面上（若墙面不够用，可以将其摆放在地面上），供所有参与者浏览，必要时可进行投票。如果投票的依据是大家共同感兴趣的议题，那么可以根据可用时间来选择得票数排在前几位的议题，重点分享其讨论成果，并进行答疑和讨论，借此深化大家对培训内容的理解。

案例 6-23：开放空间在 TTT 培训中的运用

我曾给某家居企业做过一场 TTT 培训，课程大纲的第三个模块为"生动授课"。参加本场培训的学员的基础和经验差异非常大，既有从来没有上过台的，也有授课经验丰富的。若采用传统的授课方式，则很难让所有学员取得最大的收获。于是，我运用了开放空间来完成这个模块。为了达成培训目标，我做了充分的准备工作。

一、准备工作

1. 确定开放空间问题

我通过两次需求调查确定课程的重点模块。第一次，根据公司的培训目

标和学员的基础资料（人员构成、授课经验、授课领域和主题以及问题点等）等信息，确定课程大纲中各个模块的内容；第二次，通过课前调查问卷反馈，汇总学员共同的困惑和问题点，将其作为课程的重点模块和内容。课程模块三"生动授课"就是本次课程的重点模块之一。

针对课前问卷中的共性问题，我将"生动授课"模块中的内容细化为以下 10 个开放空间问题。

（1）如何在开场五分钟内吸引学员？

（2）如何做才能让表达更清晰？

（3）如何做才能使表达更有条理？

（4）如何有效运用案例？

（5）如何讲一个吸引人的故事？

（6）如何将枯燥的内容生动化？

（7）互动方法有哪些？

（8）在培训过程中如何应对不同的学员？

（9）回答问题时如何应对不同的学员？

（10）如何恰当地运用三种授课方式？

2. 细化问题

上面这 10 个开放空间问题看起来都有点大，为了确保学员在讨论时聚焦于培训目标和内容，我对它们进行了细化，提供了更细致的讨论框架。表 6-33 列出了四个细化之后的问题。

表 6-33　四个细化之后的开放空间问题

问题	细化后的问题	问题	细化后的问题
（2）如何做才能让表达更清晰	（1）评估表达是否清晰的标准 （2）清晰表达的要素 （3）案例分享	（5）如何讲一个吸引人的故事	（1）什么样的故事吸引人 （2）好故事的要素 （3）运用：如何讲一个吸引人的故事
（3）如何做才能使表达更有条理	（1）表达有条理跟哪些因素有关？如何有条理地描述事情？举例说明 （2）如何有条理地表达观点？举例说明	（6）如何将枯燥的内容生动化	（1）为什么要生动化 （2）哪些方法可以帮助我们将枯燥的内容生动化 （3）运用：课程类型和生动化方法

3. 准备工作

在准备阶段，我将 10 个开放空间问题和相应的讨论框架用彩色 A4 纸进行了双面打印。每张彩色 A4 纸上打印一个问题（一面打印问题标题，一面打印细化后的问题），如图 6-43 所示。

正面：	反面：
（6）如何将枯燥的内容生动化	（1）为什么要生动化 （2）哪些方法可以帮助我们将枯燥的内容生动化 （3）运用：课程类型和生动化方法

图 6-43　开放空间问题打印模板

在开放空间开始之前，我将写有这个 10 个问题的纸正面贴在白板上，并在旁边贴上分别代表上半场（A）和下半场（B）的写有 "A1" "A2" "A3" "A4" "A5" 和 "B1" "B2" "B3" "B4" "B5" 的即时贴。

二、开放空间

当课程进入"生动授课"模块时，就进入了开放空间的流程，具体操作如下。

1. 抢问题

请各组派代表来抢贴在白板上的问题。一共有 12 个小组，分为上、下半场，上半场 6 个小组各一个问题，下半场会有 2 个小组抢不到问题，因此，抢问题这个环节的竞争非常激烈。

2. 小组讨论

每个小组对自己抢到的问题进行讨论，并将结果记录在大海报纸上。

3. 逛画廊和投票

讨论结束后，各组将讨论成果海报放在中间的大会议桌上。所有学员先以顺时针的方向绕会议桌逛画廊，从中找到其他小组成果中值得自己学习的方面。然后，给每位学员发两张贴纸，请他们将两张贴纸分别贴在自己认为表达清晰和实用性强的成果海报上。

4. 点评

投票结束后，先给得票数居于前三位的小组加星（两天的课程全程采用小组竞赛的方式进行，培训结束时得到星号最多的小组获胜，胜出者有奖品）。我注意到两次都是猛虎队的票数最低，便请猛虎队来分析原因，然后开放名额，请大家分享为什么自己没投票给猛虎队。这个环节非常有意思，三位学员的分享与猛虎队的自评差异非常大。例如，猛虎队认为这个结果是颜色用得过多所致，而大家一致认为案例与问题联系不紧密；猛虎队认为老鼠这个形象是亮点，大家则觉得这个动物形象让人摸不着头脑。

5. 总结

通过点评，大家对于清晰、生动的表达有了更直观的体验。最后，我做了总评。以"如何生动表达"为例，主要有以下几个方面的内容。

（1）风格的一致性。"如何生动表达"成果海报的中心是一个似狗又似老鼠的动物，这与猛虎队的文化不符。培训内容和形式要与公司的企业文化相匹配，同样的道理，表达的风格也要和团队的文化保持一致。

（2）忌炒冷饭。猛虎队的生动化方法只有游戏、案例分析和小组讨论，而这是开放空间上半场时某个队的问题"如何有效运用三种授课方式"的内容，因此，当大家看到这些内容时，便觉得没有什么新意。即使要表达同样的意思，也要换一种表达方式，以免让人觉得这是在炒冷饭。

（3）开拓思路。除了授课方式，生动化方法还有表达技巧和辅助方式。在培训的不同阶段和环节，我们都要开拓自己的思路。

案例 6-23 中所运用的并不是原汁原味的开放空间，我改变了一些规则和做法。例如，为了确保学员的讨论紧紧围绕着培训目标和重点内容，我将"由参与者自主提出议题"改为"将通过课前调研得到的重点问题细化为开放空间问题"；将"参与者自由走动，自主选择参与讨论的议题"改为"参与者在固定小组进行讨论"（为了配合为期两天的小组竞赛）等。不管做什么改变，我始终遵循一个原则：所有的形式都要为了达成培训目标而服务。

三、世界咖啡与开放空间的对比

表 6-34 对世界咖啡与开放空间进行了对比。

表 6-34　世界咖啡与开放空间的对比

项目	世界咖啡	开放空间
英文名称	The World Cafe	Open Space Technology
发明者	朱安妮塔·布朗和戴维·伊萨克	哈里森·欧文
发明时间	1995 年	约 1983 年
类别	组织学习工具	组织发展介入技术
形式	群体讨论	群体讨论
强调	多元参与	多元参与
引导师的角色	较弱	适中
易学程度（10 分制）	9	6
使用前提	人们本身已具备足够的智慧和创造力，可以面对眼前最困难的挑战	一群需要寻求答案的人，当中没有人自认知道答案
常见用途	建立共识，解决问题	建立共识，解决问题
同时参与人数	可在 1000 个人以上	可在 1000 个人以上
讨论规则	提出想法，聆听和理解，连接各种想法，共同聆听模式、观点及更深层的问题	（1）四大原则：来的人都是对的人，任何当下发生的事情都是当下所能发生的，该开始时就开始，该结束时就结束 （2）一项法则：双脚法则
讨论主题的产出	各组讨论并通过投票选出	引导师邀请学员自由提出
议题讨论方式	网络式：桌长固定，其他人轮转	自由选择，可随时更换、重组
会议产出	对话与交流、集体心得、桌布（海报纸）记录	行动方案规划书、蓝图
布置环境	需要	不需要
设计空间	按人数准备桌椅	椅子
会前发邀请函	需要	需要
海报纸、笔	需要	需要
点心	需要	需要
复印机	不需要	需要
投影仪与屏幕	需要	需要

第五节　团队共创

一、关于团队共创

1. 什么是团队共创

团队共创是指针对一个明确的焦点问题，通过个人头脑风暴进行小组分享并综合意见，以团体讨论的方式达成共识的过程。同时，团队共创也是一整套有架构的体验活动。

2. 团队共创的运用时机

当希望达成以下目标时，可以运用团队共创。

（1）激发团队创意与新能量，即通过团队成员的参与和贡献，获得有创意的方案，同时为团队注入新的能量。

（2）建立一种共享的责任感，即通过参与讨论过程，深入思考和交流，强化参与者的责任感。

（3）发展整合性的思考方式。在开放、彼此尊重的氛围中，参与者从不同的角度发表不同的见解和观点，在开阔视野的同时，也发展了整合性的思考方式。

（4）达成一个实际的团队共识。例如，在推动一个项目之前，由项目的相关方针对"项目如何实施"这个主题进行团队共创。

3. 团队共创的种类

面对四种没有标准答案的问题——愿景、想法、障碍和行动方案，我们可以进行团队共创。因此，在前期进行流程设计时，要遵循以终为始的原则。如果我们进行团队共创的目标是找到影响达成目标的各种障碍，就要在进行团队共创之前做出说明，让所有参与者知道本次团队共创的目标。在进行头脑风暴的环节，也要说明写卡片的要求：每张卡片上的内容应该是具体的场景，而非主观判断和猜测。若目标是找到某个问题的解决方案，则应要求卡片上的内容是可以马上执行的具体措施，而非大道理。

二、团队共创运用实操

团队共创分为图 6-44 所示的六个阶段，即准备阶段、情境阶段、头脑风暴阶段、分组阶段、命名阶段和决定阶段。

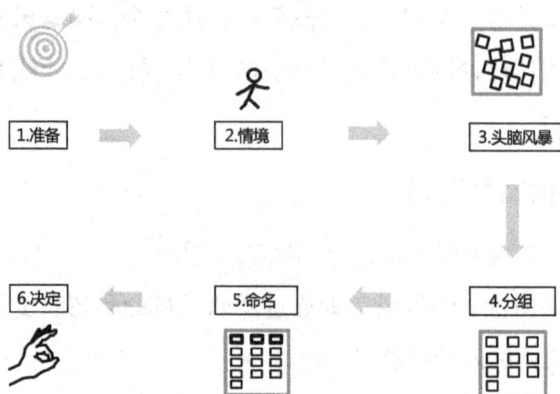

图 6-44 团队共创的六个阶段

1. 准备

准备阶段的目标是明确团队共创的意图，这是团队共创成败的关键。准备阶段的内容主要包括三个方面，如图 6-45 所示。

阶段	流程	内容	技巧	目的
准备				明确团队共创的意图
	团队共创的问题	团队共创内容和产出能回答的一个问题	了解为什么要做这个团队共创，团队需要了解或决定什么	明确为什么要做
	理性目标	团队共创的实际产出	讨论团队共创会有什么产出	明确团队共创的成果是什么
	感性目标	团队共创的氛围和基调	过程中，希望团队有什么体验（如兴奋、冷静、庆祝等）；或你希望在团队里发生什么事情（如产生新的观点、发现等）	确定达成目标的过程中的期望或希望团队有什么体验

图 6-45 团队共创的第一阶段：准备

（1）团队共创的问题。团队共创是针对某个主题，通过集体综合思考的过程来达成共识的途径。与做培训一样，我们首先要明确为什么要做这个团队共创，希望通过团队共创达成什么目标，以及团队共创的主题是什么。团队共创的主题就是需求方要解决的问题。例如，一个部门提出要做一个关于团队凝聚力的培训，看到这个主题，我们可能会无从下手，此时就要与需求方确认问题并细化主题，具体问题如下。

① 在凝聚力方面，你觉得目前团队有哪些地方需要改善？

② 如果不做这个培训，那么团队将会处于什么状态？

③ 如果培训非常成功，那么你希望看到什么？

④ 你怎么确认这次团队共创达成了目标（可根据上一个问题来选择是否继续问）？

通过上面的问题，我们可以了解团队的现状、问题、目标和评估指标，将这几个问题的答案整合起来，就能得到一个符合 SMART 原则的主题。这样做一方面可以通过了解团队共创的背景明确目标，对产出有一个清晰的认识；另一方面可以根据主题确定理性目标，并通过评估参与者的现状和需求者的期待确定感性目标。之后的五个阶段，均需围绕理性目标和感性目标进行，以确保得到有效的产出。

（2）理性目标。理性目标是对团队共创问题的细化，例如，完成一份行动清单，确定一份计划初稿，找到某个问题的解决方案等。例如，针对"如何确保 2017 年的年度培训计划符合企业和部门的需求"这一问题，我们的关注点是计划中的课程与培训需求的匹配程度，而其中的关键在于需求的挖掘，因此理性目标就是找到挖掘培训需求的有效途径和方法。

（3）感性目标。感性目标是团队共创的氛围和基调，具体包括以下两个方面。

① 团队需要体验的情绪和感受，如兴奋、冷静、庆祝和信心等。

② 引导师希望团队产生的东西，如更深入的观点、独特的创意和新的发现等。

要想确定感性目标，就要从参与者的基本信息切入，评估他们面对团队共创问题所处的情绪状态。例如，同样是"如何确保 2017 年的年度培训计划符合企业和部门的需求"这一问题，如果参与者是经验丰富的 HR 团队，且最近两年对年度培训的重视不够，那么感性目标可以确定为"让团队认识到培训需求的重要性"；如果参与者是以新手为主的 HR 团队，而且他们觉得困难很大，那么感性目标可以确定为"帮助团队树立信心"。

2. 情境

情境阶段的目标是设定全体参与的基调，明确产出，介绍团队共创将会如何进行。在这个阶段，引导师要让参与者明确目标，知道最终的成果，从而引导所有参与者向着同一个目标前进。情境阶段可分为如图 6-46 所示的四个环节。

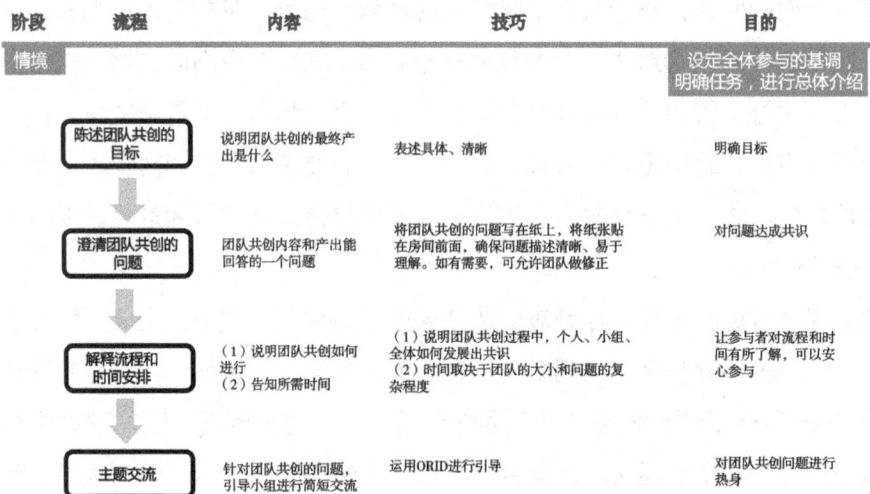

阶段	流程	内容	技巧	目的
情境				设定全体参与的基调，明确任务，进行总体介绍
	陈述团队共创的目标	说明团队共创的最终产出是什么	表述具体、清晰	明确目标
	澄清团队共创的问题	团队共创内容和产出能回答的一个问题	将团队共创的问题写在纸上，将纸张贴在房间前面，确保问题描述清楚、易于理解。如有需要，可允许团队做修正	对问题达成共识
	解释流程和时间安排	（1）说明团队共创如何进行（2）告知所需时间	（1）说明团队共创过程中，个人、小组、全体如何发展出共识（2）时间取决于团队的大小和问题的复杂程度	让参与者对流程和时间有所了解，可以安心参与
	主题交流	针对团队共创的问题，引导小组进行简短交流	运用ORID进行引导	对团队共创问题进行热身

图 6-46　团队共创的第二阶段：情境

如果说准备阶段关注的是引导者的准备，那么情境阶段关注的就是参与者的准备，四个环节的具体内容如下。

（1）陈述团队共创的目标。明确、清晰的团队共创目标对参与者来说是一种激励，它能让参加者知道最终需要获得的结果，将其作为后续步骤的指引。

（2）澄清团队共创的问题。没有错误的答案，只有错误的问题。很多时候，我们给出了一个模糊的问题，却希望得到一个具体的结果。同时，我们往往会认为参与者应该清楚问题所在，于是将问题一带而过，结果发现大家对问题本身的理解不同，导致在头脑风暴和后续的步骤中产生了多个焦点，影响了最终的产出。正确的做法是，将写有团队共创问题的纸贴在房间的前面，询问参与者是否理解该问题。若有需要，则应安排大家讨论，对问题做一些修正。

（3）解释流程和时间安排。有人为了保持神秘感，不提前告知培训的流程和时间安排，这样做可能会让参与者变得焦虑，甚至烦躁。这是人们面对未知的恐惧时产生的负面情绪，根源是缺乏安全感。解释流程时，可以将所有的步骤分为几个模块来简单说明，如个人头脑风暴、小组分享等。

（4）主题交流。在情境阶段的最后环节，我们可以针对团队共创问题进行简短的焦点讨论，作为热身。此时，运用 ORID，就可以轻松达成目标。

3. 头脑风暴

头脑风暴的目标是快速列出想法和问题，让所有人都贡献想法，激发最好的初步思考。个人头脑风暴能让每个人都发出声音，贡献自己的智慧；通过从个人到小组的想法选择，大家能够充分交流不同观点，彼此碰撞和启发，激发集体智慧。

头脑风暴阶段包括个人头脑风暴、小组选择想法和提交第一轮卡片三个环节。这三个环节的目的和要求均有所不同，具体如图 6-47 所示。

（1）个人头脑风暴。个人头脑风暴是团队共创的基础，也是促进人人参与和贡献的方式之一。在个人头脑风暴期间，所有参与者应安静思考，快速列出自己的观点或想法。在个人头脑风暴结束后，从中选出规定数量的重要想法。

（2）小组选择想法。在个人头脑风暴结束后，参与者以 2 ～ 5 个人组成若干小组，分组讨论这些想法，然后筛选出规定数量的想法，并将这些想法写在卡片上。引导师需要事先说明卡片的书写要求，如"字大体正""6 ～ 14个字""一张卡上一个想法"等，各小组必须按照要求来写卡片。每个小组要

阶段	流程	内容	技巧	目的
头脑风暴				快速列出想法和问题让所有人都参与贡献想法激发团队最好的初步思考
	个人头脑风暴	每个人分别列出团队共创问题的答案	（1）要求保持安静 （2）要求标记最重要的想法	确保每个人都贡献想法，并快速列出所想
	小组选择想法	（1）小组讨论想法 （2）选择并写卡片	（1）提供卡片范例 （2）请每个小组将按要求数量选择出来的想法写在卡片上 （3）卡片数量以35~45张为宜	小组对想法达成共识
	提交第一轮卡片	（1）每组提交第一轮卡片 （2）张贴并读出卡片	（1）要求每个小组选择最清晰的卡片 （2）第一轮收集12~15张卡片 （3）将收回来的卡片随意张贴在墙上，读出每张卡片的内容	收集卡片并集中团队成员的注意力

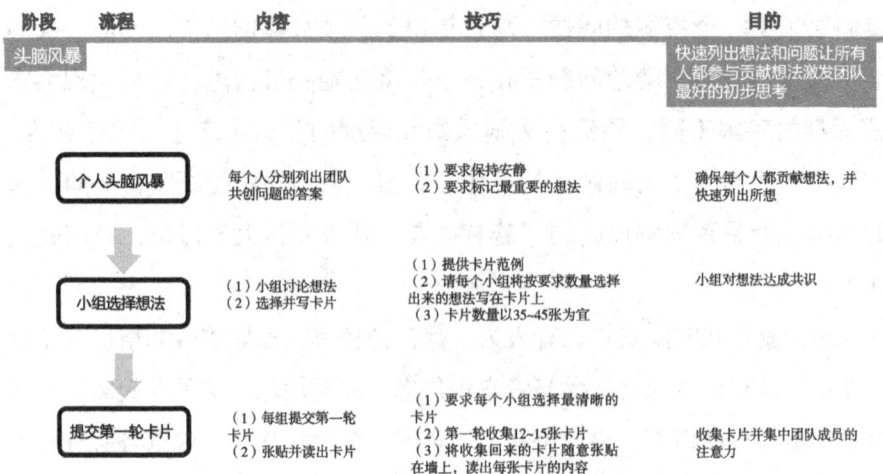

图 6-47　团队共创的第三阶段：头脑风暴

写的卡片数量取决于参与者的人数和分组情况。最理想的情况是最后收集到 35 ~ 45 张卡片。

（3）提交第一轮卡片。请每个小组选择最想分享的卡片，第一轮需要收集 12 ~ 15 张卡片。每个小组在第一轮提交的卡片数量可根据参与者的人数和分组情况来确定。收集完卡片后，引导师将卡片随意张贴在墙上并逐一读出其内容。此时，引导师要以客观、包容的态度说明没有所谓"错误的答案"，并询问参与者是否有不清楚的地方。若有，则请卡片的书写人进行解释，避免其他人猜测或臆断。

4. 分组

分组的目的是利用团队的直觉发现共识，形成新的关系，揭示哪里需要新的数据。分组的依据是同一组想法的共同点。在这个过程中，大家要进行交流和讨论，对卡片上的描述形成更深的理解，帮助参与者寻找到新的关系。分组阶段包括四个环节，分别是卡片配对、收集第二轮卡片、给每个群组做标签和收集其余卡片，如图 6-48 所示。

阶段	流程	内容	技巧	目的
分组				利用团队的直觉发现共识，形成新的关系，揭示哪里需要新的数据
	卡片配对	凭直觉组成4~6对卡片	不仅是有相同字词的卡片，更是新的关系。可以问"为什么将这些卡片联接在一起"（相似的意图、行动或成就等）	让参与者明白为什么要做团队共创
	收集第二轮卡片	再收集一轮卡片	要求：跟墙上内容不同的卡片	建立尽量全面的群组，降低下一轮分组的难度
	给每个群组做标签	对于增加卡片的群组，使用标签做标记	（1）标签是简单的符号，而非命名 （2）要获得标签，先思考这个卡片组与什么相关 （3）不需要在标签上达成共识，可事先准备	帮助学员整理想法
	收集其余卡片	（1）各组标注余下的卡片 （2）张贴余下的卡片并分组 （3）完成张贴后，审视是否需要补充	（1）各组自行标注标签 （2）未标注卡片一起处理 （3）请所有人检查个人头脑风暴清单，看看是否需要补充想法	拓展每个人的视角，让团队成员看到不同想法之间的关联

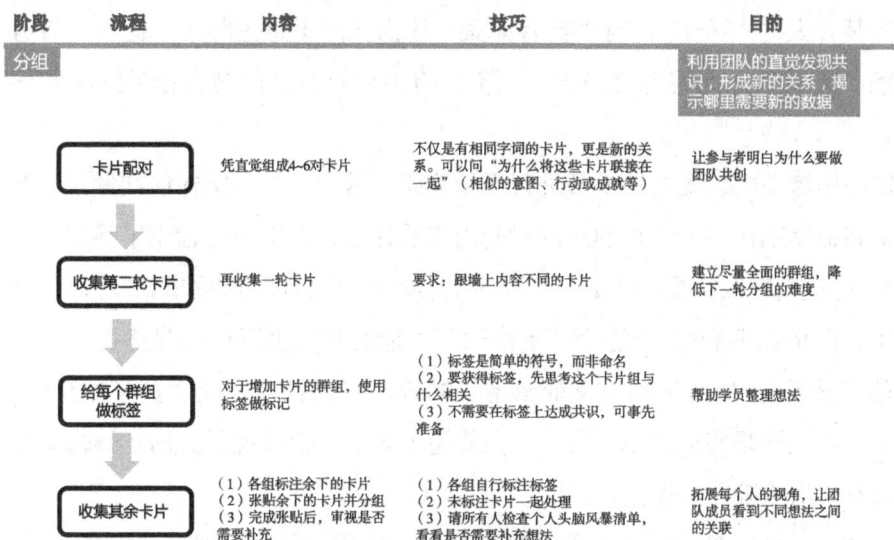

图 6-48　团队共创的第四阶段：分组

在分组阶段如何根据直觉分组？这是困扰很多人的问题。面对众多散乱的卡片，快速分组的确是一件令人头疼的事情。我自己的经验是通过配对的方式来解决，即通过两两配对的方式降低分组的难度。同时，将某两张卡片放在同一组可以帮助我们明确其背后的意图、行动或成就是否一致。引导师可以问"这是关于什么的""这个群组与前面的有什么不同"，同时利用标签帮助各个小组将卡片快速分组。在分组结束后，引导师不要急于进行下一步，而要停下来，询问大家是否还有要补充的想法。

5. 命名

命名的目的是引导深入的对话以澄清团队共识，扩展个人的视角，催生对最终产出的拥有感。其中，拥有感非常重要。命名是在前面四个阶段的基础上做收拢，确定共识并让全体拥有共识。这时的决定是所有参与者共同的"孩子"。只有让所有参与者承认并喜爱自己的"孩子"，他们后续才会真正愿意去养"孩子"，也就是付诸行动。

令人遗憾的是，不少企业的决策让执行者缺乏拥有感，最终导致执行出现偏差，或者根本无法落实。其根源就在于看似权威或高效的决定，其实只是某个人或某些人的"孩子"，与执行者无关，他们自然不会去养了。让参与者有拥有感的前提是让他们觉得舒服，而不是将引导者自己的想法推销或强加给大家。

在一场培训中，我要求学员进行引导演练。其中一个小组在前期做了大量的准备和梳理工作，为了在预定的时间内完成任务，在引导时运用了强硬的培训技巧快速解决了问题。但在演练后的反馈阶段，其他学员提出："看似问题解决了，但感觉不舒服。"这个"不舒服"可能会让大家不认同最终的产出是自己的"孩子"，从而影响决策的落地。同理，培训目标是让学员学以致用，如果学员不认同最终的产出，那么他们能用上多少就很难说了，而这恰恰是培训是否有效的关键评估指标。

因此，引导工具的每个步骤都是一环扣一环的，每一步都有一定的意图，可能是营造参与的氛围，可能是创造呈现集体智慧的舞台，可能是为了达成最终目标做铺垫，可能是催生参与者对共识的拥有感……这与我原创的"问题树模型"一样，每个步骤都有不同的目标。

不少读者都觉得在需求诊断阶段先抽查再普查太麻烦，我的回复是："抽样调查会受样本的数量、典型性和调查者自身的访谈技巧等因素的影响，这会导致结果与事实出现偏差。通过问卷普查，一方面可以纠偏，另一方面也可以聚焦于学员的共性需求，确定课程的重点模块和内容，为后面的课程开发提供依据。"

如果不做细致的调研，不了解清楚学员的需求，那么开发课程时就没有依据，授课时连基本的互动都缺乏针对性，就更谈不上有效的引导了。引导式课程因在课前完成了大量的"修渠"工作，所以在进行过程中能给学员更大的自由度和主动性，可控性也更强。要想让课程设计更精准、更有针对性，就要对作为课程设计依据的课前需求诊断和调研提出更高的要求。

团队共创的命名阶段包括图 6-49 所示的环节和内容。

阶段	流程	内容	技巧	目的
命名				引导深入的对话以澄清团队共识，扩展个人的视角，催生对最终产出的拥有感
	从卡片最多的组开始讨论	从卡片最多的群组开始讨论如何命名	(1) 通过提问引导命名，如"哪个词能代表卡片所有观点" (2) 给出形式上的建议，如采用"动词+名称"的形式	参与者对最初头脑风暴的想法达成共识
	群组命名	给群组3~5个字的可以回答团队共创问题的名字或标题	(1) 通过提问帮助参与者思考命名 (2) 用边框或颜色区分命名和卡片	扩展个人视角，帮助团队进一步整合观点
	重复上面的过程	(1) 每组提交一轮卡片 (2) 张贴并读出卡片	(1) 通过经常回顾团队共创问题，保证每个群组的名字都回答了问题 (2) 取得尽可能多的参与者认同后，再继续给下一个群组命名	让参与者通过参与产生对最终产出的拥有感

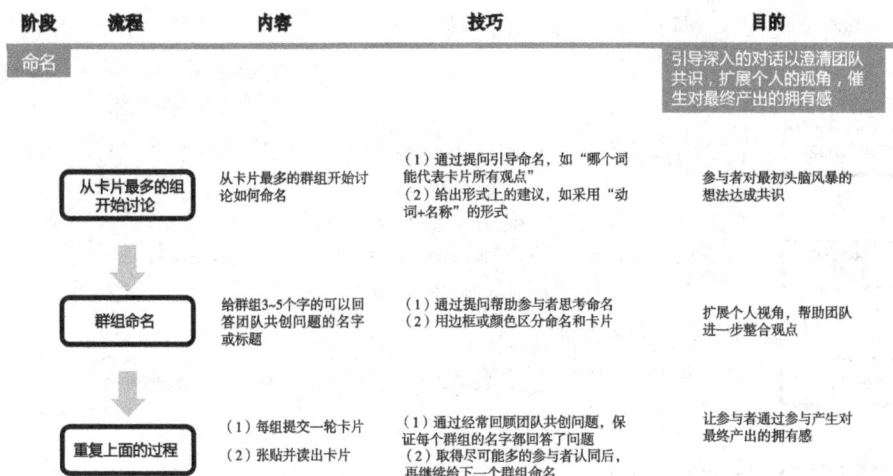

图 6-49　团队共创的第五阶段：命名

在命名阶段，引导师可以通过提问帮助参与者深入思考，也可以通过提问带着大家回到目标，重新审视现有的命名。

（1）提问。提问可以引发参与者的思考，具体问题包括"我们可以用哪4～6个字来描述这组的所有卡片"和"这些卡片能反映出我们什么样的观点"等。

（2）回到目标。这个命名能否概括这组的观点并回应团队共创的问题？很多时候，我们纠结于命名本身，而忘记了命名的目的。提醒大家回到我们想要解决的问题，更有助于得出针对目标的共识。在命名时，先从卡片最多的一组开始，在完成一组后，就可以将相应的标签拿掉。

6. 决定

决定的目的是确定并拥有共识，识别共识的层面和含义，明确下一个步骤。该阶段可以运用 ORID 来进行，具体流程如图 6-50 所示。

阶段	流程	内容	技巧	目的
决定				确定并拥有共识，识别共识的层面和含义，明确下一步
	阅读所有命名	（1）说出团队共创问题 （2）读出每个群组的命名	O：让我念一下这些群组的命名	集中注意力，确定并拥有共识
	讨论共识的重要性	引导参与者思考共识内容的重要性	R：哪些地方最让人兴奋，哪些地方让人感到不安 I：我们获得了哪些具有突破性的新想法或新观点 这些对我们组织为什么如此重要，我们从中学到了什么	识别共识的层面和含义
	展示共识	用白纸板或图表展示共识	为卡片中的观点创建一个图像，反映群组之间的关联	通过视觉化让人加深理解
	讨论下一步（共识的含义）	讨论确定下一步如何做，具体步骤是什么	D：下面的步骤是什么，谁来负责	让参与者知道下一步是什么

图 6-50　团队共创的第六阶段：决定

在命名阶段会产生几组命名，我们可以充分利用这些命名。我们可从以下三个方面着手。

（1）事实陈述。

① 撰写句子。例如，做使命陈述时，可以请每个小组根据命名为每一列写一个句子，然后将这些句子组成最终的使命陈述。

② 撰写段落。根据每组的信息提供段落大意，每一列请一个小组来写一段话。

③ 当作目录。若有适合的导言和结论，则各列也可以将其作为报告的目录。每列的卡片可以用来引出一章的内容。顺便一提，这也是我自己写书时的思路。对课程开发而言，每列的命名可能就是课程大纲。

（2）准备行动。

① 优先排序各列。在决定阶段，可运用 ORID 与参与者讨论各列的先后顺序，并进行排序。

② 设立特别小组或委员会。通常我们会针对团队共创问题设立项目委员会，这样做的结果是，可能最终的行动只与这几位成员有关，其他参与者会觉得与自己没有什么关系。如果针对每组命名设立小的委员会或特别小组，就可

以邀请更多的参与者加入，获得更多人的支持。

③ 针对某些列开展团队共创或制订行动计划。如果团队共创的主题比较大，最终得到的每列范畴也比较广，就可以根据实际情况和需要，针对各列继续进行团队共创，或者制订行动计划。

（3）展示观点的图像。

① 创建清晰的白板纸说明。引导师应发动所有参与者讨论各列之间的关系，然后将这些关系呈现在白板纸上。

② 用图表来说明共识。引导师应利用头脑风暴得到一列图形或图像（如几何图形、物体等），并将每组命名绘制在一个图形上。例如，针对"做些什么努力能让自己成为沟通高手"这个主题进行团队共创后，每个小组可以在讨论后，将讨论结果绘制成一张图来说明共识。图 6-51 就是其中一个小组的视觉化成果。

图 6-51 "让自己成为沟通高手"团队共创视觉化成果

案例 6-24：针对"培训现场的问题处理"进行团队共创

在一场 TTT 培训的"授课技巧"模块，针对学员的共同难点"培训现场的问题处理"（通过培训前的需求诊断和调研信息汇总得到），我引导学员做了团队共创，具体步骤如下。

一、情境说明

1. 陈述团队共创目标

我向学员展示了通过培训需求调研得到的信息，指出学员的共性问题是"培训现场的问题处理"，并说明此次团队共创的目标是通过群策群力来解决这些问题。

2. 澄清团队共创问题

我组织学员进行小组讨论，并从"培训现场问题处理"的六个情境表述中选出三个急需解决的问题。最终得到的是以下三个问题。

（1）如何提高学员回答问题的参与度？

（2）如何提高学员提问的积极性？

（3）跑题时如何控场？

3. 说明团队共创流程

结合团队共创的流程图，我向学员说明了团队共创的流程和时间安排。

4. 选择团队共创主题

小组讨论结束后，我请各小组选择三个问题中的一个，将其作为团队共创的主题。

二、头脑风暴

1. 个人头脑风暴

每个人在A4纸上列出团队共创问题的答案，越多越好，每个人至少5条。

2. 小组选择想法

两人一组，互相交流各自列出的答案，并挑选10个希望分享的答案；然后，按照我提供的示范，将每个答案写在一张即时贴上，具体要求如下：字大体正，字数为6～10个字，一张即时贴上只能写一个答案。

3. 提交第一轮即时贴

因有三个主题同时进行，我给每个小组提供了一张白板，请三个小组根据我的提示各自进行团队共创。我先请每个小组选择自己认为最清晰的两张即时贴，并将其随意张贴在本组的白板上。

三、分组

1. 卡片配对

各个小组自己动手，先凭直觉将白板上的即时贴配对。若觉得其他学员的配对不合适，则可以继续交流，也可以移动即时贴，直到没有人移动为止。

2. 提交第二轮即时贴

每个小组选择本组中与白板上内容不同的即时贴，并将其张贴在本组的白板上。

3. 群组标签

对于增加了即时贴的群组，每列使用简单的符号（如"○""◊""□"等）标签进行标记。

4. 收集其余的即时贴

每个小组在剩下的每张即时贴上标注相应的群组符号，并将其张贴在白板上的相应列中。完成后，再询问是否还有其他补充。

四、命名

从即时贴最多的群组开始讨论，我通过询问"用哪个词能够代表该列中的所有观点"来引导学员进行思考，并请学员用能够回答本组团队共创问题的 3 ~ 5 个字来命名该群组。图 6-52、图 6-53 和图 6-54 为三个小组针对"培训现场问题处理"的三个问题进行团队共创的成果。其中，每列第一行加粗框里面的内容为群组名称，如图 6-52 中的"奖罚""带动"和"参与形式"。

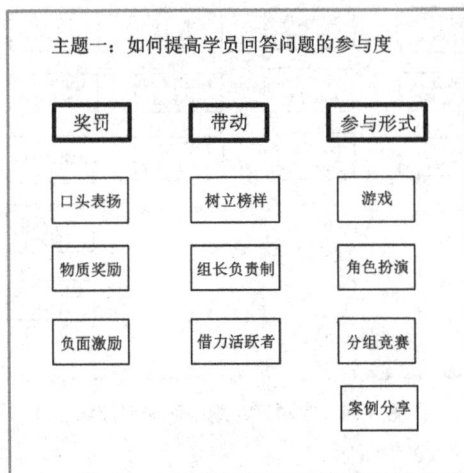

主题一：如何提高学员回答问题的参与度

奖罚	带动	参与形式
口头表扬	树立榜样	游戏
物质奖励	组长负责制	角色扮演
负面激励	借力活跃者	分组竞赛
		案例分享

图 6-52　主题一：如何提高学员回答问题的参与度

主题二：如何提升学员提问的积极性

激励	提问方式	课程设计
口头表扬	抽签	课程内容的针对性
掌声鼓励	点名	课程结构的合理性
互动礼品	小组讨论	提问之前的铺垫
团队或个人积分	培训师提问引导	提问素材的提供
小组竞赛	小组互相提问	提问益处的说明
获得优先权	小组代表提问	提问的示范

图 6-53　主题二：如何提高学员提问的积极性

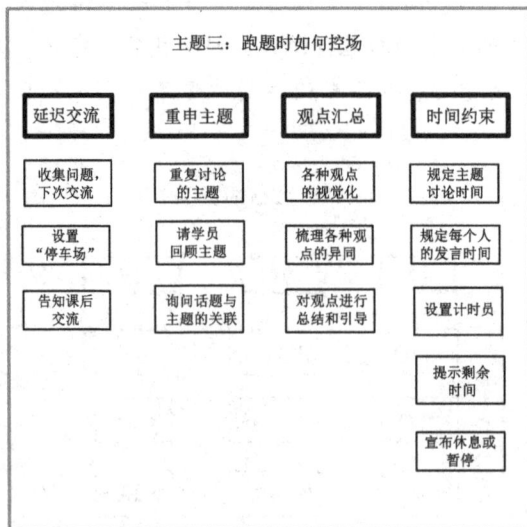

主题三：跑题时如何控场

延迟交流	重申主题	观点汇总	时间约束
收集问题，下次交流	重复讨论的主题	各种观点的视觉化	规定主题讨论时间
设置"停车场"	请学员回顾主题	梳理各种观点的异同	规定每个人的发言时间
告知课后交流	询问话题与主题的关联	对观点进行总结和引导	设置计时员
			提示剩余时间
			宣布休息或暂停

图 6-54　主题三：跑题时如何控场

五、决定

1. 展示成果

完成各组的命名后，所有人以逛画廊的方式，依次浏览各组的团队共创成果，并进行交流和补充。

2. 整理成果

展示成果后，大家将各组的成果整理为一张思维导图，如图 6-55、图 6-56 和图 6-57 所示。

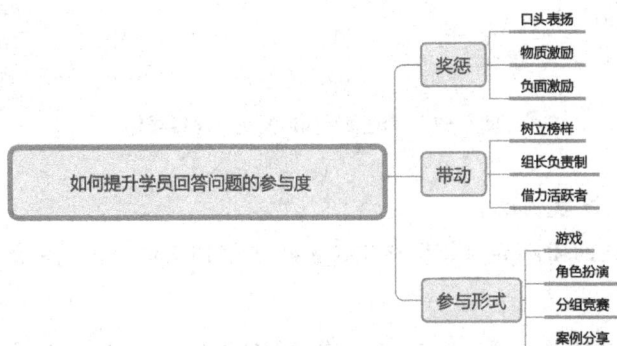

图 6-55 "如何提高学员回答问题的参与度"思维导图

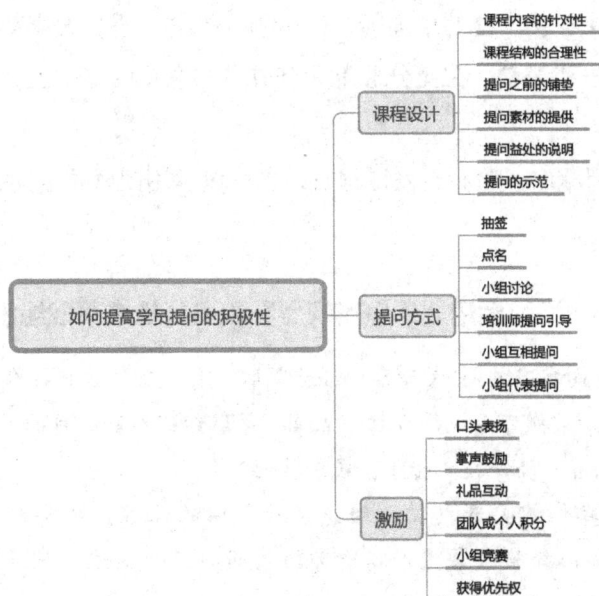

图 6-56 "如何提高学员提问的积极性"思维导图

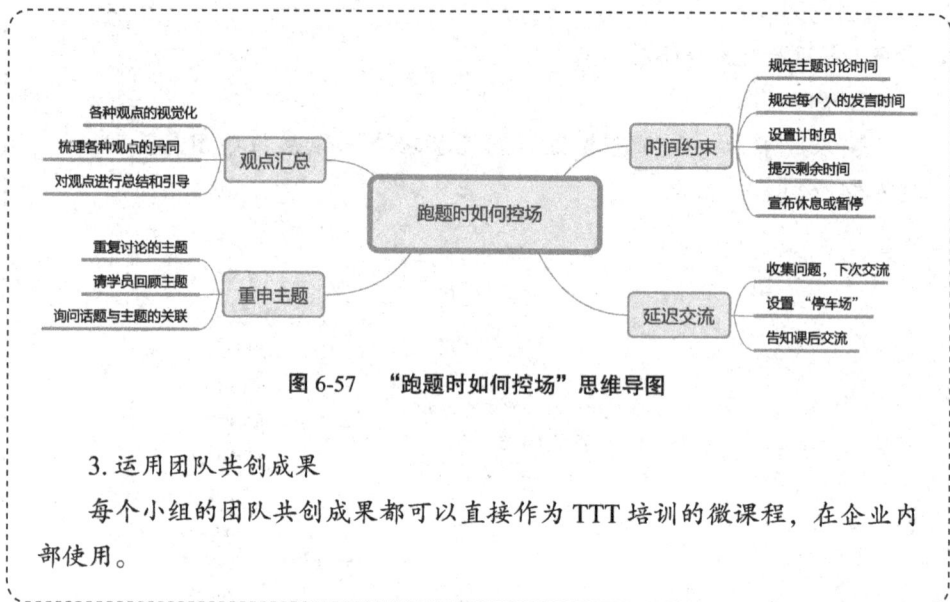

图 6-57 "跑题时如何控场"思维导图

3. 运用团队共创成果

每个小组的团队共创成果都可以直接作为 TTT 培训的微课程，在企业内部使用。

在案例 6-24 中，针对"培训现场问题处理"这个主题，三个小组通过团队共创的五个阶段，分别产出了一个亟待解决的问题的对策。在团队共创的过程中，无论是授课经验丰富的培训师，还是刚入行的新手，大家都积极投入，贡献了自己的想法和观点，在充分尊重所有成员的意见的基础上，解决了本小组选择的问题。

在企业内部萃取经验和开发课程时，也可以运用团队共创的方式来进行。

案例 6-25：运用"问题树模型"和引导技术萃取组织经验

一位读者向我咨询："关于组织经验萃取，有没有什么好书推荐？"

我问读者："您可以说得详细一点吗？萃取组织经验的目的是什么？用于培训、人才培养，还是技术传承，或者其他？"

读者："我们想要开发关于组织经验萃取的课程，主要想从三个层面进行，一是部门经验的复盘，二是部门之间的经验交流，三是学习氛围的营造。"

另外，读者还表示："组织经验萃取的对象是公司的基层管理者，目的是提升其销售和管理技能。"

针对读者的问题，我提供了以下建议。

1."问题树模型"和团队共创

结合"问题树模型"中的"问题树—对策树"梳理经验，并将其整合为相关的课程。这一课程对提升基层管理者的销售技能和管理技能均适用，具体做法如下。

（1）请基层管理者或销售人员写出自己在管理或销售工作中遇到的各种问题，将每个问题写在一张即时贴上。

（2）将所有即时贴都贴在白板上，一一读出，并讲解每张即时贴所表达的内容，确保所有人的理解一致。

（3）请参与者对这些即时贴进行排列组合和命名。

（4）根据预设的目标，请参与者投票确定发生频率较高的几个问题，形成问题树。

（5）邀请销售精英或在管理方面经验丰富的人认领问题树上的各类问题。

（6）请参与者为自己认领的问题提供解决方案。

（7）对所有的解决方案进行排列组合，并在命名后形成对策树。

（8）完善对策树的内容，完成初步的课程大纲。

2.运用 ORID 引导读书会

选择一些销售类或管理类的图书，采用拼图分享或 ORID 的方式来做读书分享。运用拼图分享时，将参与者分为几个小组，以小组为单位阅读书中的不同章节，并回答事先提供的问题。各小组完成后，面向全体分享自己负责的章节，接受其他小组的提问，并进行交流。运用 ORID 引导读书会时，根据人数和时间，确定采用当场阅读或提前阅读的方式。若时间少、人数较多，则可事先规定需要阅读的章节和内容，请大家提前阅读，以节省时间。

设计 ORID 问题时可参考以下内容。

O：书中哪些片段（词、话）让你印象深刻？

R：哪些内容让你觉得有共鸣？这些内容让你联想到了工作中的哪些场景？

I：这些内容对你有哪些启发？

D：如果要马上用在工作中，那么你的三项行动是什么？

在运用 ORID 进行引导的过程中，要注意以下事项。

（1）O 问题要尽量让大家都表达出来，相当于还原书中的内容，大家再温习一遍。无论当场阅读还是提前阅读，都能有所帮助。

（2）R 和 I 问题不一定是每个人都需要回答的，可以视情况加入小组讨论，然后全体分享。

（3）D 问题可以作为读书会的一个产出，请每位参与者都写出书面的计划并签字，然后当场宣读，这样做相当于做出公开承诺。最好请大家将计划张贴在一张大海报纸上并拍照，然后由组织者发给老板和管理层。在下一次读书会开始前，先请大家依次汇报执行情况。

在案例 6-25 中，我的第一个建议是关于"问题树模型"和团队共创的，八个步骤运用了两次团队共创，其中，第一步到第四步的目的是形成问题树，参与者为基层管理者，由他们说出自己在销售或管理工作中的问题；第五步到第七步的目的是形成对策树，参与者为销售精英或在管理方面经验丰富的人，他们认领问题树中的问题，并提供相应的对策，将自己内隐的知识、经验和技能外显出来，从而达到萃取组织经验的目的。我的第二个建议是通过拼图分享或 ORID 的方式来引导学员读书、分享和交流，调动每位参与者的积极性，营造积极的学习氛围。

第六节　选用引导工具时要考虑的因素

如果不了解各种工具的特点和功能，不清楚什么时候该用什么工具，即便我们拥有了工具箱，也可能会事倍功半。

表 6-35 列出了选用引导工具时要考虑的因素。

表 6-35　选用引导工具时要考虑的因素

引导工具	特点	适当性	人数	时间	空间	注意事项
焦点讨论法	严谨、有层次的提问架构： • 发掘客观事实 • 反映自身感受 • 呈现多元化观点 • 开启新的可能性	访谈、讨论、开会和培训（看视频、做活动和做总结等）	不限	不限	无特别要求	ORID： • Objective ——客观性问题 • Reflective ——反映性问题 • Interpretive ——诠释性问题 • Decisional ——决定性问题
世界咖啡	• 连接、贡献 • 共同倾听 • 收获和分享集体智慧 • 汇谈方法	• 分享知识，激发创新思维，探究现实问题的可能性 • 深层次考察机遇和挑战 • 加深现有小组成员之间的关系，加强他们对结果的共同责任 • 引发有意义的互动	12 个人以上	1.5 个小时以上	足够大，每组4~5个人	（1）以下情况不适合运用世界咖啡： • 只想做单向的信息传达 • 将要讨论的问题已经有了答案或对策 • 正在制订或已经制订了详细的执行计划 （2）七个原则： • 设定情境 • 营造友好的空间 • 探索真正重要的问题 • 鼓励每个人积极参与 • 交流与连接不同的观点 • 共同倾听其中的模式、见解及更深层的问题 • 收获与分享集体智慧
开放空间	• 充满创意 • 集思广益 • 自动自发 • 自我管理	• 参与者背景多元化 • 问题复杂 • 没有人知道答案 • 需要一群人持续寻求解答	5 ~ 1000 个人	1 ~ 3 天	足够大，便于走动	（1）四大原则： • 来的人都是对的人 • 任何当下发生的事情都是当下所能发生的 • 该开始时就开始 • 该结束时就结束 （2）一大法则：双脚法则

（续表）

引导工具	特点	适当性	人数	时间	空间	注意事项
团队共创	针对焦点问题达成共识	适用于下列四种情境： • 创建愿景 • 分享想法 • 分析障碍 • 制定行动方案	2～30个人	45分钟以上	需要一定的空间分组讨论	六个阶段： • 准备 • 情境 • 头脑风暴 • 分组 • 命名 • 决定

答疑

问题一：如何聚焦问题?

我们可以运用 5W1H 和 PDCA 两个工具聚焦问题。

1. 运用 5W1H 聚焦问题

5W1H 通过对 Why（原因）、Who（对象）、What（内容）、When（时间）、Where（地点）和 How（如何做）六个方面进行提问，在细化问题背景的同时，也逐步梳理思路，细化和聚焦问题。

案例 P2-1：如何提高员工远途参加培训的意愿度

HR 李欣在思考"如何提高员工远途参加培训的意愿度"这个问题时遇到了困难，便向我求助。我们之间的对话如下。

李欣：苏老师，关于这个问题，您有什么建议？

笔者：别着急，我们先用 5W1H 来聚焦一下问题。

李欣：我怎么觉得已经挺明确了呢?

笔者：那我们就试试看。

Who（对象）——员工。

What（内容）——参加什么样的课程。

When（时间）——培训安排的时间段。

Where（地点）——远距离是指多远。

Why（原因）——为什么会想到讨论这个问题，背景是什么。

李欣：员工因为来公司培训路途太远，有抵触情绪。如何消除员工因路途遥远在课堂中表现出来的抵触情绪?

笔者：不错，已经聚焦到了抵触情绪方面。但是，还没有回答下面这几个问题。

内容——参加什么样的课程。

时间——培训安排的时间段，假设将课程安排在周末，对策可能就是将课程安排在周一到周五。

地点——远距离是指多远。

李欣：内容——所有的课程。

时间——休息时间。

笔者：内容——所有的课程，包括哪些课程？这个问题经过 5W1H 细化后，才能得出具有针对性的对策。例如，哪些课程适合采用网络培训？哪些必须进行现场培训？

李欣：那么，让学员产生抵触情绪的源头到底是课程，还是路途或时间安排？

笔者：你还可以思考一下 Why（原因），公司安排学员在休息时间乘车两个小时参加培训，究竟是出于什么样的考虑？是否还有替代的方案？

李欣：谢谢苏老师，我已经有答案了。

在案例 P2-1 中，"如何提高员工远途参加培训的意愿度"这个问题看起来是员工参加培训的积极性不够。在运用 5W1H 将问题聚焦为"如何消除学员在休息时间乘车两个小时参加培训的抵触情绪"之后，需要解决的问题更具体了，解决方案也更加聚焦了。

2. 运用 PDCA 进行聚焦

PDCA 在项目管理中的运用十分广泛，而每项工作、每场培训也是一个项目，成功与否跟 PDCA 的每个阶段息息相关。在分析问题尤其是定义问题的阶段，我们应先明确问题属于 PDCA 中的哪个阶段，然后对问题进行聚焦，找到更有针对性的解决方案。

案例 P2-2：新产品培训效果不好

在一场关于"问题树模型"的培训中，一位学员提出问题："领导说我们的新产品培训效果不好，我该怎么做呢？"下面是我们之间的对话。

问：培训效果不好，具体表现在哪些方面呢？

答：店长说学员参加培训后还是记不住新产品的卖点。

问：那你觉得问题出在培训前、中、后的哪个环节？

答：问题应该出在培训后店长的跟进环节。因为我们在培训后对学员进行了考核，通过率超过 60%。

问：店长一般如何跟进呢？

答：抽查卖点。

问：那之前店长抽查效果好吗？

答：以前还可以，这次店长说卖点太多了，抽查效果不好。

问：这次培训用了多长时间？涉及多少个产品呢？

答：1 个小时，涉及 5 个系列共 30 个产品。

问：这些都是新产品吗？

答：有 10 个是新产品，其余都是老产品。

问：这次培训涉及 20 个老产品，这样做是出于什么样的考虑呢？

答：我觉得大家难得回总部开会，就想顺便把老产品也复习一下。

问：那选择这 20 个老产品的依据是什么呢？

答：我把自己觉得有必要复习的老产品都列出来了。

交流到这里，其他学员说出了问题所在：培训效果不佳源自培训师没有做细致的需求调研，在新产品培训中擅自增加了关于老产品卖点的内容，导致信息量大且没有重点，学员吸收的有限。

在上面这段对话中，我先澄清"培训效果不好"的具体表现，再问"那你觉得问题出在培训前、中、后的哪个环节"，运用 P（培训前）、D（培训中）、C 与 A（培训后）的区分，结合剥洋葱法，一步步挖掘出了培训效果不佳的真实原因。找到真实原因后，制定对策也就很容易了。

问题二：世界咖啡有固定的模式吗？

世界咖啡没有固定的模式。虽然一般每轮汇谈的时间为 20 ~ 30 分钟，但可以基于汇谈目的、可支配时间以及需要获得的信息的类型等因素，做适当的调整。

1."走动倾听"模式

每桌留一位主持人，其他人每轮分别到不同的组去倾听和交流，最后回到本桌进行分享和总结。

2."动态学习和知识网络交流"模式

第一轮结束后，每桌留两人分享观点，其他两人分别去不同的组。新成员的责任是拓展这些观点，并提供其他的可能性。第三轮时，大家回到原桌，分享收获，找出本桌观点与其他桌观点之间的联系。

3."独立而相关主题"模式

这种模式适用于对同一主题进行不同角度的探讨，每桌负责独立但相关的问题。世界咖啡讨论的主题与这几个问题是总分的关系，虽然问题彼此独立，但都与讨论主题密切相关。例如，运用世界咖啡对门店销售流程进行讨论时，可以根据与门店销售流程相关的几个主题划分相应的小组，确定每个小组有几桌。在汇谈过程中，每桌成员在本组各桌之间交叉走动，倾听并交流，最后由各桌主持人汇总汇谈结果，找出各组成果中与门店销售流程相关的内容。

问题三：世界咖啡是否一定要做收拢？

世界咖啡不一定要做收拢，是否做收拢取决于运用世界咖啡的目标。

1. 信息收集

如果运用世界咖啡只是为了收集信息，就不需要做收拢。

2. 引起反思或行动

如果希望运用世界咖啡引导参与者进行反思或制订行动计划，就需要做收拢。具体的收拢方式可参考本书第十章的内容。

收拢通常在世界咖啡的最后一轮进行，但也可以根据需要灵活确定。如果第一轮的讨论成果是第二轮讨论的基础或依据，就要先对第一轮的讨论进行收拢，再进行第二轮的讨论。

问题四：在开放空间的结束阶段可以进行小组之间的评比吗？

回答：视情况而定。

开放空间可以让参与者在轻松的氛围中自发地组织议题，召集他人参与讨论。一般来说，在运用开放空间时不会设置小组评比环节，原因有两个方面：根据开放空间的四个原则之一"任何当下发生的事情都是当下所能发生的"，开放空间的成果没有对错之分，都是当下大家的想法和观点；所有的成果都是大家群策群力的结果，很难严格区分哪个成果是哪个小组独有的智慧。

如果在培训中运用世界咖啡，那么可以根据需要进行某种形式的小组评比。例如，在案例 6-23 中，我就运用了"逛画廊＋投票"的方式，请每位学员将两张贴纸分别贴在自己认为表达清晰和实用性强的成果海报上。我做这样的设计是出于以下两个方面的考虑。

（1）配合贯穿于两天培训的小组竞赛。

（2）以终为始。案例 6-23 中开放空间的主题为"生动授课"，其中的内容之一为清晰表达。在进行开放空间的讨论环节之前，我向学员说明最终的投票依据为"表达清晰"和"实用性"，帮助学员明确了讨论的方向和目标。这样做不仅引导学员深入讨论了课程内容，也能通过实用性这个要点引导学员分享更有可能落地的观点和想法，为培训后的学以致用奠定了基础。

问题五：学员只停留在开放空间中的一个议题上怎么办？

我们可以根据开放空间的四个原则来回答这个问题。

原则一：来的人都是对的人。这里的"来的人"可以从两个层面来理解：一是所有参与开放空间的人，二是参与各个议题的人。对每个议题召集人来说，无论谁来，无论来多少人，都没有问题。

原则二：任何当下发生的事情都是当下所能发生的。原则二告诉我们要活在当下。无论引导者、主题召集人，还是参与者，都要顺其自然。

在开放空间的讨论过程中，参与者可能会有以下几种表现。

（1）从头到尾只参与一个议题。

（2）做蜜蜂，每个主题都去参与，但不深入。

（3）做蝴蝶，在旁边听、观察。

这些都是参与者自己的选择，没有对错之分。有人选择始终参与一个主题，有人选择做蜜蜂，有人选择做蝴蝶，这些都是对的，因为这都是大家当下做出的选择。

综上所述，在开放空间的讨论阶段，培训师对学员的选择要持尊重和顺其自然的态度。同时，我们也可以通过前期的准备来引导学员参与各个议题，因为学员选择参与哪个议题与开放空间的氛围营造、议题本身和议题召集人等都有关系。

在开场阶段，培训师要营造畅所欲言的氛围，说明蜜蜂和蝴蝶的角色，提醒大家在开放空间中每个人都要为自己的选择负责；提出议题后，培训师要做确认，请学员一起判断该议题是否具体、表述清晰；讨论开始后，议题召集人可以通过吆喝来推销自己的议题，也可以通过求助来邀请他人参与，还可以通过事先写下的自己思考的答案来吸引更多人参与。

问题六：开放空间现场出现某个议题无人参与的情况时应该怎么办？

我们可以通过议题召集人自我思考和培训师参与的方式来解决这一问题。

开放空间现场出现某个议题无人参与的情况时，可以采取以下对策。

1. 召集人自己思考

开放空间的四个原则之一是"该开始时就开始"。这时，议题召集人不需要等待，可以自己先进行反思。

（1）反思议题本身。反思该议题是否足够聚焦，表达是否清晰，如果答案是否定的，那么可以运用5W1H进行再聚焦，将相关背景和具体内容补充到议题海报中，以便其他学员了解该议题。

（2）思考议题。议题的召集人对这个问题进行思考，并将自己的想法写在海报纸上，这可能会让其他学员产生好奇心，进而参与进来。

2. 培训师参与

此时，培训师可以摘下引导者的帽子，作为一个参与者，与该议题召集人一起交流和讨论。当议题海报上慢慢有内容呈现出来时，其他学员就有可能被吸引过来。

强化

1. 理理思路

下面的内容是本篇的重点内容，看看你记住了多少。

（1）引导式课程设计准备工作的5W是：_____、_____、_____、_____、_____。

（2）引导式课程设计四部曲是：_____、_____、_____、_____。

（3）五线谱包括：_____、_____、_____、_____、_____。

（4）焦点讨论法有四个层次的问题，分别是：_____、_____、_____、_____。

（5）世界咖啡中的咖啡桌礼仪包括：_____、_____、_____。

（6）开放空间的四个原则是：_____、_____、_____、_____。

2. 考考理解

回顾本篇的内容，请在每一个括号中选择合适的选项。

（1）在使用头脑风暴时，需要遵循四个基本原则：（达成共识 / 互相激发）、（不评判、不批评 / 互动点评）、（自由畅想 / 避免出格）和（保证质量 / 保证数量）。

（2）在ORID的四个层次的问题中，（O/ R /I /D）问题是整个焦点讨论法的转折点，也是关键。

（3）世界咖啡是一种创造集体智慧的汇谈方法，适用于参与者人数在（12个人及以上/12个人以下）、时间在（90分钟以内/90分钟以上）的情境。

（4）世界咖啡包括三轮问题，第一轮为（目标问题/热身问题），第二轮为（连接问题/反思问题），第三轮为（目标问题/行动问题）。

（5）团队共创适用于四种没有标准答案的问题，分别是（愿景/制度）、（想法/经验）、（流程/障碍）和（行动方案/心态）。

3.挑战一下

这是一本拿来即用的图书，让我们操练起来，运用本篇介绍的内容演练一番。

（1）确定演练主题。运用第一篇"挑战一下"中的表 P1-1 进行评估，确定培训中适合运用引导技术的模块，将其作为引导式课程设计演练的主题（以下简称为"演练主题"），并填写表 P2-1。

表 P2-1　演练主题基础信息

课程主题：		培训总时长：	
演练主题：		该模块可用时间：＿＿＿分钟	
培训对象：		人数：	
演练主题的培训目标（格式：动词＋名词词组）：			

注：① 课程主题与演练主题为总分关系。例如，针对新员工的"职场人的高效时间管理"培训一共有三个模块，演练主题为模块二"以终为始做计划"。② 演练主题的培训目标中的动词主要包括记忆（回忆）、理解、应用、分析、评价和创造，名词词组为课程内容的关键词。例 1：学员能说出（动词，与记忆相对应）本季主打产品的三个特点（名词词组）。例 2：学员能够遵循以终为始的原则，制作（动词，与创造相对应）一份自己的月度管理计划表（名词词组）。

（2）进行准备工作。对照表 P2-2 中的 5W 进行课程设计前的准备工作，确定所需的授课方式或引导工具。

表 P2-2　引导式课程设计前准备工作的 5W

5W	内容	作用
Why（为什么培训）	培训的最终目标是什么	确定本场培训是知识类培训、态度类培训还是技能类培训，以此确定授课方式；技能类需要多演练，态度类需要多讨论，知识类需要重复和巩固
What（培训内容）	课程的模块和内容是什么	优先分配大块的时间
Who（学员）	学员的基本信息以及共同的关注点、难点和痛点	作为提问、案例分析的切入点以及活动设计的目标
Where（场地）	场地大小，座椅多少，座位的摆放，采光和墙面	确定该场地适合运用何种工具和方法
When（培训时间）	培训的时长以及开始和结束时间	预估学员的状态和能量，选择相应的授课方式；同时，合理安排课程节奏，避免前松后紧或主次不分

（3）设计学习活动。针对演练主题设计学习活动，并填写"学习活动设计表"，如表 P2-3 所示。

表 P2-3　学习活动设计表

演练主题：　　　　　　　　　　　　　　　　培训日期：
培训对象：　　　　　　学员人数：　　　　　演练主题总时长：

序号	课程内容	用时	授课方法或工具	步骤	产出
1					
2					
3					
4					
5					

注：①"课程内容"是指演练主题这个模块下面的分级大纲内容；②"产出"对应的是表 P2-1 中的"演练主题的培训目标"及其分目标。

（4）匹配五线谱。将表 P2-3 的内容整合到表 P2-4 所示的备课表中。

表 P2-4　引导式课程备课表

演练主题：　　　　　　　　　　　　　　　　　　　　培训日期：

培训对象：　　　　　　　　学员人数：　　　　　　　演练主题总时长：

时间线		内容线		工具线	成果线	资源线
开始时间	用时	环节	授课方式及所需时间			

240

第三篇

引导式课程设计实操

PART

03

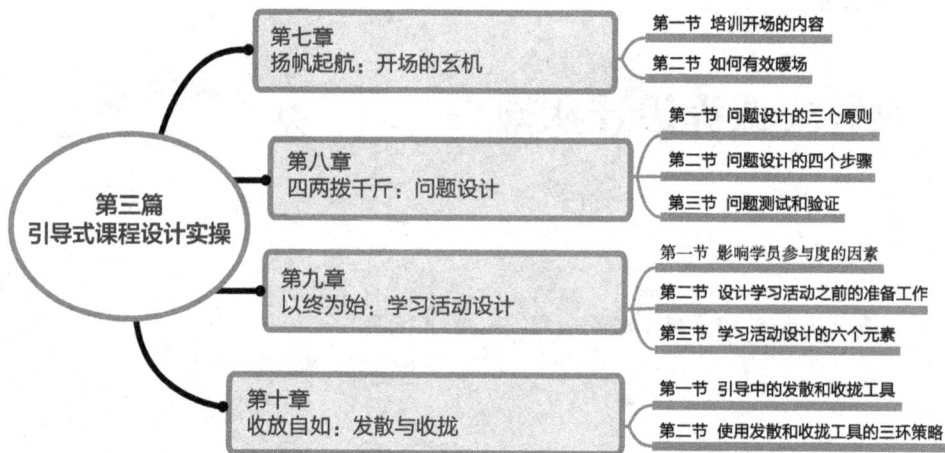

导读：常见问题及对策

常见问题	可能原因	对策
学员对培训没有兴趣	学员觉得课程跟自己关系不大	通过开场活动建立学员与课程之间的关联
	学员对课程内容没有兴趣	运用激发学员学习动机的五部曲，引起学员对学习的兴趣
提问时冷场	问题过大	细化问题，一次只问一个问题
	问题太难，超出了学员的能力范围	根据学员的基础和能力，提出难易适中的问题
	问题太突兀，学员不知如何回答	事先做铺垫，设计循序渐进的问题
	学员担心答错没面子	营造畅所欲言的氛围
学员回答跑题	问题的措辞不够精准	问题中的用词要准确、具体
学员参与学习活动不积极	设计的活动与学员的职位、经验和年龄层次等不匹配	充分考虑学员的职位、经验和年龄层次，设计与之相匹配的活动
	活动太容易或太难	根据学员的基础和经验，设计难易程度适中的学习活动
	学员不清楚活动的目的	在学习活动开始之前说明活动的目的
	小组被某人控制了话语权	提前制定发言规则，给每个人平等的发言机会
	培训师对学员的评判太多	请学员互相点评，培训师鼓励学员发言
活动场面混乱	活动流程不够清晰	按照学习活动设计的六个元素设计学习活动
	规则或指令不明确	事先确定学习活动的规则，发布清晰的指令
	物资准备不到位	事先准备所需物资，确保活动正常进行
活动超时	课程重点不明确	通过调研找到学员的共性需求，明确课程重点
	各环节时间未细化	设计课程时尽量细化每个环节的活动和用时
	未预留机动时间	为重点模块预留足够的机动时间
	现场失控	培训师适时进行干预和引导
现场热闹，但未获得预期效果	培训目标不明确	明确培训目标，据此设计授课方式
	培训师过于关注氛围	平衡氛围和目标达成的双向管理
	学习活动脱离学员的实际工作场景	使学习活动尽量接近学员的工作场景
	发散后未进行收拢	运用三种收拢方式对发散后的内容进行相应的处理，以深化学员对课程内容的理解

第七章　扬帆起航：开场的玄机

当我们回忆自己参加过的某场培训时，通常印象比较深刻的是开场和结束时的内容，这正是首因效应和近因效应的体现。1957 年，美国心理学家洛钦斯通过科学的心理实验证明了首因效应的存在，首因效应就是我们常说的第一印象。

培训的开场如何，不仅会影响学员对培训师的评价，还会影响学员的态度，进而影响培训的效果。

案例 7-1："公司管理规章"培训的开场

内训师吴宇入职新公司一个月后，要给新员工做一场时长为两个小时的"公司管理规章"培训。在距离开始还有 1 分钟时，他走进教室，发现学员们或站或坐，有些在聊天，有些在发呆。他快步走到讲台上，并大声喊了一句："同学们，上课了！"虽然他几乎用尽了全力，但他的喊话还是像水滴进入大海一样毫无效果。他使劲拍了拍讲桌，好像有点效果了，有些学员停止了交谈，坐了下来，但还有些学员继续沉浸在自己的世界里。

于是，吴宇走下讲台，提醒其他未坐下的学员，并请大家传递课程讲义，自己则打开计算机和投影仪。这个过程花了近 5 分钟，终于可以上课了。吴宇清清嗓子，说："各位同事，早上好！我是今天的培训师吴宇，今天培训的主题是'公司管理规章'，这是大家入职培训系列课程的第一课。现在请大家看讲义的第一页，了解今天的课程内容。"台下的学员懒懒地翻开了讲义。

吴宇问："大家最关注哪部分内容？"没有人回答，但他听到有人小声嘀嘟："一个都不感兴趣……没劲！"吴宇有点着急了，说："国有国法，家有家规，我们公司也是一样的。要想在这里工作和发展，首先要了解公司的相

关规定。现在，我们看第一部分……"之后的两个小时，吴宇一边照着PPT读内容，一边用尽全力调动学员参与，但学员全都反应冷淡，这让他很受挫。

当课程终于结束时，吴宇感觉自己虚脱了一般。在课程结束后的一周内，有三分之一的学员不同程度地违反了公司的制度或规章，学员的领导们在公司高层会议上投诉了培训总监。培训总监在会后严厉批评了吴宇，并要求他立即采取补救措施。吴宇认为，学员素质太差，拖累了自己。他觉得很委屈。

通过案例7-1的描述，我们不难想象，无论对吴宇还是对学员来说，这场培训都是让人备受煎熬的，而且最糟糕的是培训未能获得预期的效果，吴宇的工作绩效也可能受到影响。同时，我们也看到，吴宇已经尽力了，可是为什么会有这样的结果呢？在后面，我们会对这个案例进行详细分析。

第一节　培训开场的内容

开场是为达成培训目标而服务的。在引导式课程中，营造学习氛围、激发学员的学习动机是开场阶段的重点。虽然激发与维持学员的学习动机应该贯穿于整个培训过程，但在开场时尤为重要。

影响学习动机的因素主要有三个，分别是情绪、价值和信心。开场的内容主要包括致欢迎词、培训师做自我介绍、暖场、介绍课程目标和说明培训流程等。表7-1列出了培训开场内容与影响学习动机的三要素之间的关系。

表 7-1　培训开场内容与影响学习动机的三要素之间的关系

开场内容	动机	目的
致欢迎词	情绪	让学员感受到被重视、尊重和受到欢迎，获得好心情
培训师做自我介绍	情绪、价值	展示培训师的亲和力或专业度
暖场	情绪、价值、信心	营造学习氛围，活跃气氛，消除疲劳，增进学员之间的了解，引起注意，建立联系，引出主题，引发兴趣，调查需求，回顾旧知，激发信心
介绍课程目标	价值	明确培训目的，让学员了解课程对自己的价值
说明培训流程	情绪	让学员在了解流程后安心上课

我们参照表 7-1 的内容，来看看案例 7-1 中培训开场的内容及其结果，具体如表 7-2 所示。

表 7-2　案例 7-1 中培训开场内容及其结果

开场内容	是否进行	结果
致欢迎词	无	学员未进入学习状态
培训师做自我介绍	有	只介绍了自己的姓名，未达到展示培训师的亲和力或专业度的目的
暖场	无	未营造良好的学习氛围，未引起学员的学习兴趣
介绍课程目标	无	学员不知道课程跟自己有什么关系以及课程能给自己带来哪些价值
说明培训流程	无	学员缺乏安全感，不知道后面要干什么

通过表 7-2 可以看出，吴宇虽然做了自我介绍，但并未达到预期的目的。对新员工培训来说，培训师通过自我介绍展现亲和力对带动学员后续的参与是很有帮助的。在《培训师成长手册》一书中，我分享了如何量身定制开场白、自我介绍的漏斗模式和有效开场的方法（如引文法、提问法、利益法、故事法、数据法和案例法等），还提供了大量案例，有兴趣的读者可以去读一下。

回到案例 7-1，吴宇的开场存在以下问题。

（1）准备不充分。吴宇在开始前 1 分钟才进入教室，一边请学员安静并坐下，一边让大家传递讲义，耗时长达 5 分钟。

（2）未引起学员的注意。无论是宣布上课，还是做正式的培训开场（介绍自己和课程），吴宇都没有引起学员的注意。

（3）未营造良好的学习氛围。从学员懒懒地翻看讲义，到之后冷淡的反应都可以看出，整个培训现场的氛围比较消极。

（4）未建立联系。吴宇在介绍了自己和课程后，直接请学员翻开讲义，没有建立课程与学员之间的联系，学员们不认为该课程与自己有什么关系，所以才会有学员说"一个都不感兴趣"。

（5）没有引起学员的兴趣。从翻开讲义到后面的课程参与，学员的积极性都不高，其中一个重要原因就是吴宇没有引起学员的兴趣。

那么，吴宇应该如何开场呢？表 7-3 针对上述问题列出了相应的对策。

表 7-3 "公司管理规章"培训开场的问题及其对策

开场的问题	对策
准备不充分	• 学员情况：开课前整理学员名单，了解所有学员的背景、所在部门和资历等 • 时间和物资：在开始前 15 分钟抵达培训现场，准备好课前资料、讲义和培训道具 • 提前播放音乐，营造轻松愉悦的学习氛围
未引起学员的注意	• 播放适合的音乐、动画或视频等，吸引学员的注意 • 开课前，列几个员工因违反公司规章而发展受挫的反面案例，引起学员对课程的重视
未营造良好的学习氛围	• 正式开课前先暖场，请学员做自我介绍，增进学员之间的了解，或者通过活动活跃气氛 • 营造安全感：先为学员介绍公司环境和培训环境（包括卫生间在哪里等）、培训时间和流程等，让学员产生安全感 • 展现亲和力：先为新员工介绍公司，询问他们来公司后是否适应，是否碰到了问题，不要用强硬的语气要求学员
未建立学员与课程之间的联系	开课前，结合公司的用人制度，向学员说明新员工入职培训对每个人的重要性，一方面为后面的课程做了铺垫，另一方面也建立了学员与本次课程之间的联系
没有引起学员的兴趣	• 提问：通过提问促使学员思考与本课程相关的问题 • 运用多种授课方式，将课程的关键内容编成故事，请学员在阅读规章内容后做"大家一起来找茬"的活动；或运用视觉化方式，请大家对违反规章的行为进行纠正 • 运用小组学员和竞赛的方式，激发学员的参与兴趣

表 7-3 只列出了案例 7-1 中培训开场的问题，其实，无效开场还包括下列情况。

（1）无人回应：培训师提出问题，请学员参与活动，但无人回应。

（2）提出与培训无关的问题或打广告：培训师在开场时提出与培训主题无关的问题，或趁机发布广告。

（3）介绍资历的时间过久：培训师在做自我介绍时，花了太多时间来罗列自己的职场经历和成就等。

（4）过度炫耀自己：培训师在开场时过于炫耀自己，引起了学员的反感。

（5）讲故事没有亮点：故事平淡，无法吸引学员的注意力，也很难引出主题。

（6）拍手不停：从课程一开始就要求学员长时间地鼓掌。

（7）喊口号：在没有铺垫的情况下，要求学员重复、大声地喊口号。

以上这些情况不仅使开场达不到预期的目标，还可能使学员对培训师的印象大打折扣，分散学员的注意力，对学员的学习积极性产生负面影响。其实，在上面列出的情况中，讲故事、拍手和喊口号等都是培训中常用的暖场方式，但如果使用不当，就会适得其反。

案例 7-2：引导学员拍手来提神

我给一家企业做过内训师方面的培训，上课时间是下午两点，正好是容易犯困的时间。我通过引导学员拍手获得了帮助学员提神的效果，具体操作如下。

1. 提问

我先提出问题："鼓掌有哪些好处？"学员回答的内容包括提神、振奋自己、激励他人、活跃气氛、赞同观点和给发言者信心等。

2. 引导

我说："恭喜大家说出了鼓掌的这么多种好处！现在是下午两点零五分，正是最容易犯困的时候。让我们来试试看，拍手是否有大家说的这些功效！"

3. 说明规则

我请所有学员起立并面对面站成两列，然后说："请大家快速看一下对面的伙伴现在的精神状态如何。"大家彼此对望后，大多笑着说："无精打采，昏昏欲睡！"我接着说："请大家记住现在看到的情景。接下来给大家30秒，我们一起挑战一下，看谁拍手的次数最多。大家准备，3，2，1，开始！"

4. 拍手及公布结果

我计时30秒后叫停，并询问大家拍了多少次手，答案有90、100、110、150、200和230等。

5. 引导分享

公布结果后，我问了三个问题。

（1）我问："现在大家的身体有哪些感觉？"学员回答："手酸了，舒筋活血。"

（2）我问："请大家再看看对面的伙伴，他们的精神状态与拍手前有什么不同？"学员回答："满血复活，精神抖擞！"

（3）我问题："培训时，在哪些情境下适合用鼓掌来提神呢？"学员回答："下午培训开始的时候、课间休息结束后、下午犯困的时候……"

最后，我做了总结："大家通过亲身体验，已经感受到了活动的魅力，这也是我们马上要学习的内容——如何设计有效的学习活动。"

同样是拍手，有的带来了失败的开场，有的则带来了成功的暖场。

第二节　如何有效暖场

通过案例 7-1 和案例 7-2 可以看出，暖场对一场成功的培训有多么重要。有些培训师把暖场称为"破冰"，我建议使用"暖场"这个说法，而不是"破冰"。因为"破冰"这个词会让人们感觉来参加培训的学员之间或培训师与学员之间隔着坚冰，需要去打破，这会给学员带来负面的心理暗示。对很多培训师来说，暖场是一个让人又爱又恨的阶段：一方面，暖场已经成为培训不可或缺的一部分，而且对学员的参与度有很大的影响；另一方面，暖场往往让培训师很苦恼——如何才能做好暖场呢？

一、暖场的目的

案例 7-3：在线分享的暖场设计

我在中国培训师沙龙 QQ 群中进行了一次主题为"以终为始的暖场设计"的在线分享，并通过下面的方式让参与者体验到了什么是有效的暖场。

1. 分享开始前派发礼物

在线分享的时间为下午一点三十分，虽然提前进行了公告，但到了一点二十分时，只有一位参与者在群里"举手"示意。我就地取材，在 QQ 表情中选择了铃铛、钥匙、高跟鞋、T恤、相机、雨伞、光盘、吉他、计算机、话筒、马、自行车和房屋等表情发到群里，请大家为自己选择一份礼物，结果在5分钟内这些礼物就被抢走了大半。

2. 分享时回顾

分享正式开始后，我一步步引导大家分享抢礼物时的心情和想法。

（1）我让大家用一个词描述当时的心情，大家提到了"开心""幸运""兴奋""满足""惊讶"等。

（2）我让大家用一个QQ表情描述一下当时的心情，大家发出了各种各种的表情。

（3）我问大家选择心仪的礼物时究竟是出于什么样的考虑，大家表示"这是自己的生肖""与我的爱好有关"等。此时，我给出了分享大纲。

3. 需求调研

我给出了"破冰"和"暖场"两个词，然后请学员说一说看到这两个词后想到了什么样的画面。大家认为"破冰"让人感觉冷、硬、困难等；暖场则给人温暖、舒适的感觉。我问："不管叫它'破冰'还是'暖场'，在大家的培训中，是否有这个环节呢？若有，请'举手'。"大家都"举手"了。随后，我向大家询问他们在培训暖场时遇到的挑战和困惑，然后得到了下面的反馈。

（1）学员参与度不高，效果不好。

（2）暖场效果持续时间短。

（3）暖场内容与培训主题的关联性不大。

（4）暖场的活动方式较少。

我告诉大家："如果把今天的线上分享当成一场培训，那么截至现在的所有内容都属于暖场。刚才的几个问题，我们今天将会一一解决。"

4. 引发思考

接下来，我请大家回顾抢礼物的环节，并思考这个环节有哪些作用，大家谈到了以下内容。

（1）让学员放松心态，全心投入。

（2）培训师找到支持者，熟悉学员。

（3）学员之间相互了解，通过互动促进脑力激荡。

（4）营造良好的氛围，学员的接受度、认可度会更高。

（5）让学员获得参与感，让他们对课程产生兴趣。

（6）让学员对课程内容产生期待。

（7）拉近学员与培训师之间的距离。

5. 说明暖场背后的设计

在头脑风暴的基础上，我说出了自己对暖场的设计思路。

（1）引起注意。在这个时间点，可能很多人还在观望，还没有进入状态，派发礼物的活动可以引起大家的注意。

（2）活跃气氛。派发礼物、采访感受、分享选择礼物的理由等活动都可以活跃气氛。

（3）建立联系。询问大家在听到"破冰"和"暖场"这两个词后联想到的画面和产生的感受，以及在暖场过程中遇到的挑战和困惑，都能建立主题与参与者之间的联系。

（4）引起兴趣。通过派发礼物和请大家说出暖场方面的问题，并说明今天将会一一解决这些问题，引起大家的兴趣。

（5）引出主题。通过前面的互动点题，过渡到分享大纲的第一部分。

我向大家说明，派发礼物是临时增加的环节，只是为了应对参加人数少的情况，而且与当天正好是儿童节这个情境十分匹配。我说："在培训现场，可能学员都在，但他们都当你不存在。你请大家安静，可大家依然在开小会或做其他的事情。"我问大家有什么感想，有的学员表示很有共鸣，有的学员说："原来苏老师在培训开始前就进行暖场了。"还有学员说："暖场无时不在。"至此，我顺利地引出了本次在线分享第一部分的内容。

在案例 7-3 中，我通过学员体验和现身说法等手段，引出了"以终为始的暖场设计"这个主题。其中，派发礼物这个临时增加的暖场环节，其主要目的是引起学员的注意，营造活跃的气氛。从学员的反馈来看，目的确实达到了。我还让学员分享在听到"破冰"和"暖场"这两个词后联想到的画面和产生的感受，以及在培训暖场过程中遇到的挑战和困惑，这个环节是提前设计的，其主要目的是使学员与主题建立联系，引起学员对主题的兴趣，并引出"以终为始的暖场设计"这个主题。从学员的反馈来看，这三个目的也都达到了。

其实，暖场的目的远远不止案例 7-3 涉及的五个。表 7-4 列出了常见的暖场目的和影响学习动机的因素。

表 7-4 常见的暖场目的和影响学习动机的因素

暖场的目的	影响学习动机的因素
营造氛围	情绪
活跃气氛	
消除疲劳	
增进了解	
引起注意	
建立联系	
引出主题	价值
引发兴趣	
调研需求	
回顾旧知	信心
激发信心	

其中，情绪和信心两个因素是用来处理心情的，价值因素则是用来处理事情的。那么，培训师怎样明确暖场目的呢？关键是要以学员为中心进行评估，了解他们带来了什么、打算带走什么，如图 7-1 所示。

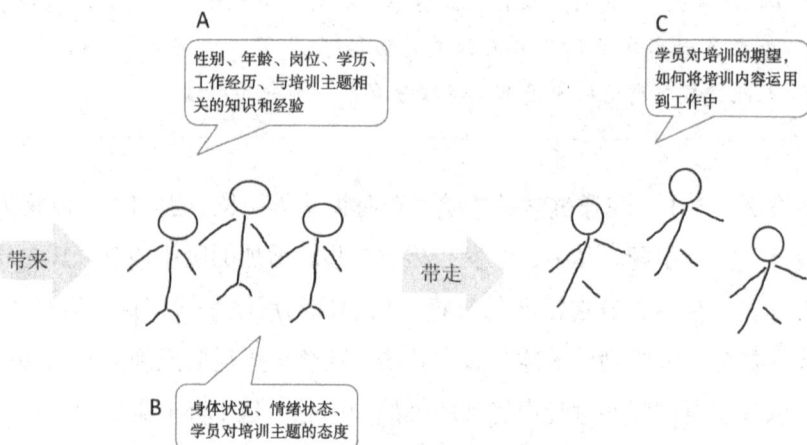

图 7-1 学员带来的和带走的是什么

图 7-1 展现了确定暖场目的时需要考虑的两个方向（带来和带走）和三个模块（A、B 和 C）。其中，"带来"的部分，关注的是学员的基础信息、身体和情绪状态，以及学员对培训主题的态度，即模块 A 和模块 B 的内容；"带走"的部分，关注的是学员对培训的期望，以及如何将培训内容运用到工作中，即模块 C 的内容。表 7-5 列出了确定暖场目的时要考虑的因素。

表 7-5　确定暖场目的时要考虑的因素

考虑因素	暖场的目的
心情	营造氛围
情绪状态	活跃气氛
身体状况（如加班时间）	消除疲劳
学员彼此不熟悉	增进了解
学员沉浸在其他事情中	引起注意
学员对培训的态度（被迫参加或来放松）	建立联系
学员对培训主题相对陌生或缺乏共同的运用场景	引出主题
学员对培训主题兴趣不大	引发兴趣
对学员的培训需求的了解不够准确	调研需求
学员在培训主题方面具备的知识、经验和技能不足	回顾旧知
学员对培训内容对工作的帮助缺乏信心	激发信心

结合表 7-5，再看案例 7-3 中关于暖场的四个问题和困惑。

（1）学员参与度不高，效果不好。

（2）暖场效果持续时间短。

（3）暖场内容与培训主题的关联性不大。

（4）暖场的活动方式较少。

其中，第二个和第三个问题已经有了答案。

先看第二个问题。暖场目的是什么？如果只是为了达到活跃气氛、引起注意或消除疲劳等方面的目的，那么暖场效果持续时间的确比较短，因为暖场只是开场阶段用于激发学员学习动机的方式。激发和维持学员的学习动机应该贯穿于培训的整个过程，仅仅通过开场一劳永逸地让学员持续地保持学习动机几乎是不可能完成的任务。

再看第三个问题。如果暖场目的主要是处理情绪，那么暖场内容不必与培训主题相关。如果暖场目的主要是关于信心和价值的，如引起学员兴趣、引出培训主题和激发信心等，就必须考虑暖场内容与培训主题之间的关联。因此，暖场内容跟培训主题的关联性如何是由暖场目的决定的。

二、暖场方式组合拳

案例 7-3 还提到了另外两个大家在暖场的过程中遇到的问题和困惑：

（1）学员参与度不高，效果不好；

（2）暖场的活动方式较少。

这两个问题与暖场目的和方式有关，表 7-6 列出了 30 种暖场方式。

表 7-6　暖场方式组合拳

暖场目的	暖场方式选择	暖场方式
营造氛围		
活跃气氛		
消除疲劳		1. 讲故事　2. 说相声　3. 讲笑话　4. 朗诵
增进了解		5. 唱歌　6. 发红包　7. 跳舞　8. 提问　9. 测试
引起注意		10. 展示图片　11. 播放视频　12. 绘画表演
建立联系		13. 有奖问答　14. 回顾上期知识　15. 吟诗作对
引出主题		16. 辩论赛　17. 案例分析　18. 性格测试
引发兴趣		19. 星座分析　20. 视觉化介绍　21. 互相访谈
调研需求		22. 即时拍照　23. 找礼物　24. 做操　25. 玩游戏
回顾旧知		26. 表演小品　27. 走秀　28. 参观会场
激发信心		29. 团队组建　30. 角色扮演
营造氛围		

表 7-6 的使用说明如下。

（1）明确暖场目的。明确暖场目的之后，在表 7-6 中的"暖场方式选择"一列中列选相应的选项。

（2）选择暖场方式。选择暖场方式时，要考虑限制条件（人数、场地和时间），选择能最有效地达成暖场目的的方式，具体如图 7-2 所示。

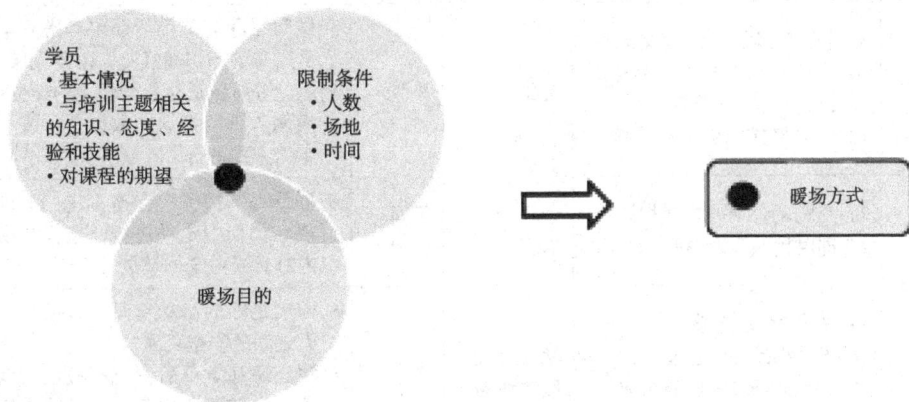

图 7-2　选择暖场方式

限制条件中的人数、场地和时间均能对暖场方式的选择产生重大影响。

① 人数。在场地相同的情况下，要想达到相同的暖场目的，人数越多，所需要的时间越长，难度也越大。特别是以小组为单位进行的活动，人数的增加意味着每个小组的人数增加，小组的数量也增加，每个环节所需要的时间变长，出现各种状况的可能性也随之提高。

② 场地。场地制约着暖场方式，尤其是在做较大幅度的肢体动作或组织团队活动的情况下，场地的大小、座位是否可移动和桌椅的尺寸等因素都会影响暖场方式的选择。

表 7-7 列出了各类暖场方式的特点及注意事项。

表 7-7　各类暖场方式的特点及注意事项

类别	暖场方式	特点	对场地的要求	注意事项
A	1.讲故事　2.说相声　3.讲笑话　4.朗诵　5.唱歌　6.发红包　7.跳舞　10.展示图片　11.播放视频　12.绘画表演	一对多，侧重于表演和展示	不高	• 发红包要给出合适的理由 • 展示图片和播放视频时要考虑到学员的兴趣以及图片和视频的吸引力 • 各类表演和展示最好是表演者或展示者本人擅长的、有亮点的

（续表）

类别	暖场方式	特点	对场地的要求	注意事项
B	8.提问 9.测试 13.有奖问答 14.回顾上期知识 15.吟诗作对 16.辩论赛 17.案例分析 18.性格测试 19.星座分析	师生互动	不高	• 做问答和测试类活动要考虑到学员自身的知识和经验，由浅入深 • 星座分析更适合年龄较小的学员 • 案例分析可根据人数以全体或小组的方式进行
C	20.视觉化介绍 21.互相访谈 22.即时拍照 23.找礼物	学员互动、展示	可灵活应变	根据场地的情况，选择在座位上进行或在场地中走动进行，选择在小组内进行或由全体学员进行
D	24.做操 25.玩游戏 26.表演小品 27.走秀 28.参观会场 29.团队组建 30.角色扮演	学员主导、肢体活动	高	• 留出足够的活动空间，包括每个人之间的安全距离 • 注意调动学员的参与积极性，表演小品和角色扮演这类活动最好以小组为单位进行

③ 时间。在培训中，时间是个硬指标。一般来说，由培训师主导的活动，时间容易掌控；由学员主导的活动，时间方面的变数比较大。

在表 7-7 中，A 类和 B 类的活动，时间的可控性更强；C 类和 D 类的活动相对耗时，且时间不容易掌控。因此，在时间有限的情况下，应根据人数的多少来选择活动类别。同时，不同类别的活动所花费的时间，要根据暖场目的灵活调整。例如，确定 A 类活动中展示图片和播放视频的时间时，要考虑暖场目的。如果暖场目的是活跃气氛，就要将有限的暖场时间都用来展示图片和播放视频；如果暖场目的是引出主题，就要留出培训师与学员互动以及引出主题的时间。

在各种暖场方式中，开场问题不可避免；在暖场目的中，激发学员的学习动机是核心。下面针对如何提出有效的开场问题以及如何激发学员的学习动机进行重点说明。

1. 提出有效的开场问题

提问是培训师在开场时常用的暖场方式之一。在实际运用时，提问的效果有好有坏。有的培训师通过提问成功地激发了学员的学习兴趣，活跃了课堂气氛，顺利地引出了主题；有的培训师提问后无人回应，现场十分尴尬。为什么会这样呢？

　　关键在于培训师提出的问题是不是一个好的开场问题。一个好的开场问题应具有以下三个特点。

　　（1）以终为始，能达成提问目的。培训师要先明确希望通过提问达成什么目的，然后再设计开场问题。

　　（2）容易回答。开场时学员们愿意回答的问题，一定是容易回答的问题。在设计问题前，培训师要先了解学员的基础信息，以便设计出难易程度适中的问题；在设计问题时，培训师要确保问题简洁明了、通俗易懂。

　　（3）引导回答。有些问题看起来很容易回答，但学员却不愿意回答，这就需要培训师在设计问题时做到层层递进。

　　知道了好的开场问题所具备的特点之后，还要知道如何设计出具备这些特点的问题。图 7-3 展示了有效的开场问题的设计思路。

明确目的
（希望得到什么样的答案）

提出问题
提出有画面感的问题

图 7-3　有效的开场问题的设计思路

　　之所以要特别提出图 7-3 所示的设计思路，是因为我遇到过太多培训师根本不知道为什么要设计某个问题。当他们拿着自己设计好的问题，问我这个问题是否有效时，我一般会问他们："你问这个问题的目的是什么？"此时，很多人都无法马上回答。这说明他们在设计问题时，并不清楚希望通过这个问题获得什么样的答案。有人在想了很久后说希望通过这个问题达到多个目的，而有人表示纯粹就是想和学员互动一下。通常来说，要想通过一个问题达到多个目的，难度非常大。表示纯粹就是想和学员互动一下的回答，其实是答非所问，因为提问本身就是一种互动的方式，具体到某一个问题时，应该明确希望通过这个问题针对什么内容与学员互动，也就是明确互动的切入点。例如，设计时间管理培训的开场问题时，切入点可以是关于时间管理的问题，也可以是学员对课程的期望。前者的目的是获得学员在时间管理方面的问题和困惑，后者的目的是了解学员希望通过培训得到哪些收获。

综上所述，图 7-3 所示的开场问题设计思路，体现了本书第二章中介绍的引导式课程的三个原则——以终为始、以学员为中心和以少胜多。这个思路提醒我们，在设计开场问题前，要明确每个问题的目的；在设计问题时，不要贪多，要根据学员的基础设计难易程度适中的问题。

可能有人会问，图 7-3 中的"提出问题"下面的注释是"提出有画面感的问题"，这是什么意思呢？让我们先看一看下面两个开场问题。

问题 1：你会用什么方式开场？

问题 2：想象一下，此刻你正站在培训现场，学员已经在下面坐好，还有 1 分钟培训就要正式开始了，此时你会选择哪些方式来开场？

如果你是学员，那么你更愿意回答哪个问题？相信代入感强的问题 2 更能引起你回答的兴趣。为什么会这样呢？因为问题 1 是一个完全从提问目的出发的问题，而问题 2 则是有画面感的问题，它能促使学员进行思考和回答。那么，如何才能提出有画面感的问题呢？我们可以按照图 7-4 所示的三个步骤进行提问。

从能够呈现画面的词开始　　　从画面延伸到答案　　　提出目标问题

图 7-4　提出有效的开场问题的三个步骤

用一句话总结图 7-4 所示的三个步骤，那就是：画面是桥梁，引导我们从情境到问题。其中，情境包括时间、人物、地点和事件等信息。为什么不直接提出问题，而要分为三个步骤呢？这就像在培训过程中，在播放了一段视频之后，如果单刀直入地问学员"有什么启发"，尽管培训师最终能得到自己想要的信息，但有些学员听到这个问题后，可能会没有反馈，培训师则会因此而遭遇冷场的尴尬。如果培训师按照图 7-4 所示的三个步骤，先问视频中出现了哪些人，发生了什么事情，用这些问题帮助学员利用画面和情境进行回顾，那么一方面容易让学员开口，另一方面也降低了回答的难度。此时，培训师再从发生的事情切入，就容易将学员引导到课程主题上。例如，视频中有上下级沟通的情境，而培训主题刚好是"向下沟通技巧"，培训师就可以结合课程内容对上下级的对话进行分析，最后再问"这个视频对我们改善向下沟通有什么启发"，这样学员就更容易回答了。

（1）从能够呈现画面的词开始。第一步的关键是找到能够呈现画面的词。下面列出了一些容易让我们产生画面感的词汇。

① 试想一下。

② 想象一下。

③ 想象、猜测。

④ 如果是你。

⑤ 看到、听到、回想。

案例 7-4：神奇的"看见"

内训师马媛在准备一场"中层管理者推行绩效管理"培训时，请同事扮演学员进行预演。她先放了一段视频给大家看，然后问："大家还记得什么？"同事们一脸茫然，没有人回答。马媛很奇怪，问："只过了一分钟，怎么你们都忘记了？"一位同事挠着头说："怎么感觉像考试一样？以前一考试我就头脑一片空白。"其他同事也说："听到这个问题后，不知道该如何回答。"马媛重新设计了问题，调整为："大家记得刚才看到了什么吗？"同事们纷纷说出了自己的答案。马媛问大家："听到这个问题后，你的第一反应是什么？"有的同事回答："在脑海中回放刚才看过的内容。"

案例 7-4 中调整后的问题"大家记得刚才看到了什么吗"只比调整前的问题"大家还记得什么"多了一个能够呈现画面的词"看到"，学员的反应就大不相同。通过这个案例，我们可以发现能够呈现画面的词的神奇作用。

（2）从画面延伸到答案。这一步要做的是将画面作为桥梁，从第一步的画面延伸到自己想要的答案。

以案例7-4为例，在马媛播放的视频中，老板来巡查，看到商店门口摆放了许多玩具，许多商品超出了规定的黄线，消防栓被几辆摩托车包围……他非常生气，马上找来部门经理训斥了一番。部门经理想了解一下情况，结果楼上楼下跑了一大圈，却发现楼层管理员们都在办公室里玩游戏，还用各种借口推卸责任，部门经理又被老板训斥了一番。这些画面都是大家在第一步看到的，如何才能从画面延伸到答案（提问目的）呢？此时，培训师应该先明确提问的目的，如果目的是让中层管理者认识到绩效管理的好处，那么就要将部门经理被训斥与绩效管理带来的好处联系起来。这时，培训师可以问几个层层递进的问题，如"为什么受伤的总是中层人员""为什么楼层管理员会推卸责任"等。

（3）提出目标问题。目标问题就是与提问目标相对应的问题。有了第二步的过渡，培训师可以提出与提问目标相对应的问题。例如，在案例7-4中，马缓可以将最后一个问题设计为"推行绩效管理对改善现状有哪些帮助"或"推行绩效管理对我们有什么好处"，在一步步的引导之下，学员会很自然地将公司推行的绩效管理与自身的工作和利益联系起来。试想一下，如果没有第一步和第二步的铺垫，马媛一开场就问目标问题"推行绩效管理对我们有什么好处"，那么只会造成无人发声的尴尬局面。

案例7-5："基层主管的沟通技巧"培训开场

内训师张妙要做一场"基层主管的沟通技巧"培训，可是学员纷纷以工作忙碌为由不愿参加。公司只好发文说不参加培训算旷工一天，学员们这才不情愿地来到培训现场。张妙希望在培训开场时激发学员的学习兴趣，于是她按照提出有效的问题的三个步骤设计了开场问题。

培训开始时，张妙先说："大家下午好！首先感谢大家在忙碌的工作中抽空参加培训。在课程开始前，请大家回顾一下，昨天一整天自己都做了哪些事情，开了哪几个会，与哪些人进行了沟通。"有几位学员说出了自己的答案。张妙接着问："看来大家昨天都挺忙的。那么，在跟别人沟通的过程中，你的心情如何呢？"大多数学员回答："着急、焦虑、烦躁。"张妙说："我听到了'着急''焦虑''烦躁'这些词。是什么原因让你产生了这些情绪呢？"有的学员回答："同一件事跟员工说了好多次都没用，不知道该怎么跟员工沟通，一说话就上火。"张妙说："是的，人有思想、有感情，不像机器、材料那么听话，沟通起来的确难度比较大。"看到学员频频点头后，张妙接着说："为什么有人在沟通方面游刃有余，而有人却总是受伤呢？成功一定有方法！今天的沟通技巧课程，就是为了帮助大家解决这些头疼的沟通问题而开设的。"此时，张妙看到很多学员脸上流露出了期待的表情。

表 7-8 对案例 7-5 中张妙提出开场问题的三个步骤进行了拆解。

表 7-8　案例 7-5 中的提出开场问题的三个步骤

步骤	内容	做法
第一步	从能够呈现画面的词开始	请学员回顾昨天一整天自己都做了哪些事情，开了哪几个会，与哪些人进行了沟通
第二步	从画面延伸到答案	让学员回顾昨天与别人沟通的情景，了解学员当时的心情及产生这种心情的原因，引出"管人和管事哪个更具有挑战性"这个话题并表示认同
第三步	提出目标问题	通过"为什么有人在沟通方面游刃有余，而有人却总是受伤呢？成功一定有方法！今天的沟通技巧课程，就是为了帮助大家解决这些头疼的沟通问题而开设的"这几句话引起学员的学习兴趣

通过表 7-8 可以看出，张妙先根据学员不愿参加培训的现状和心理，确定了提问的目的——引起学员的学习兴趣，然后在培训开场时，运用提出有效的开场问题的三个步骤，成功地引起了学员的学习兴趣。

综上所述，要想提出有效的开场问题，就要先明确提问的目的，知道自己希望获得什么样的答案，再按照提出有效的开场问题的三个步骤，以画面为桥梁，引导学员从情境到问题，最终达成提问的目的。

2. 激发学员学习动机五部曲

案例 7-5 中张妙遇到的情况不是个案。在一场培训中，有些学员是被领导强迫才来参加的，有些是与培训主题无关的人员，有些则是把培训当成放松机会的人。因此，如何在开场时快速激发学员的学习动机，就成了培训师首先要考虑的问题。图 7-5 是我根据多年经验总结出来的激发学员学习动机五部曲。

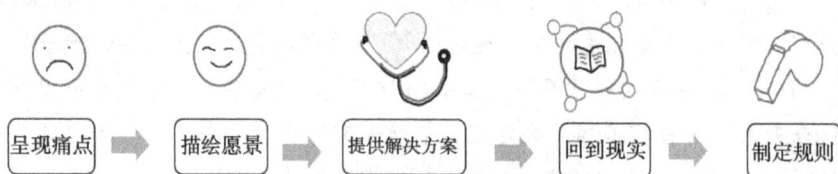

呈现痛点 ➡ 描绘愿景 ➡ 提供解决方案 ➡ 回到现实 ➡ 制定规则

图 7-5　激发学员学习动机五部曲

图 7-5 展示了在培训开场时激发学员学习动机的五个步骤，分别是呈现痛点、描绘愿景、提供解决方案、回到现实和制定规则。

（1）呈现痛点。人们常说："痛则思变。"培训的最终效果体现为学员发生了实实在在的改变。实现这一切的前提是学员本身愿意做出改变。因此，培训师应通过培训前的需求诊断和调研，找到学员的共性痛点和难点，在开场时以视频、案例、故事或提问的方式将其呈现出来，引发学员的共鸣。

（2）描绘愿景。人性是趋利避害的，培训师应针对学员的痛点，描绘消除痛点后有多么轻松快乐。这样做一方面可以通过对比强化学员的痛楚，坚定其改变的决心，另一方面也能让学员对课程有所期待。

（3）提供解决方案。有了前面两步的铺垫，培训师还要说明课程可以提供的解决方案。此时，培训师要针对前面的痛点提出具体的解决方案，这样才能让学员觉得这个课程对解决自己的痛点有实实在在的帮助。若解决方案太过笼统或理论化，则难以发挥应有的作用，甚至会引起学员的反感。

（4）回到现实。通过前面三步，学员看到了对症下药的解决方案，对课程也有了信心。此时，培训师要将学员拉回现实，强调用心学习和勤于演练是实现改变的关键。

（5）制定规则。完成前面四步后，培训师要引导学员制定规则或公约，如不随便出入教室等。比起培训师或 HR 直接宣布的规则，学员更愿意遵守自己制定的规则。

案例 7-6："基层主管的时间管理方法"培训开场

"基层主管的沟通技巧"培训开场的成功，让张妙有了信心。在接下来的"基层主管的时间管理方法"培训开场时，她结合激发学员学习动机五部曲和提出有效的开场问题的三个步骤，设计了下面的开场。

课程开始时，张妙说："欢迎大家回到基层主管的技能提升课堂。上周我们学习和演练了沟通技巧，这些技巧对大家的工作有帮助吗？"有的学员回答："有！"张妙说："上次说到，作为基层主管，我们的工作很繁杂，既要管人，又要管事。现在请大家回顾一下自己每天的工作状态，如果用一个词来形容，那么这个词会是什么呢？"学员的回答有"忙""盲""茫""累""烦"等。张妙问："哪些事情让大家觉得忙、烦、累呢？"学员的回答有"事情太多忙不过来""员工不按照要求操作""机器发生故障"等。随后，张妙在PPT上展示了一张图片，图中的郝主管坐在办公桌前悠然地看着报表，车间里区域划分明确，员工们有的在操作机器，有的在搬运物资，有的在填写表单……张妙问大家："看到这张图片，大家讲一讲，如果自己是郝主管，会是什么感觉呢？"学员都笑了，纷纷回答"心里美呀""轻松""太开心了"等。张妙也笑着说："大家想知道这位主管是如何做到的吗？"学员齐声回答："想！"张妙接着说："大家来看看我们今天的课程大纲，这里面就有这位主管能够如此惬意的秘密。刚才有同事说事情太多忙不过来，课程的第一部分内容将会提供解决方案……"张妙先指出，学员的三个共性问题的解决方案都包含在课程内容当中，然后问："大家认为知道就一定能做到吗？"学员齐声回答："不能！"

张妙继续说："没错！所以，今天的课程会有大量的演练、点评和讨论，目的是确保大家回去后能快速地把这些技巧运用到工作中，早日成为人人都羡慕的好主管。为了实现这个共同的目标，我们先要做好自我管理。大家认为课堂公约应该有哪些内容呢？"学员提出了不迟到早退、不接打电话和积极参与演练活动等意见。随后，张妙将学员的提议一一写在大海报纸上。在得到大家的认可后，张妙宣布这些提议正式成为课堂公约。

在案例7-6中，张妙在开场时运用了激发学员学习动机五部曲，也运用了提出有效的开场问题的三个步骤。表7-9对张妙的开场进行了拆解。

表 7-9　拆解案例 7-6 中的开场

激发学员学习动机五部曲	案例 7-6 中的做法	提出有效的开场问题的三个步骤
呈现痛点	问学员"现在请大家回顾一下自己每天的工作状态，如果用一个词来形容，那么这个词会是什么呢"和"哪些事情让大家觉得忙、烦、累呢"这两个问题，引出学员的培训需求（痛点）——事情太多忙不过来、员工不按照要求操作和机器故障等	第一步：从能够呈现画面的词开始
描述愿景	用 PPT 展示郝主管正在惬意工作的图片，询问学员看到这张图片后的感受，并问学员想不想知道这位主管是如何做到的	第二步：从画面延伸到答案 第三步：提出目标问题
提供解决方案	说明课程内容，告诉学员为什么这些内容可以帮助他们解决问题	—
回到现实	引导学员认同"知道不等于做到"，强调演练和参与的重要性	—
制定规则	请学员一起制定课堂公约	—

通过表 7-9 可以看出，在案例 7-6 中，张妙成功地运用了激发学员学习动机五部曲和提出有效的开场问题三个步骤，不仅成功地激发了学员的学习动机，还引导学员树立了正确的学习态度，带领学员制定了课堂公约，为培训的顺利进行奠定了非常好的基础。

第八章　四两拨千斤：问题设计

第一节　问题设计的三个原则

本书第一章谈到了引导式课程的两个特点——大纲变问题和演讲变参与。要想成功地将课程大纲转变为问题，就要进行有效的设计，因为没有错误的答案，只有错误的问题。

在问题设计方面，主要的困扰如下。

（1）提问后无人回应。

（2）问题过大。

（3）问题不易回答。

（4）问题之间衔接不顺畅。

（5）问题未达成预期的目标。

深入了解这些问题产生的原因就会发现，不少人在被问及"设计这个问题的目标是什么"时，想半天也回答不出来，或者说出来的目标与提出的问题根本不匹配。因此，即使单独来看某个问题非常合理，也未必能够达成预期的目标。在设计问题时，要牢记三个原则：以终为始，以学员为中心，先处理心情再处理事情。在设计有效的问题这个方面，这三个原则发挥着重要的作用，如表 8-1 所示。

表 8-1　问题设计的三个原则及其作用

问题设计的三个原则	作用
以终为始	确保问题紧紧围绕提问的目标，不偏离目标

（续表）

问题设计的三个原则	作用
以学员为中心	• 先收集学员的基础信息，使用学员容易理解的措辞 • 了解学员的经验和想法，设计难易程度与学员经验和阅历相匹配的问题，让学员容易回答
先处理心情再处理事情	在表达问题时，要先打消学员的顾虑，引起学员的兴趣，使其愿意回答问题

那么，问题设计的三个原则对解决上述五种困扰有哪些帮助呢？表 8-2 列出了相应的对策。

表 8-2　问题设计困扰的对策及其对应的原则

困扰	对策	对应的原则
提问后无人回应	根据学员的基础和状态提出难易程度适中、与学员关联性强的问题，并营造畅所欲言的氛围	以学员为中心，先处理心情再处理事情
问题过大	明确提问目标后，结合学员的实际情况，将问题分解或细化	以终为始，以学员为中心
问题不易回答	提问前收集学员的基础信息，使用通俗的语言，提出让学员容易回答的问题	以学员为中心
问题之间衔接不顺畅	明确每个问题的目标，根据学员的基础和状况设计问题之间的桥梁	以终为始，以学员为中心
问题未达成预期的目标	围绕提问的目标，并充分考虑学员的基础和状况，设计循序渐进的问题	以终为始，以学员为中心

（1）提问后无人回答。这涉及学员的意愿和能力两个方面。可能培训师提出的问题太大或太难，学员无法回答；也可能培训师未能营造轻松、畅所欲言的氛围，学员不愿意回答。要想解决这个问题，就要先处理学员的心情，营造良好的氛围，再以学员为中心，提出难易程度适中、与学员关联性强的问题。

（2）问题过大。问题过大源自提问的目标不明确，也就是培训师在提问之前，没有搞清楚自己提出这个问题希望获得哪些信息，从而导致提出的问题过大，学员觉得难以回答。要想解决这个问题，就要先明确提问的目标（即以终为始），再结合学员的实际情况对问题进行分级或细化，以便学员回答。

（3）问题不易回答。提出不易回答的问题，一般是因为使用了学员不懂的专业术语，或者学员没有足够的知识或信息来回答。要想解决这个问题，就要在提问之前了解学员的基础，使用学员能够理解的语言来表达问题，确保学员有能力回答问题。

（4）问题之间衔接不顺畅。导致这个问题的根源是提问的目标不够明确。一般来说，相互衔接的几个问题之间，要么是总分关系，要么是递进关系。因此，在设计系列问题之前，首先要明确提出这些问题的目标是什么，是想通过这几个问题引出某个结果，还是想了解某个问题的相关细节。若是前者，则这几个问题为递进关系；若是后者，则这几个问题为总分关系。随后，再基于学员的基础和实际情况，设计具体的问题并考虑如何衔接。

（5）问题未达成预期的目标。这个问题很常见，造成这个问题的主要原因是提问的目标和问题本身不匹配。例如，培训师希望通过一个很大的问题来获得某些细节信息，或者培训师希望得到的信息为A，而提出的问题是关于B的。坚持以终为始的原则是解决这个问题的前提条件，在此基础上，以学员为中心进行提问，才有可能达成预期的目标。

表 8-2 提供了解决这些问题的大方向，那么具体应该如何设计问题呢？下一节将介绍问题设计的四个步骤。

第二节 问题设计的四个步骤

成功一定有方法。设计四两拨千斤的好问题也有一定的诀窍。图 8-1 展示了问题设计的四个步骤——情境、目的、思路和提问。

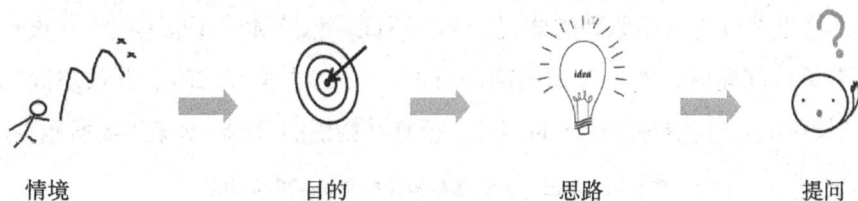

情境   目的   思路   提问

图 8-1 问题设计的四个步骤

1. 情境

情境就是小学时写作文的几个要素——人、事、时、地、物，也可简称为 4W（When、Where、Who、What），即将要运用我们设计的问题的场景。例如，上午十点（When）在针对制造业基层主管（Who）的培训现场（Where），就"向下沟通"培训进行开场提问（What）。为什么一定要先明确情境呢？因为情境是后面三个步骤的基础，情境要素的改变会直接影响后面的目的、思路和提问。

以"向下沟通"培训开场提问为例，其他要素不变，如果培训时间为上午十点，那么开场提问的目的可能是引起学员的学习兴趣，提问思路为找出痛点，引发学员的共鸣；如果培训时间为下午两点，那么开场提问的目的可能就变成了活跃气氛，提问时要从近期热点切入，引导学员参与讨论。同理，如果其他情境要素不变，但参加培训的人变了，那么要想达到同样的目的，就要采取不同的思路和提问。

除了上面的 4W，引导式课程的情境还包括培训现场的能量和学员的状态。如果学员是一群因业绩不佳而被要求参加培训的销售人员，那么开场提问就要从积极的问题开始，先询问学员在生活和工作中令人高兴的、有成就感的事情，或者请学员两两一组夸一夸对方的优点。这样做能够改善学员的状态，增强整个培训现场的能量。如果面对的是自信满满的中层管理者，就要提出一些能够引发思考的问题，帮助他们看到自己的问题和改善点。

2. 目的

明确目的是设计有效问题的关键，也为后面的思路和提问指明了目的地和方向，这也是以终为始原则的体现。目的不同，思路和问题也不同。在设计任何一个单一问题时，都要考虑提问的目的。ORID、世界咖啡、开放空间和团队共创等引导工具中每个层次的问题，也有其特别的目的，如表 8-3 所示。

表 8-3　ORID、世界咖啡和开放空间的提问目的

工具	情境	目的
ORID	O：客观性问题	易开口，还原全貌

（续表）

工具	情境	目的
ORID	R：反映性问题	揭示最初的反应
	I：诠释性问题	看到其中的意义
	D：决定性问题	让本次谈话与未来产生关联
世界咖啡	第一轮：暖场	营造轻松愉快的氛围
	第二轮：暖场结束，进入主题	从工作聚焦到世界咖啡主题
	第三轮：主题已展开，需要深入讨论	深入讨论世界咖啡主题
开放空间	学员刚进入场地	集中参与者的注意力
	开场阶段：说明将要讨论的主题	澄清问题，明确将要讨论的主题
	讨论开始前，征集议题	请学员提供自己需要讨论的议题
	讨论开始前，澄清征集到的议题	帮助学员对所有议题达成共识

团队共创包括六个步骤，分别是准备、情境、头脑风暴、分组、命名和决定。在准备和情境这两步，主要由引导者进行说明。表8-4列出了头脑风暴、分组、命名和决定这四个步骤中各个环节的目的。

表8-4　团队共创的提问目的

步骤	环节	目的
头脑风暴	个人头脑风暴	确保每个人都贡献想法，并快速列出所想
	小组选择想法	小组对想法达成共识
	提交第一轮卡片	收集卡片，并集中团队成员的注意力
分组	卡片配对	让参与者明白为什么要做团队共创
	提交第二轮卡片	建立尽量全面的群组，降低下一轮分组的难度
	给每个群组做标签	帮助学员整理想法
	收集其余卡片	扩展每个人的视角，让团队看到不同想法之间的关联
命名	群组命名	引导深入的对话以澄清团队共识，扩展个人最初的视角，催生对最终产出的拥有感
决定	讨论共识的重要性	识别共识的层面和含义
	展示共识	通过视觉化呈现让人加深理解
	讨论下一步（共识的含义）	让参与者知道下一步是什么

在培训中，培训师除了运用引导工具，还要根据学员的状态来确定提问的目的，并在此基础上提出不同的问题。例如，在新员工培训开场时，为了营造轻松的氛围，一般会先提出一些令人开心、轻松的问题，等学员积极参与后，再提出一些容易引起学员反思的问题。人们在很兴奋的时候，很难静下心来思考问题。提出一些容易引起学员反思的问题可以给学员"降温"，帮助他们顺利进入下一阶段的学习。

我在培训中运用世界咖啡时，在每轮汇谈结束后，进行下一轮换桌前，会请学员静默三分钟，并让其思考下列问题：刚才那一轮，我们讨论了哪些内容？最让我有共鸣的是什么？让我感到惊喜的是什么？让我感到疑惑的是什么？静默和思考能将学员从头脑风暴的热烈氛围中拉出来，而且学员独立思考的所得所想也是对本轮汇谈的总结，这些思考可以为快速启动下一轮汇谈奠定基础。

3. 思路

俗话说："条条大路通罗马。"有了明确的目的地，我们就可以选择多种途径。针对目前的情境和学员状态，采用什么方式更合适呢？这就要由问题设计的四个步骤中的思路来决定了。

图 8-2 展示了引起学员兴趣的两个不同的提问思路——戳痛点和秀愿景。

图 8-2　提问的思路

这两种思路源自人类趋利避害的天性。痛点是害，愿景是利，针对不同的学员和学员所处状态，确定引起他们兴趣的最佳方式是趋利还是避害之后，再提出相应的问题就容易多了。

培训师在设计课程时，如果想要运用一些引导工具，那么可以参考表8-5和表8-6所列的提问思路。

表8-5　ORID、世界咖啡和开放空间的提问思路

工具	情境	目的	思路
ORID	O：客观性问题	易开口，还原全貌	问事实、数据、看到或听到的
	R：反映性问题	揭示最初的反应	问情绪、心情，联想到什么
	I：诠释性问题	看到其中的意义	问价值、重要性、启发和思考
	D：决定性问题	让本次谈话与未来产生关联	问新的认识和下一步的行动
世界咖啡	第一轮：暖场	营造轻松愉快的氛围	问近期热点问题或学员关注的问题
	第二轮：暖场结束，进入主题	从工作聚焦到世界咖啡主题	问世界咖啡主题与工作的关系
	第三轮：主题已展开，需要深入讨论	深入讨论世界咖啡主题	设计几个层层递进的问题，逐步展开
开放空间	学员刚进入场地	集中参与者的注意力	问来这里的目的或看到了什么
	开场阶段：说明将要讨论的主题	澄清问题，明确讨论主题	问要讨论什么，如何理解主题
	讨论开始前，征集议题	请学员提供自己想要讨论的议题	问谁有问题需要跟大家一起交流
	讨论开始前，澄清征集到的议题	帮助学员对所有议题达成共识	用5W澄清问题，询问其他学员是否有疑问

表8-6　团队共创的提问思路

步骤	情境	目的	思路
头脑风暴	个人头脑风暴	确保每个人都贡献想法，并快速列出所想	问大家对于这个问题有什么样的思考或想法
	小组选择想法	小组对想法达成共识	问小组成员最认同的想法有哪些
	提交第一轮卡片	收集卡片，并集中团队成员的注意力	问本组最想跟大家分享的卡片是哪两张

（续表）

步骤	情境	目的	思路
分组	卡片配对	让参与者明确为什么要做团队共创	问哪两张卡片是同类，以及将其放在一起的原因是什么
	提交第二轮卡片	建立尽量全面的群组，降低下一轮分组的难度	问本组哪些卡片上的内容是墙上没有的
	给每个群组做标签	帮助学员整理想法	问这个群组与什么相关，一共产生了几个群组
	收集其余卡片	拓展每个人的视角，让团队看到不同想法之间的关联	问剩下的卡片可以纳入墙上的哪个群组，还有什么要补充的
命名	群组命名	引导深入的对话以澄清团队共识，扩展个人最初的视角，催生对最终产出的拥有感	问哪个词能代表群组中的所有观点，大家是否认同，这个命名是否回答了团队共创问题
决定	讨论共识的重要性	识别共识的层面和含义	问产出对参与者的意义（重要性）或收获
	展示共识	用视觉化呈现让人加深理解	问用什么样的图像能够展示各群组之间的关联
	讨论下一步（共识的含义）	让参与者清楚下一步是什么	用5W1H来询问接下来的步骤有哪些

表8-5和表8-6提供的只是每个步骤的通用思路，在具体运用时，培训师要根据学员当时的状态和提问目的去思考更细化的提问思路。思路决定出路，不同的问题会带来不同的氛围和能量。例如，诠释性问题是整个焦点讨论法的转折点。在案例6-6中，针对半杯水，如果问"杯子里还有多少水"，那么提问的重点就是引导学员关注已经拥有的；如果问"杯子里还差多少水"，那么提问的重点就是引导学员关注欠缺的。面对能力有所欠缺的新员工，应该先让他们看到自己已经拥有的知识、经验和能力，帮助他们树立信心。面对中层管理者，应该先让他们回顾自己的优势，然后重点评估哪些方面还可以提升。

同样是早上十点的"向下沟通"培训，其他情境要素不变，但学员由制造型企业的基层主管变为销售型公司的销售主管，虽然提问目的都是在开场时引起学员的学习兴趣，但提问思路也会有所不同。针对制造型企业的基层主管，提问思路应该是戳痛点（例如，通过需求调研发现学员的共性问题——交期无法保证和质量下降等），引发学员的共鸣；针对销售型公司的销售主管，提问思路可能是针对销售数据提出问题，请大家思考为什么业绩无法达到预定目标，各位销售主管的业绩占总业绩多少比例的数据能引发哪些思考。

4. 提问

有效提问是引导式课程成败的关键，也是难点。课程情境不同，提问目的不同，提问的思路、方式和措辞等也会不同。也就是说，每个问题都要量身定制。

案例 8-1："引导式课程设计"培训的开场问题

在一次"引导式课程设计"培训中，我以课程海报、收获墙和漫游挂图的方式，提出了开场问题。

1. 课程海报

入场时，我问学员："你的姓名、行业和职务是什么？"然后，我请每位学员将答案写在粉红色心形纸上，并将心形纸随意贴在墙上的课程海报上。

2. 收获墙

这个环节包括两个部分。

（1）两两自我介绍和采访。我请学员采访另一位学员，并问对方"你将介绍卡贴在目前的位置是出于什么样的考虑"或者"你在课前学习中有哪些收获"。

（2）收获。采访结束后，我问学员："截至目前，你在课程中有哪三项收获？"然后，我请学员将答案写在即时贴上，一张上面写一条。完成后，全体学员分享自己的收获，并将即时贴全都贴到收获墙上。

3. 漫游挂图

漫游挂图环节包括两个部分。

（1）回答四个问题。这部分包括四个问题，分别是"我认为引导是什么""我所理解的引导式课程是什么样的""哪些因素会影响学员的参与""我在设计问题时遇到的最大挑战是什么"。我将这四个问题分别写在四张大海报纸上，请所有学员以小组的方式轮流思考并回答每一个问题，并将自己的想法和观点写在相应的大海报纸上。

　　（2）交流和讨论挂图上的内容。每位学员都思考过所有问题后，我带着大家走到每一张挂图前，问："你注意到了挂图上的哪些句子或词？""你认同挂图上的哪些想法或观点？""你对挂图上的哪些想法或观点有疑问或不同意见？""漫游挂图上的这些想法和观点，让你有了哪些思考或启发？"学员纷纷表达自己的观点，展开了热烈的讨论。在此过程中，我很少发言，大多数时间由学员自主交流，甚至辩论。最后，很多学员反馈，这个过程让自己对引导式课程有了很多新的理解，也感受到了引导式课程的魅力。

　　案例 8-1 中的三个学习活动均由问题引发。表 8-7 列出了这些问题的情境、目的和思路。

表 8-7　对案例 8-1 中的问题的解析

环节		问题	情境	目的	思路
课程海报		（1）你的姓名、所在行业和职务是什么 （2）你想把介绍卡贴在课程海报的什么位置	（1）学员来自全国各地，彼此之间并不熟悉 （2）墙面上张贴着关于课程的手绘海报	（1）请学员展示相关信息 （2）为后面的采访做铺垫	（1）询问姓名、所在行业和职务 （2）询问学员想将介绍卡贴在哪里
收获墙	采访	（1）你将介绍卡贴在目前的位置是出于什么样的考虑 （2）你在课前学习中有哪些收获	（1）入场前已经将介绍卡随意张贴在课程海报上 （2）本次培训采用的是翻转课堂的方式，开课前我不仅根据报名信息做了一对一的需求调研，还提供了课前阅读资料和作业	（1）引导学员探寻他人行为背后的思维模式 （2）请学员彼此交流学习收获，使之与新内容建立联系	（1）询问为什么会将介绍卡贴在目前的位置 （2）问对方在课前学习中有哪些收获
	收获墙	截至目前，你在课程中有哪三项收获	学员已经做过一对一采访，知道了另一位学员的课前收获	帮助学员回顾刚才的采访，思考有哪些收获和启发	请学员写出三个在课程中的收获

环节		问题	情境	目的	思路
漫游挂图	回答四个问题	（1）你认为引导是什么 （2）你所理解的引导式课程是什么样的 （3）哪些因素会影响学员的参与度 （4）设计问题时遇到的最大挑战是什么	学员通过课程学习和开场前的采访，对课程内容有了初步的思考和理解	（1）提出前两个问题是为了检验学员目前的学习成果，了解学员对引导和引导式课程的理解程度 （2）提出后两个问题是为了调研需求，了解学员的共性问题点和困惑，将其作为课程的重点内容	（1）问学员对引导和引导式课程设的看法 （2）问学员在活动设计和问题设计方面有什么困难
	交流和讨论挂图问题	（1）你注意到了挂图上的哪些句子或词 （2）你认同挂图上的哪些想法或观点 （3）你对挂图上哪些想法或观点有疑问或不同意见 （4）漫游挂图上的这些想法和观点，让你有了哪些思考或启发	通过对漫游挂图中四个问题的思考、讨论和回答，学员对相关问题已经提出了自己的观点和想法	引发学员思考，并引出后面的课程内容——应该在什么时候运用引导	按照ORID的思路提出问题，引导学员对挂图上的问题进行交流和讨论

通过表 8-7 可以看出，"课程海报"环节为后面的采访提供了素材——介绍卡以及介绍卡在课程海报上的张贴位置。"收获墙"环节的目的有三个，分别是暖场（自我介绍）、为引导做铺垫（为什么将自己的介绍卡贴在海报的某个位置）和了解学员现状（收获）。采访从为什么将介绍卡贴在某个位置切入，这可以促进学员相互了解，让学员通过分享彼此的课前收获，建立自己与课程的联系。"收获墙"环节让学员写下并分享收获，使学员与学员之间、学员与课程之间建立了更深入的联系。"漫游挂图"的第一个环节通过四个问题检验学员截至"收获墙"环节的学习成果，了解大家对引导和引导式课程设计的理解程度；同时也做了需求调研，以此了解学员的共性问题点和困惑，将其作为后续课程的重点内容。第二个环节的交流和讨论可以帮助学员澄清概念，并引出课程主题。

第三节   问题测试和验证

问题设计好之后，要先对问题进行测试和验证。问题的测试和验证方式可以分为两种，分别是自评和他评，如图 8-3 所示。

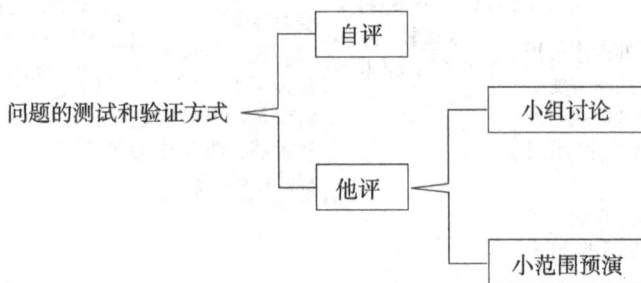

图 8-3   问题的测试和验证方式

一、自评

自评是指问题设计者对问题进行自我评估。问题设计者可以利用表 8-8 进行自我评估。

表 8-8   有效问题点检表

项目		评估问题	评估
问题设计	情境	（1）计划在培训的哪个环节提出这个问题	
		（2）提出问题时，学员的整体状态是积极的还是消极的	
		（3）回答问题的学员的基础信息，如性别、年龄和职位等	
		（4）回答问题的学员的知识、经验和技能基础如何	
	目的	（5）提出这个问题的目的是什么	
	思路	（6）为了达到提问目的，可以采取什么样的思路	
		（7）在这些思路中，哪个思路最符合学员目前的状态	
		（8）为了达成提问目的，需要设计一个还是多个问题	
	提问	（9）问题是否足够聚焦，一次只问一个问题点	
		（10）问题是否以学员熟悉的语言表达	
		（11）问题的措辞是否会引起学员的反感	
		（12）问题的表达是否清晰、准确，不用再解释	

（续表）

项目		评估问题	评估
问题评估	意愿	（13）学员是否愿意回答这个问题	
	能力	（14）这个问题对学员而言是否容易回答	
	达成度	（15）这个问题的答案与预期的提问目标是否一致	

1. 问题设计

好的问题一定是量身定制的。培训现场的各种问题，其根源大多在问题设计上。下面以提问后无人回应和学员答非所问两种情况为例进行说明。

培训师提出一个问题后无人回应，可能的原因主要有以下几点。

（1）提出的问题太大，学员不知道该如何回答。

（2）问题对学员来说太难，学员回答不了。

（3）问题的措辞让学员感到不舒服，学员不愿意回答。

（4）问题的表达不通俗，学员听不懂，无法回答。

有时，虽然有学员回答了问题，但答非所问。造成这种情况的原因主要有以下几点。

（1）问题模糊，学员不知道从哪个角度回答。

（2）问题的措辞不够准确，学员理解有误。

（3）问题的表达不够明确，学员只能按自己的理解回答。

发生以上两种情况通常是因为培训师没有提出合适的问题。培训师要想避免这两种情况，一方面要通过学员的基础信息确定哪类问题适合学员；另一方面要通过了解学员已有的知识、经验和技能确定问题的难易程度，选择适合学员的措辞，采用学员易于理解的表达方式。

（1）回顾情境。回顾提问的目的、学员的基本情况和基础以及培训现场的整体状态和能量场能够为评估提问目的评估打好基础。相关的评估问题如下。

① 计划在培训的哪个环节提出这个问题。这个问题能够帮助我们回顾该问题对应于课程的哪个阶段，明确该问题是即将提出的问题，还是培训开场问题、课程模块之间的衔接性问题、某章节内容的导入性问题，或者是某项活动结束后

的启发性问题、某个环节结束后的检验性问题，或者是课程结束时的总结性问题等。

② 提出问题时，学员的整体状态是积极还是消极的。这个问题能够帮助我们预估培训现场的能量，决定到底是提出能够激发能量的问题，还是提出能够引发思考的问题。

③ 回答问题的学员的基础信息，如性别、年龄和职位等。提问也要做到知己知彼，回顾学员的基本信息能够帮助我们思考学员关心的问题是什么，哪类问题更适合他们。

④ 回答问题的学员的知识、经验和技能基础如何。这个问题能够帮助我们确定问题的难易程度和切入点。

（2）审视目的。在审视目的这个环节，我们要思考，在现有情境的基础上，之前确定的提问目的是否恰当。在前面回顾情境时，我们要先明确在培训的哪个环节提出这个问题，因为不同类型的问题有着不同的目的，如表 8-9 所示。

表 8-9　不同类型的问题的目的

问题类型	目的
培训开场问题	营造学习氛围，引发学员需求，激发学员的学习动机
课程模块之间的衔接性问题	承上启下
某章节内容的导入性问题	建立学员和内容之间的联系
某项活动结束后的启发性问题	引发学员思考
某环节结束后的检验性问题	验证学员是否掌握所学
课程结束时的总结性问题	引导学员回顾、总结所学内容

表 8-9 可以帮我们审视提问目的，评估现在的提问目的是否恰当。

（3）梳理思路。条条大路通罗马，到达同一个目的地有很多条路径。针对特定的情境和学员，哪条思路才是最适合的？做好回顾情境和审视目的这两个环节，梳理思路就变得容易多了。

（4）评估问题。问题设计是否以学员为中心的具体表现为：设计问题时，是否站在学员的角度去思考；在措辞方面，是否照顾了学员的心情和感受；在表达方面，是否用学员熟悉或容易理解的语言来表述，表达是否清晰、不用解释，问题是否容易产生歧义。

2. 问题评估

在培训现场，培训师提出一个问题后却无人回应，通常是因为没有提出有效的问题。一个有效的问题可以从学员回答问题的意愿、能力和提问目的的达成度三个方面进行评估。

（1）意愿。学员愿意回答这个问题吗？我们要了解人性，并很好地处理学员的心情。当问题涉及学员的隐私或有损学员的面子，或者学员回答问题后可能会引发冲突时，趋利避害的本性会让学员回避这个问题。即使学员被点名要求回答，可能也是言不由衷。另外，当学员心情不好时，回答问题的意愿也会降低。这也是我们要提前明确情境，评估学员整体状态和能量的原因。总而言之，我们要以学员为中心来设计问题，尽量增强大家回答问题的意愿。

（2）能力。这个问题对学员而言容易回答吗？如果说增强学员回答问题的意愿是在处理心情，那么评估学员回答问题的能力就是在处理事情了。如果我们设计了一个自以为很好的问题，但学员听了之后却一脸茫然，不知道如何回答，那么我们就要重新审视问题：以学员现有的知识、能力和信息量，是否能够回答这个问题？

我在课前设计好问题后，总会重新看几遍课前问卷，有时会发现有些问题可能是学员难以回答的。此时，我会先评估这个问题的必要性，若有必要，则要么降低难度，要么提前提供相关信息或提示。如果发现学员在这个问题所涉及的领域缺乏相应的知识、经验和技能，那么我会果断地删掉这个问题，转而采用讲授的方式。

（3）提问目的的达成度。回到我们设计这个问题的初衷：学员对这个问题的回答与预期的提问目的匹配吗？这个问题非常重要，因为在实际运用中，不仅有学员在回答问题时偏离主题，也有不少培训师在设计问题时根本不知道提出这个问题的目的是什么。培训师在设计问题时必须以终为始，时刻牢记提问目的。在评估问题时，提问目的的达成度拥有一票否决权。即使学员愿意回答，也有能力回答某个问题，但只要这个问题的答案跟预期的提问目的不匹配，就要重新设计问题。

在自评时，问题设计者很容易陷入思维定式，可能看不到问题中的盲点，导致自评不够客观、全面。解决这个问题的办法主要有以下两个。

① 初步调研。培训师一方面通过了解学员的基础信息确定哪类问题更适合这批学员；另一方面通过了解学员已有的知识、经验和技能确定问题的难易程度，选择符合学员基础信息的措辞，采用学员易于理解的表达方式。

② 结合他评。就算做了初步调研，也不能确保这些问题都是学员愿意回答、容易回答和如实回答的。因此，结合他评对问题进行评估会更加客观。

二、他评

他评可以帮助问题设计者更客观、全面地看待问题。常用的他评方式主要有小组讨论和小范围预演。

1. 小组讨论

在问题设计完成后，可以通过小组讨论的方式对问题的有效性进行评估。小组成员可以是 HR、内训师、学员主管和学员等，这要根据自身的资源情况来确定。只要我们提供明确的评估标准，不管小组成员在问题设计方面是否专业，都能据此指出问题和错误之处。这也是一个头脑风暴的过程，小组成员有着不同的视角和观点，他们通过相互碰撞帮助我们找到自己的盲点，打破定势思维，从而提升问题的有效性。

进行小组讨论时，培训师可向所有小组成员提供点检表，然后对点检表中的每个项目进行说明，确保每位成员都正确理解各个项目。之后，大家以此为依据，逐项进行点评，并做出相应的调整。

2. 小范围预演

小范围预演可以帮助我们发现问题设计中的不足和问题点，及时修改问题，避免无效问题。同时，小范围预演还能帮助我们发现之前没有想到的状况，为问题的修改和完善提供更多的参考信息。

案例 8-2：中层管理者研讨会世界咖啡问题设计

张曼云所在公司最近业绩严重下滑，公司要求她主持一场 40 个人参加的中层管理者研讨会，在 3 个小时的时间里，分析各门店存在的问题和原因，并找到解决方案。

张曼云在完成前期调研工作后发现，造成业绩下滑的原因虽然也包括市场回落，但更重要的是管理层更换频繁且任务非常重，大家士气低落。最初，她想采用原因分析和对策讨论的方式来开研讨会，具体操作如下。

1. 原因分析

给每个小组一张大海报纸，并为每人提供几张即时贴。每个人先在即时贴上写出自己销售业绩下降的原因，然后将其贴在本组的海报上，并讲解自己所写的内容。

2. 原因归类

所有学员讲解完海报上的内容之后，请各个小组对海报上的内容进行分类。

3. 讨论对策

各个小组针对海报上的各类原因讨论对策，并将对策写在大海报纸上。

4. 对策分享

各个小组分享和说明本组提出的对策，并进行讨论。

为了确保效果，张曼云请同事预演上面的过程。但进行到第二步时，分类得到的原因均为客观原因，导致无法进行第三步的对策讨论。

于是，张曼云便来向我求助。我们一起重新梳理了本次研讨会的相关资料。

（1）背景：公司业绩近期严重下滑，多数与会者近期绩效不佳，士气低落。

（2）会议时间：劳动节后的第一个星期六。

（3）会议参与者：门店负责人和区域总经理。

（4）会议目的：通过研讨找到各门店存在的问题及其原因，提出解决方案。

在上述背景下，与会者的情绪可能很低落。基于趋利避害的人性，大多数人在分析原因时，多半会只写客观原因，回避主观原因。因此，要想真正实现本次研讨会的目的，就要先处理与会者的心情，让与会者愿意从自身找问题。综合考虑评估时间、人数和目标等因素后，我建议张曼云采用世界咖啡的方式组织会议，并设计了以下三轮问题。

第一轮问题：

（1）如果用一个图形和一个关键词来介绍自己，那么这个图形和关键词会是什么？

（2）在假期里你做了什么？

（3）如果给自己所在的小组起一个有个性的名字，那么你希望这个名字是什么？

第二轮问题：

（1）你在工作中最有成就感的一件事是什么？让你觉得有成就感的原因是什么？

（2）在销售业绩提升方面，你现在遇到了哪些困难或挑战？

（3）导致这些困难或挑战的原因有哪些？

第三轮问题：

（1）你从大家的成功经验中可以借鉴什么？

（2）对于在提升业绩的过程中遇到的困难和问题，你可以做些什么？

（3）业绩提升计划的内容有哪些？

张曼云运用上述三轮问题举行了世界咖啡，在 3 个小时的汇谈中，大家热烈讨论了业绩下滑的原因。在研讨会结束前，每位参与者都产出了一份业绩改善方案。

在案例 8-2 中，张曼云以小范围预演的方式来评估问题。通过预演，张曼云发现在理论上很不错的思路（从原因分析到对策讨论）无法达成会议目的。无论是提出一个问题还是提出多个问题，达成度都是最重要的指标。因此，张曼云没有继续沿用之前的思路，而是选择了求助。在我的协助下，她设计出了所有的问题，最终成功地达成了会议目的。

针对案例 8-2 中的世界咖啡问题设计，我们可以运用问题设计的四个步骤进行拆解，如表 8-10 所示。

表 8-10　案例 8-2 中的世界咖啡问题设计

情境	目的	思路	提问
第一轮：暖场	大家彼此认识	运用可视化手段进行自我介绍	如果用一个图形和一个关键词来介绍自己，那么这个图形和关键词会是什么
	打开话匣子	问与刚过去的假期相关的问题	在假期里你做了什么
	集中注意力	给所在的小组起个名字	如果给自己所在的小组起一个有个性的名字，那么你希望这个名字是什么
第二轮：暖场结束，进入主题	帮助与会者从低落的情绪中走出来	问与会者最有成就感的一件事及其原因	自己在工作中最有成就感的一件事是什么？让你觉得有成就感的原因是什么
	提出与业绩相关的问题	问与会者在业绩提升方面的问题和困惑	在销售业绩提升方面，你现在遇到了哪些困难或挑战
	分析业绩下滑的原因	引导与会者思考提升业绩困难的原因	导致这些困难或挑战的原因有哪些
第三轮：主题已展开，需要深入讨论	从过去的经验中借力	问与会者过去的经验对自己有哪些启发	你从大家的成功经验中可以借鉴什么
	引导解决问题的思路	问与会者如何做才能提升业绩	对于在提升业绩的过程中遇到的困难和问题，你可以做些什么
	制定业绩提升方案	问与会者行动计划的内容	业绩提升计划的内容有哪些

通过表 8-10 可以看出，第一轮的三个热身问题，先从与会者的个人信息切入，再通过给所在小组起名的方式进行团队建设，同时也集中了大家的注意力，为第二轮的问题奠定了基础。第二轮的三个连接问题，遵循先处理心情再处理事情的原则，第一个问题的目的是处理心情，通过询问与会者最有成就感的一件事，不仅提升了参与者的信心和整个现场的能量，也为第三轮的问题做好了铺垫。利用第一个问题做好过渡之后，再处理事情，即引导与会者思考在业绩提升方面遇到的困难或挑战，以及导致这些困难或挑战的原因。这就实现了本次研讨会的两个目的——通过研讨找到各门店存在的问题及其原因。接下来，在第三轮的目标问题中，前两个问题是为第三个问题铺路搭桥的，它们引导与会者从过去的成功中借鉴经验，思考目前的问题。最后一个问题对应于本次研讨会的最后一个目标——提出解决方案。这样的设计思路完全体现了以终为始的理念。

在案例 8-2 中的世界咖啡问题设计中，成功的关键是第二轮的问题"自己在工作中最有成就感的一件事是什么？让你觉得有成就感的原因是什么"。之所以提出这个问题，是因为考虑到了本次研讨会情境中与会者的状态——公司业绩近期严重下滑，多数与会者近期绩效不佳，士气低落。

本书第二章介绍了引导式课程设计的双向管理，包括以终为始的纵向流程管理和以学员为中心的能量管理。正是因为忽略了能量管理，所以张曼云在设计初稿中采用的直接切入业绩下滑原因开展分析的方式未能达成预定目标。因此，培训师在设计问题时，一方面要按照以终为始的原则思考提出这个问题的目的是什么，另一方面要随时通过观察、互动和交流，评估学员的状态和现场的能量状况，以此决定是提升能量或维持能量，还是降温。如果能量状况的变动较大，就要调整事先设计的问题，通过新的问题来调整能量。例如，学员刚结束了一个令他们很开心的活动，还在热烈讨论中，此时培训师要做的就是降温。如果培训师说"请大家安静，听我讲……"之类的话，那么培训师的声音很快就会淹没在学员的讨论声中。

本书第一章介绍了引导式课程设计的两个特点——大纲变问题和讲授变参与，现在正好可以用上。最好的降温方式是提出能够引发思考的问题。培训师可以运用 ORID 的架构进行提问，将学员无序的交流引导为课程互动，同时帮助学员集中注意力。这是一种巧妙的引导方式，比单纯的"堵"效果好很多。因为此时的学员有着强烈的交流和分享欲望，即便不让他们公开发表意见和观点，他们也会私下交流。讲授变参与，本身也是引导式课程的一个重要特点。

除了现场的能量管理，培训师还要按照以学员为中心的原则进行提问。在设计问题前，培训师应先收集学员的基础信息，了解他们的年龄层次、学历、职位和工作年限等，搞清楚他们是带着怎样的知识、经验和态度来到培训现场的，以便确定问题的难易程度，同时还要考虑措辞，使用他们熟悉的语言来表达问题。

综上所述，情境是设计问题的前提，有了特定的情境，才有特定的人群及其目标，才能为他们量身定制提问的思路，然后再去考虑措辞和表达方式，最后提出问题。这个过程是一环扣一环的，每一个环节都为下一个环节的设计提供了依据。

第九章　以终为始：学习活动设计

虽然讲授是运用时间最久，也是最常见的一种授课方式，但随着学员年龄层次和特点的变化，讲授这种授课方式遇到了前所未有的挑战。假设面对的是年轻学员，他们本身就是互联网的原住民，从小就见多识广、感性、有创意、渴望表达自己，并且反感说教，讲授这种方式对他们的吸引力很有限。假设面对的是年龄比自己大，经验和资历比自己丰富，专业度比自己还高的学员，讲授时就更没有底气了。假设面对的是与自己的经验、阅历差不多的学员，讲授可能根本无法满足学员的需求……如何才能打破这些困境呢？答案就是本书第一章介绍的引导式课程设计的两个特点——大纲变问题和讲授变参与。

如何才能真正做到这两点呢？第八章介绍了大纲变问题的思路和方法，本章将重点介绍如何实现讲授变参与。在引导式课程中，参与是通过设计各种学习活动来实现的。之所以称之为学习活动，而不是教学活动，是因为引导式课程的两个原则——以终为始和以学员为中心。这两个原则具体体现为，培训师的教学或授课方式只是达成培训目标的一种手段，最终体现培训效果的是学员在培训后能否学以致用。

因此，我们要更关注学员的学习。在设计课程时，我们要从学员的角度设计学习活动，使之更贴近学员的实际情况和需求，以此达成培训目标。

第一节　影响学员参与度的因素

为了让学员积极参与学习活动，培训师大多会在培训前花很多心思去设计活动。但是很多时候，培训师精心设计的活动在培训现场并不受欢迎，甚至受到冷遇，这种情况让培训师多少有些沮丧。我通过调查，收集到了 21 个影响学员参加活动的积极性的因素，如表 9-1 所示。

表 9-1　影响学员参加活动的积极性的因素

类别	因素	备注
学习环境	培训场地的物理环境	温度、灯光、大小、封闭性等
	现场的氛围	—
	现场的学习环境	例如，有领导在培训现场旁听课程或聊天等
学员个人	对话题是否有兴趣	—
	对自己是否有帮助	—
	能否认识新朋友	—
	是否有精神或物质激励	例如，参与后有小礼物等
	是否需要带头	例如，自己是组长
	与培训师的熟悉程度	—
	对培训师专业度的看法	—
	身体状况	—
	心情	—
	有其他事务缠身	工作或生活方面的事务
	自身性格	内向或外向
学员小组	小组中有比较强势的人员	导致"一言堂"或指责他人
	小组中有观望者	
学习活动	活动内容	—
	活动难易程度	—
	自己是否擅长	—
	对规则不清楚	—
	对活动目的或时长有疑问	—

通过表 9-1 可以看出，影响学员参加活动的积极性的因素主要分为四类，分别是学习环境、学员个人、学员小组和学习活动。

一、学习环境

学习环境对学员参与度的影响很大，学习环境主要包括培训场地的物理空间、现场的学习环境和现场的氛围。

1. 物理空间

第二章介绍引导式课程的五个要素中的空间要素中的物理空间时，详细说明了场地、墙面、桌椅、光线和温度等对引导式课程的影响，并提供了解决方案。需要特别注意的是，物理空间这个因素的关键词是合适。无论场地的大小、环境的开放性、桌椅的规格，还是场地的温度、光线等，均要以合适为原则。

那么，什么才是合适的呢？

（1）场地。场地太大或屋顶过高，不仅易吸声，不利于聚集能量，同时也会给学员带来不安全感，从而影响其参与积极性。还有一种情况是培训场地中间有柱子等无法移动的障碍物，无论怎样摆放桌椅都无法让所有学员无障碍地看见彼此。这样一来，在培训过程中就会出现声音飘过来却看不到人的情况，学员会感到很诡异；同时，难以被其他学员看到的学员，也会产生被遗忘或被排斥的感觉，从而产生负面情绪。因此，有可能的话，要尽量避免选择中间有很多柱子的场地。

（2）环境。这里的环境包括场地周边的环境和场地内的环境。有一次，我到达某个培训场地时，发现从进入大门到上楼的路上有很多绿色植物和很有创意的设计，让人感觉很放松。但一走进培训场地，风格立马大变，眼前的培训场地是一个以深灰色为主色调、陈设简单、让人感觉冷冰冰的空间，与门外的环境落差很大，进入这里的人会因此立刻紧张起来。我马上去找 HR 商量，去楼下搬了些绿色植物放在场地的四个角落，再将几盆多肉植物放在墨绿色的桌布上。学员们普遍表示，有了这些植物的点缀之后，这个场地给人的感觉好了很多，人也轻松了不少。

（3）桌椅。引导式课程通常是以小组为单位进行的，因此事先按小组的需要摆放桌椅是必要的准备工作。培训师要综合考虑场地的大小和桌椅的规格，考虑摆放好桌椅后剩余空间是否太大或太小。

对于桌椅的摆放，有以下三个注意事项。

① 桌椅可移动。在引导式课程中，学员通常需要来回走动，所以桌椅应该是可以移动的。不少会议室中间有一张巨大的圆形或者椭圆形的会议桌，这样的会场可能不太适合进行引导式课程。有一次，我就是在这样的场地里面进行

引导式课程，而且椅子是很占空间的大班椅，大家坐下之后，椅子离后面的墙就只剩几厘米了，大家出入很不方便。课程开始后，我请学员到场地前面来贴即时贴，有人勉强挤过来，之后就没有人愿意动了。最后，我只好将需要大家来回走动的活动都集中在了中间的大会议桌周围。但即使这样，巨大的会议桌和狭小的空间也对活动效率和学员的参与度产生了很大的负面影响。

② 考虑到小组的人数。在以小组方式推进课程时，要根据每个小组的人数来估算应该把几张桌子拼为一个小组。此时，要先了解桌椅的尺寸，并结合学员之间的熟悉程度和人际空间来确定一组需要几张桌子。

③ 常用的摆放方式。常用的桌椅摆放方式有岛屿式、"U" 形、弧形和圆形等。

案例 9-1：颇费周折的桌子

我曾给某家企业做过一场 TTT 培训，在设计课程前，我先与 HR 沟通好了分组方式：每组 5 个人，一共 5 组。HR 向我提供了关于场地的信息，场地尺寸为 17 米 × 8 米，桌子尺寸为 1.8 米 × 0.7 米。我先以每组一张桌子为标准，画了如图 9-1 所示的草图。

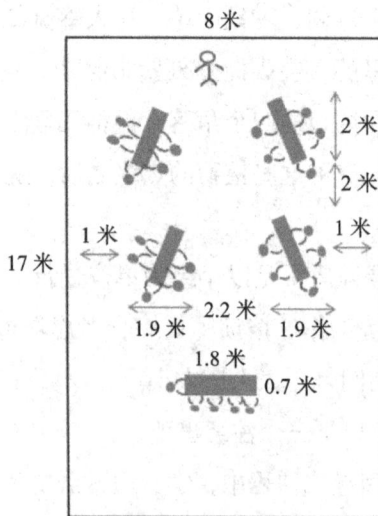

图 9-1　会场摆放草图

之前，我担心这个长条形的场地过窄，在学员与墙面之间以及两个小组之间无法留出足够的走动空间。通过图 9-1 的估算，我发现这个顾虑可以消除了，因为不仅学员与墙面之间有 1 米的走动空间，短边相邻的两组之间也有 2.2 米的空间。不过，看起来没有问题的长边计算下来就没那么乐观了。一张桌子长 1.8 米，为了方便学员看前方的 PPT，同时不挡住后面的小组，桌子需要斜着摆放，这至少要占用 2 米的空间；加上前面相邻两组的椅子和走动空间，也需要约 2 米的空间；这样一来，到最后一组时，已经距离讲台有 9 米之远。课程中的很多演练活动都要在 1 米 ×0.8 米的大海报上进行，这样的小组布局和距离会让有些小组看不清海报纸上的内容。

于是，我与 HR 沟通，请其将长桌换成短一点的桌子，两张桌子拼成一组，摆放得紧凑些，这也能为在 1 米 ×0.8 米的海报纸上写字提供足够大的桌面空间。最终，HR 找到了一批规格为 1.6 米 ×0.7 米的桌子，做了拼接摆放，还买了绿色格子的桌布和装饰花盆。这些准备工作既满足了课程的需要，又营造了轻松的氛围。正式培训时，学员一入场就感到很温馨。

在确定每个小组的人数时，要遵守两个原则：一是每个小组的桌子要至少能放下一张规格为 1 米 ×0.8 米的大海报纸，以便讨论时做记录；二是方便小组成员充分交流。一般来说，每组 4~5 个人最合适。桌面太大会影响小组成员的交流效率、交流质量和参与积极性。

2. 现场的学习环境

学习环境对学员的参与积极性有一定的影响。不少培训现场都会坐着为数不少的编外人员（非本次培训的正式学员），包括旁听的领导、同事、培训组织者以及后勤、服务人员等。在培训过程中，可能会出现人员出入频繁，编外人员聊天、谈工作等情况，这些都会对培训造成干扰。因此，培训组织者不仅要考虑课程时间与学员工作忙闲时段的匹配度，还要尽量减少服务人员等旁听者。

我发现有些企业在内部场地做培训时，不断有学员的部属在门口示意，要求学员签字、批示或处理其他工作。出现这样的状况，大体有两个原因：一是培训时间刚好处于公司的生产旺季，或者当时恰好有重要的项目正在进行；二是培训开始时间过早，学员来不及处理工作就来到了培训现场。针对前一种情况，培训组织者要在课程开始之前了解企业内部的运作情况，征求学员领导的意见后再合理安排培训时间。针对后一种情况，培训组织者要事先提醒学员，或者根据需要与培训师协调，留出时间供学员处理工作。

减少服务人员相对容易，因为参与是引导式课程的核心，培训组织者可以事先将所需物资、茶点放置在培训现场，并做出清晰的标识，请学员自助拿取。要想避免旁听，培训组织者就要了解旁听者前来旁听的原因，并说服老板和相关人员。旁听这个词的重点在于"听"，只有知识类和部分态度类的课程才适合旁听。大多数态度类培训都需要学员进行深入的体验并有所感悟，这样学员才有可能发生预期的改变。没有人能仅通过听而不进行任何演练就学会某项技能。因此，若是知识类的课程，则可以将旁听者纳入学员的行列；若是技能类的课程，则要杜绝旁听者的出现。在我十几年的培训师生涯中，每次 HR 提出要求，说他们老板想安排其他人旁听我的 TTT 培训课程时，我都予以拒绝，并给出以下理由。

（1）对旁听者来说，旁听完全是浪费时间。我做的 TTT 培训最短两天，而且 80% 的时间都是演练。旁听者光靠听，无法学会课程中的技能；同时，旁听者无法参与演练，还要干坐两天，这对他们来说是一种煎熬，完全是浪费时间。

（2）对正式学员来说，旁听者是不必要的干扰。俗话说："外行看热闹，内行看门道。"当我们在看他人演示某项技能时，可能会觉得很简单，一旦自己实际操作，就知道里面有很多方法和窍门了。因此，当正式学员上台演练时，可能产生很多新手才会出现的问题，正式学员因有相同的体验，很少会取笑其他人或给出负面的反馈，而没有相关体验的旁听者，可能就会给出自以为是的评论，干扰正式学员的演练，影响他们的参与积极性。

（3）对培训师来说，旁听者是人为的障碍。培训组织者往往会对我说："老师，您可以当这些旁听者不存在。"但是，当这些人坐在培训现场时，培训师根本无法忽视他们的存在。此时，培训师不仅要完成正常的授课，还要额外处理正式学员面对旁听者所产生的心理障碍（如不愿意上台出丑、不想被指指点点等），还要考虑旁听者干坐两天所产生的情绪和状态（如不耐烦、犯困等），以及由此带来的各种问题（如闲聊、随意评价学员等）。这些都会分散培训师的精力，也是一种人为的障碍。

（4）对企业来说，旁听者增加了不必要的成本。企业开展培训的目的是希望学员掌握课程内容，并将其运用在工作中，进而提升组织绩效。通过上面的分析不难发现，安排旁听者来旁听看似划算，但完全违反了初衷，造成了南辕北辙的结果。旁听者不仅干扰了正式学员的学习，给培训设置了人为的障碍，而且旁听者自身并未受益，只是浪费了大把时间。这些都会增加培训的成本，而回报却没有增加，甚至会减少，可谓得不偿失。

3. 现场的氛围

现场的氛围是沉闷还是热烈，是紧张还是放松，是保守还是开放等，都会影响学员的参与度。现场的氛围，除了前面谈到的物理空间，还可以通过场地的软环境和培训师自身两个方面来营造。

（1）场地的软环境，主要是指场地的温度、光线和装饰等。其中，场地的温度以舒适为原则，避免过冷或过热。房间内过冷一方面会让学员难以投入，另一方面也降低了整个现场的能量。房间内过热，则会让学员焦躁不安，难以静下心来深入思考问题。

至于光线，场地内最好有自然采光的窗户，灯光以白色为佳。我曾遇到过某些培训场地全是昏暗的黄色灯光，让人昏昏欲睡。此时，要想办法制造更多的光亮。例如，在一次开放空间中，我们将海报纸和 A4 纸放在中间的地面上铺成圆形，旁边摆放各色彩笔。这样做既提高了房间的亮度，也引起了学员的好奇心。

在装饰方面，也要花点心思，尽量营造出轻松的氛围。例如，我曾经在春节假期结束后的第二天，给某家企业做了一场 TTT 培训。为了帮助大家缓解"假日综合征"，快速进入培训状态，我请企业的 HR 准备了气球，自己也从家里带了些大红色的节庆小饰品。在培训开始前，我们将气球挂在墙上，然后给各小组分配了几个小饰品，请大家自行决定挂在哪里，怎么挂。这些活动让学员很快就将注意力集中到了即将开始的培训上。

（2）培训师自身。在引导式课程中，培训师的一个重要角色就是助产士，也就是帮助学员生孩子（即产生想法）。能否营造出学员愿意表达且真实表达想法的氛围，是引导式课程能否成功的关键之一。

那么，什么样的学习氛围是学员需要的呢？我通过调查得到了以下七个关键词。

① 安全：从物理距离和心理距离两个方面，都能让学员获得安全感。

② 轻松：感觉自在，愿意畅所欲言，真实地表达自己的想法和观点。

③ 分享：乐于分享自己的观点和想法。

④ 开放：停止评判和质疑，聆听他人的观点和想法，在让对方得到尊重的同时，也鼓励学员的参与。

⑤ 接纳：接纳与自己不同的人，接纳与自己不同的观点和想法。

⑥ 积极参与：积极思考，参与到学习活动中。

⑦ 有所期待：对课程的内容、方式和产出等有所期待。

试想一下，如果自己能够在由上述七个关键词所描述的氛围中参加培训，那会是什么样的情景呢？

培训师应该如何去营造这样的学习氛围呢？表9-2对营造良好的学习氛围的方式及要点进行了梳理。

表9-2　营造良好的学习氛围的方式及要点

维度	方式	要点
培训师自身	着装	先考虑企业文化，再考虑学员的年龄层次和职级，选择与学员相匹配的着装
	表情	面带微笑
	肢体	用站或坐姿、手势、动作等肢体语言展现亲和力，避免指责、评判和不尊重
	语言	用平和、中立的语言重复对方的话或关键词，配合对方的语速和节奏，以获得学员的信任和尊重
课程流程	课前互动	通过课前寒暄展现亲和力，利用入场调查表促进学员思考
	自我介绍	请学员做自我介绍，帮助大家快速融入
	明确主题	开场时说明培训背景和目标，增强学员的参与意愿

对表 9-2 中相关要点的说明如下。

① 着装。有些培训师习惯每次都穿正装去上课，他们觉得这样才能凸显自己的专业度和权威。引导式培训师可以通过各种方式展现专业度，但要放下自己的权威，通过扮演助产士这个角色来引导学员群策群力。

我一般会先问企业的 HR："学员会穿什么样的服装来上课？"如果学员都穿职业装来参加培训（如银行业、酒店业的员工），那么培训师就不能穿得太休闲。同时，着装本身也是一种引导。例如，在两天的培训中，我通常会在第一天选择暖色调的着装，第二天选择冷色调的着装。我之所以这样选择，是因为考虑到了学员的状态。在培训的第一天尤其是开场阶段，学员还处于观望阶段，融入相对较慢，培训师可通过暖色调的着装和自身的热情，结合其他方式激发学员的热情。第二天，培训的氛围已经很热烈了，为了帮助学员冷静下来进行思考，培训师可以利用冷色调的着装进行调和。

案例 9-2：围巾搭配

有一次，我为上海的一场线下活动做准备时，在围巾搭配这个问题上纠结了很久。这次活动将全程使用引导的方式，我选择了一条皮粉色的羊毛中裙。我在选择围巾时发现，深色围巾显得自己又高又瘦，但缺乏活力；浅色围巾则显得自己有点矮胖，但有亲和力。到底应该选择哪个搭配呢？犹豫良久后，我最终选择了将自己显得矮胖的浅色围巾。因为配上浅色围巾能给大家带来春天的气息，让大家产生轻松、愉快的感觉，而且使我显得更加亲切，这能增强暖场效果。

案例 9-2 中的围巾搭配只是一个小问题，我想强调的是，帮助我们做出决定的是思维。选择将自己显得又高又瘦的深色围巾，体现的是以培训师为中心的思维；选择将自己显得矮胖但亲切的浅色围巾，体现的是以终为始（暖场和带动学员）和以学员为中心的思维。其实，这是一个关于思维决定行为的案例。

② 肢体。很多时候，我们的肢体发挥着"此时无声胜有声"的作用。不经意的一撇嘴、一个眼神，都流露了我们内心的想法。培训时，培训师应尽量避免做出可能让学员产生防卫、反感或其他负面情绪的肢体动作。

③ 语言。引导式培训师的语言特别重要。首先，引导式培训师要保持开放的心态和好奇心，去聆听学员的观点；其次，引导式培训师要谨慎选择措辞回应学员，营造积极的学习氛围。例如，学员发言后，可以运用"先跟后带"的技巧，从五个角度来肯定对方，即肯定对方的话，肯定对方的动机，肯定对方的情绪，从对方的角度去肯定，承认总有新的或未曾想过的可能性。充分肯定学员能够大大激发学员的发言积极性。

④ 课前互动。暖场并非在课程正式开始时才进行。我通常会在课程第一天提前一个小时到达培训现场，并在开课前 30 分钟完成所有准备工作后，专心迎接学员入场，与大家打招呼、寒暄，询问大家在完成课前作业的过程中碰到了什么问题，有什么收获。如果有需要，我会立刻回答学员提出的问题。这样做一方面拉近了自己与学员之间的距离，另一方面也能引导先来的学员开始课前学习和回顾，让后来的学员自然地进入学习状态。

此外，学员来到陌生的地方，开始时会处于观望状态。要想让大家参与进来，就要步步为营。此时，培训师可以从最简单的活动开始。例如，请学员在进入培训场地后，用打勾或写"正"字的方式填写如图 9-2 所示的入场调查表。

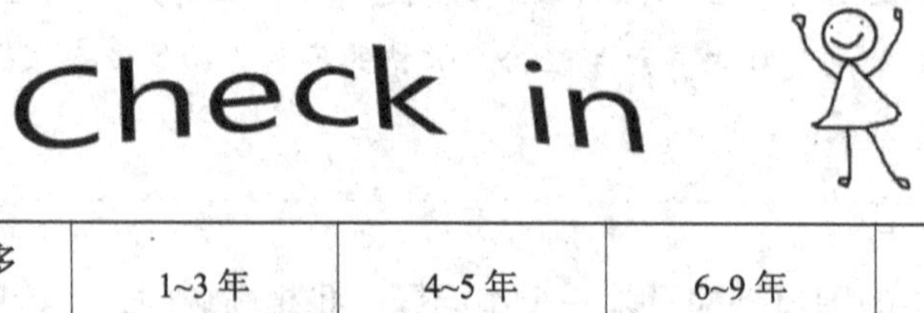

Check in

您工作了多少年	1~3 年	4~5 年	6~9 年	10 年以上
您从事培训工作的年限	1 年	2~3 年	4~6 年	6 年以上
期望通过本次课程提升哪些方面	了解学员需求	获得访谈中的真实信息	选择适合的案例	吸引学员的方式

图 9-2　入场调查表

在图 9-2 中，"您工作了多少年"和"您从事培训工作的年限"都属于基本信息，填写这些内容对学员来说没有难度，学员一般也愿意填写。"期望通过本次课程提升哪些方面"是在做需求调研，目的是促进学员思考，让他们带着问题进入课程。

⑤ 自我介绍。自我介绍是用来增进学员之间互相了解、活跃氛围的常用方式。培训师可以根据人数和时间选择自我介绍的形式，如口头或书面、全体或小组等。其中，采用书面形式时，最好将自我介绍信息视觉化，如简笔画、思维导图等。本书第一章介绍的由我自创的键盘签到法就是视觉化介绍的一种，它能促进快速暖场。

⑥ 明确主题。开场时，培训师要先说明培训的背景，也就是大家为什么要来参加此次培训，通过培训能达成哪些目标，大家培训后能够做哪些之前做不到的事情。培训师还可以带着学员畅想一下，当他们能做这些事情之后，会得到什么，他们会有什么样的心情和感受；并用视觉化的方式，将得到后的场景或感受呈现出来，以此激发学员的学习动机。

综上所述，环境对引导式课程中学员的参与积极性有着关键影响，我们要从物理空间、学习环境和现场氛围三个方面去考虑并做好充分的准备。同时，还要注意场地的面积、封闭性、温度、灯光、桌椅的摆放、场地的布置、参与者的筛选以及培训师自身的着装、言行举止和互动方式等，每一个细节都很重要。

二、学员个人

学员个人因素主要包括学员自身的性格、身体状况、参加培训时的状态、对活动的兴趣和期待、对活动价值的认知和对培训师的评估等。针对这些因素，表 9-3 提供了相应的对策。

表 9-3　针对学员个人因素的对策

因素	对策
是否有兴趣	增强活动与学员的关联性，提升活动的趣味性
对自己是否有帮助	在活动前说明活动与培训需求之间的关联，强调给学员带来的利益

（续表）

因素	对策
能否认识新朋友	开场时由学员做自我介绍
是否有精神或物质激励	设计适当的精神或物质激励方式，并公布实施
是否需要带头	将选组长的权利交给组员，结合激励机制进行鼓励
与培训师的熟悉程度	培训师在课前与学员互动，在课程开始时进行自我介绍
对培训师专业度的看法	培训师通过着装、自我介绍和提问展现自身专业度
身体状况	安排课程时考虑学员工作的忙闲时段，对个别学员予以特别关注
心情	通过暖场来调整学员的心情
有其他事务缠身	课前进行提醒，请学员安排其他时段处理事务
自身性格	分组时搭配不同性格的学员；设计活动时，考虑到学员的不同性格；开展小组活动时，运用规则或机制创造平等的发言和决策机会

通过表 9-3 可以看出，有的问题看起来是学员个人的问题，但其实根源在于活动设计本身。

三、学员小组

表 9-1 列出了很多影响学员参加活动的积极性的因素，阅读该表中的内容后不难发现，在以小组为单位进行的活动中，小组对学员的参与度有很大的影响。小组中强势的成员会主导活动的进行过程和结果，挫伤其他学员的参与积极性，使处于观望状态的学员放弃参与。为了避免这些情况，我们可以采取以下对策。

1. 事先建立规则

培训师可以通过事先建立规则的方式来创造平等的发言和决策机会。例如，培训师可以要求各个小组在讨论时使用谈话棒。谈话棒可以是本小组成员共同认可的任何物品，如水杯、笔或其他物品。培训师要向所有人说明使用规则：以顺时针或逆时针方向传递谈话棒，只有拿到的人才能说话，其他人只能倾听；每一位组员都发言完毕后，才能进行第二轮的传递。如果需要小组做出某种决策，那么培训师可以要求各个小组以投票的方式做出集体决定。

2. 分工到人

培训师要对每一位小组成员进行相应的分工，或者提供角色名单并明确相应的职责，请学员自行认领。例如，在进行小组讨论时，可以设定主持人、计时员、记录员、发言人和职责监督员（提醒大家各司其职）等角色。当每个人都有自己的职责需要履行时，就会主动参与到活动中。

3. 对症下药

当个别学员在活动中处于观望状态时，培训师可以过去了解原因，确认学员到底是对这个活动的规则或目的不了解，还是对活动本身没有兴趣。如果原因是前者，那么培训师可以重新说明一下，如果原因是后者，那么培训师也可以挖掘更深层次的原因，看看学员到底是觉得这个活动太简单或太难、与自己的工作没关系，还是因为其他原因对活动没有兴趣，然后再提供相应的对策。如果观望的学员较多，那么培训师就要反思活动设计是否合理，并积极询问大家对活动的看法，对问题进行调整。

4. 通过提问鼓励发言

在自由发言期间会出现有些学员积极发言，有些学员想发言但犹豫，有些学员一直未发言等情况。此时，培训师可以通过提问鼓励和引导更多学员参与进来。

表 9-4 按照提问的四个步骤提供了相应的对策。

表 9-4 鼓励和引导更多学员参与提问的对策

情境	目的	思路	提问
有些学员积极发言	让发言少的学员参与	鼓励其他人发言	还有谁想发言
有些学员想发言但犹豫	邀请犹豫者发言	主动邀请发言	你好像有话要说，是吗
有些学员一直未发言	邀请未发言的学员发言	给未发言的学员留出名额	我想将最后两个分享名额留给之前没有发过言的伙伴，谁愿意分享呢

对于表 9-4 中所列的对策，有些小细节需要注意。

（1）过渡。如果总是固定的几位学员发言，那么培训师既要鼓励其他学员发言，也不能打击发言者的积极性。在问"还有谁想发言"之前，培训师要先对发言者表示认可，实现自然的过渡。例如，培训师可以说："刚才几位伙伴分享了自己对有效沟通的看法和观点，为我们开启了本次课程的学习之旅，让我们用掌声感谢他们！"等掌声结束后，培训师再问："我们每个人每天都在跟各种各样的人沟通，也有着不同的沟通体验，我想邀请更多的伙伴来分享自己对有效沟通的想法。还有谁想发言？"

（2）观察。在培训现场，培训师要密切观察学员的状态。当我们提出一个问题时，如果有学员一直低着头，就说明他不想回答这个问题；如果有学员一直用迫切的眼神看着你，就说明他很想回答这个问题；如果有学员抬头看看你，张张嘴又低下头，就说明他想发言但有些犹豫，此时培训师要适时地推他一把，主动邀请他发言。在引导式课程中，除了邀请想发言但有些犹豫的学员，一般不建议用点名的方式让学员回答问题。

（3）分析。有些学员一直未发言，可能是因为没有机会，也可能是不知道如何回答，还可能是没有信心。此时，如果只是通过提问来邀请他们，那么效果可能不会很好。此时，培训师就要分析：这些一直未发言的学员是什么性格，内向还是外向居多？之前提出的问题，对发言者来说难易程度如何？当时这些学员的表情和肢体反应是茫然、若有所思还是漫不经心？这个问题对他们来说是否有吸引力？做完这样的分析之后，培训师可以更有针对性地提出问题。

例如，如果培训师发现之前一直未发言的是性格外向但在培训主题方面经验较少的学员，那么在提出问题时，就要适当降低难度，或者给予提示。如果一直发言的学员较多，那么培训师可以分区提供名额。例如，培训师可以说："我想将最后两个分享名额留给之前没有发过言的伙伴。我们一共四组，这边两组一个名额，那边两组一个名额。谁愿意分享呢？"通过分区提供名额的方式，培训师可以将发言者的范围进一步缩小，让未发言者产生自己与分享活动的关联变强了的感受，促使他们对问题进行思考。如果培训师提供的两个名额是面向全体学员的，那么发言机会与每位学员的关联就相对弱了，可能有不少学员会想着让别人去思考和回答，从而造成观望或者冷场。

四、学习活动

虽然学员参加学习活动的积极性会受环境、个人和小组的影响，但起决定性作用的还是活动本身。活动的内容是否新颖有趣，活动的难易程度如何，活动的目的和规则是否清晰，活动与学员的关联是否紧密，这些都会直接影响学员的参与度。

针对这些问题，表 9-5 提供了相应的对策。

表 9-5　影响学员参加活动的因素及相应的对策

因素	对策
活动内容	活动内容的设计要新颖、有趣
活动难易程度	做好课前需求调研，设计难易程度适中的活动
自己是否擅长	说明活动的目的，打消学员的顾虑
对规则不清楚	明确活动规则，并发出清晰、具体的指令
对活动目的或时长有疑问	在活动开始前进行简单、明确的说明，并询问学员是否有疑问

表 9-5 仅提供了解决这些问题的思路，到底如何做才能设计出符合学习目标且学员愿意参与的活动呢？这是本章后面的重点内容。

第二节　设计学习活动之前的准备工作

凡事预则立，不预则废。设计学习活动设计之前，也要做好相应的准备工作。

在引导式课程中，现场在大多数情况下都是由学员主导的，他们的状态决定了学习的进度和质量。若一味放任，则难以保证学习效果；若干预太多，则会挫伤学员的参与积极性，干扰学员的思考、决策和行动。因此，引导式培训师要在培训前做好准备工作，以精准设计学习活动的方式来"修渠"，在培训现场顺势而为，促进学员的参与和产出。

在培训需求诊断和调研的基础上做准备工作，相对更加容易，因为前期的诊断和调研能够帮助我们了解学员的基础信息，明确学员的共性需求，让我们在此基础上设计出学员愿意回答且能够回答的问题，以及学员愿意参与并贡献想法的活动。为了给后面的学习活动设计打好基础，我们可以针对图 9-3 所示的六个方面做好准备工作。

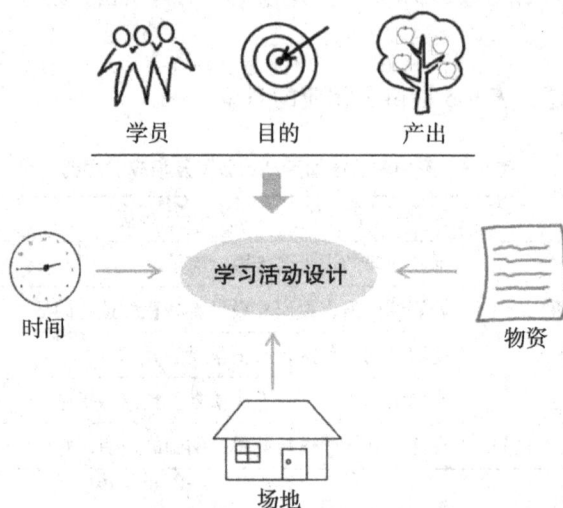

图 9-3　设计学习活动之前的准备工作

在图 9-3 所示的六个方面中，学员、目的和产出是学习活动设计的"终"。时间和场地是限制条件；物资视情况而定，有些特定的物资也是限制条件。例如，某些特别的设备、仪器或工具的数量有限时，就会变成学习活动设计的限制条件，而纸张、彩笔和办公文具等容易获取的物资一般不在此列。

图 9-3 为什么要将学员、目的和产出放在一起呢？这是因为，无论目的还是产出，其主体都是学员。学习活动的目的是根据课程目标并围绕着学员来确定的。学习活动的产出是学员在学习活动结束后得到的成果。无论目的还是产出，都要根据学员的基础和状态来确定，以确保相互匹配。如果学习活动的产出超出了学员的能力范围，就会发生没有产出的情况。如果学习活动的产出对学员来说过于简单，那么学员可能会没有兴趣参与，或者虽然参与但没有思考

和收获，白白浪费了时间。我们都知道，时间是个硬指标，也是做培训时非常稀缺的资源，充分利用有限的时间是引导式培训师的基本功。

针对图 9-3 所示的六个方面，我们可以通过以下问题进行梳理。

（1）目的。通过这个学习活动希望达到什么目的？

（2）产出。这个学习活动结束后，期望的产出或成果是什么？确定这个产出或成果的依据是什么？这个产出与学习活动的目的是否匹配，或这个产出是否为学习活动的目的服务？

（3）学员。学员来自什么部门和岗位？学员们的年龄层次是什么样的？学员们对学习的态度是积极、消极还是观望？学员对培训主题已有什么样的认识和经验？学员之前是否接受过类似主题的培训？学员在培训主题方面有哪些共同的问题和困惑？学员期待培训后能带走什么？这些问题的答案，都来自培训需求调研。如果需求调研做得不到位，那么很可能无法得到准确的答案。

（4）时长。该学习活动所属的培训一共多长时间？这个学习活动预计用时多少？学习活动与培训总时长匹配吗？是否合理？如果是一场为期两天的培训，那么用 30 分钟来进行暖场是可以的；但如果是一场时长为 3 个小时的培训，那么用 30 分钟时间来做暖场就太浪费时间了。

（5）场地。培训场地是否大小适中？分组后是否既不拥挤也不会太空旷？桌椅是否可以移动？桌椅的尺寸是否合适？是否有足够的墙面可用？场地的光线是否充足？温度是否合适？场地是否有一定的封闭性？

（6）物资。学习活动中可能用到哪些材料、工具或其他物品？现有多少材料、工具和其他物品？现有物资够几个小组使用？

第三节　学习活动设计的六个元素

引导式课程成功与否，关键在于设计的质量如何。好课程是设计出来的，准备越充分，设计越精准，达成预期目标的可能性就越高。

案例 9-3："课程开发与案例萃取"培训中的案例加工演练

我给一家企业做过为期两天的"课程开发与案例萃取"培训，第二天的内容是案例萃取。在这场培训中，我提供了三种加工案例的方法。我针对其中的 STAR（情境、任务、行动和结果）设计了如表 9-6 所示的案例加工表，将其作为课前作业，请每位学员在开课前完成。

表 9-6　培训案例加工表

作业 3：培训案例加工表
请运用下面表格加工自己收集的工作案例，形成一个培训案例。
姓名：＿＿＿＿＿＿　　　　　　　　　　　部门：＿＿＿＿＿＿

案例名称：	适用的课程主题：
案例描述 背景（时间、地点、谁、发生了什么事）： 任务（案例中的人物需要完成什么样的任务）： 行动（案例中的人物为了完成任务，有哪些言行）： 结果（最终结果如何，是否完成了任务）：	
案例的呈现方式 □文字　□图片　□口述　□角色扮演　□视频　□其他	
案例对应的课程知识点或技能	
这个案例在课程中的作用	
我打算引导学员进行案例讨论的问题 1. 2. 3.	

在培训现场，我请学员在课前作业的基础上对案例进行完善、展示、讨论和反思，以此帮助大家掌握运用 STAR 加工培训案例的方法。整个案例加工演练活动的步骤如下。

（1）两两交流。学员两两分享课前作业中的案例加工表。

（2）案例分享。开放三个名额，请学员分享案例并反馈做得好的是什么，有什么可以完善的。

（3）小组案例完善。每个小组选择一个案例，先予以完善，再将其写在大海报纸上。

（4）逛画廊。各组将写有案例的大海报纸放在桌上，全体起立，所有小组按照顺时针方向依次浏览各个小组的案例。

（5）人体投票。逛画廊结束后，每个人站在自己认为有效的案例前面，并说明原因。

（6）反思和总结。引导学员对投票结果和理由进行讨论，并总结运用STAR加工案例的注意事项。

从培训现场的氛围来看，学员的参与度非常高，学员对小组案例的产出进行了认真、深入的讨论，案例主题和内容均与实际工作密切相关。培训结束后，学员纷纷反馈，这个演练让自己看到了之前没有想到、没有做到的步骤和内容，也让自己掌握了如何运用STAR有效地加工案例，收获很大。

案例9-3中的学习活动，采用的就是平时技能培训中常用的实操演练的方式。不少培训师跟我说："虽然觉得实操演练对技能培训来说是必要的，但实际运用起来，要么无法达到预期的效果，要么时间不够用。"问题到底出在哪里呢？

在培训现场，学员能否按照预定的路线到达目的地，关键在于培训师是否事先修好了"渠"。这里的"渠"是指学习活动设计。以案例9-3为例，在培训现场，学员做了以下事情：两两分享案例并反馈；小组选择并完善一个案例后，将讲题写在大海报纸上；逛画廊，观看每个小组的案例成果；通过站队投票的方式选出最有效的案例并分享原因；对案例成果和学习过程进行反思。

那么，培训师又做了什么呢？培训师先设计了案例加工表，将其作为学员的课前作业，然后在培训现场说明规则和要求，并在各组之间进行巡视和辅导，最后引导学员进行反思。这个案例中的"渠"包括课前的作业设计、课程中的流程和任务安排，这些都是培训前需要完成的工作。

学习活动设计的六个元素是情境、小组、桥梁、任务、展示和反思，如图 9-4 所示。

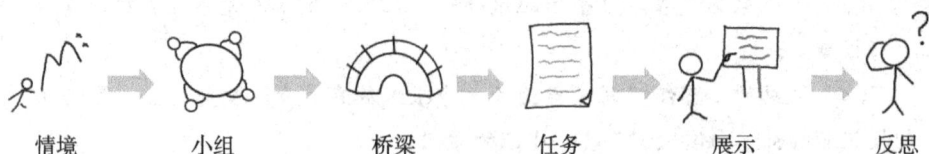

图 9-4　学习活动设计的六个元素

本着不重复造轮子的原则，我们也借用情境、小组、桥梁、任务、展示和反思这六个元素来设计引导式课程。表 9-7 列出了学习活动设计的六个元素在案例 9-3 中的学习活动设计中的运用。

表 9-7　案例 9-3 中的学习活动设计的六个元素

元素	内容
情境	• 目的：帮助学员掌握运用 STAR 加工案例的方法 • 主题：讨论、完善课前作业中的案例加工表，然后进行分享、反思和总结 • 评估：每个小组完善并写在大海报纸上的案例
小组	学员先两人一组交流作为课前作业的案例加工表，然后通过小组讨论选择并完善一个案例，最后以小组为单位展示完善后的案例
桥梁	学员两两交流作为课前作业的案例加工表，并分享做得好的是什么，还有什么可以完善的
任务	请每个小组从本组的案例中选择一个进行完善，并将其写在大海报纸上
展示	每组将写有案例的大海报纸放在桌上，全体起立，每个小组按照顺时针方向依次浏览各组的案例；随后，通过站队投票的方式，选出自己认为有效的案例，并说明原因
反思	引导学员对投票的结果和理由进行讨论，总结运用 STAR（情境、任务、行动、结果）加工案例的注意事项

一、情境

学习活动设计中的情境，不仅包括讲故事中的 5W1H，还要有明确的目的、主题和评估。这有点像一个游戏，不仅有一定的目的，还有相应的主题（如打怪兽）和评估系统（如升级规则）。在设计学习活动的过程中，为学员确定一个值得投入的主题，并将其变成一个需要学员去完成的任务是非常关键的。这个任务可以是一个问题，也可以是一个决定，还可以是一个目标。

如果培训师只是让学员模仿一个案例、记忆一段内容或重复去做某件事，那么这样的主题是没有意义的。有效的主题应该是学员需要自己主动去思考、参与并展示的观点。引导的本质是参与，我们需要通过氛围的营造和事先的流程和活动设计，让学员积极主动地参与和做贡献，群策群力地解决问题。

表 9-8 列出了在培训的各个阶段中，可以针对不同目的使用的邀请学员参与的方法及方式。

表 9-8　以终为始的参与方式设计

序号	目的	培训阶段	方法	参与方式
1	让学员彼此认识	暖场	自我介绍	口头或书面，个人或小组，文字或视觉化
			游戏	每个人都参加或小组派代表参加
2	引起注意	均可	视觉刺激和提问	培训师着装、肢体语言、图示、视频和不完整书写
			听觉刺激和反馈	音乐、铃声、声音变化、停顿或静止、案例、故事、语言暗示和提问
3	回忆	均可	引导式回忆	语言、文字、视觉、听觉等线索和提问
4	记忆	均可	提取法	请学员找线索、找规律、复述和找关联
5	理解	均可	测试法	识别（叫出名字）、区分（说出不同）和分类（找出异同）
			呈现法	以口头或书写的形式呈现出句或段或图示
6	收集观点和想法	均可	头脑风暴	口头或书写式头脑风暴
			开放式讨论	自由发言
			世界咖啡	小组讨论后换桌参与
			开放空间	小组走动讨论不同的主题
			漫游挂图	书写、小组轮换、逛画廊、提问交流和总结
			ORID	围绕问题进行思考和分享
			思维导图	个人或小组或全体，口头或书面

（续表）

序号	目的	培训阶段	方法	参与方式
6	分享观点和想法	均可	发言	口述
			展示	展示海报、口述、交流和总结，张贴海报、逛画廊、提问交流和总结
			表演	小组通过表演来展示自己的观点和想法
7	发现问题	均可	提前收集法	课前问卷、访谈和小组讨论
			现场呈现法	现场提问、测试和分享（详见序号6的内容）
			反馈法	讨论或点评（两两或小组或全体）
8	解决问题	均可	鱼骨图	明确问题，确定大、中、小要素，原因分析，确定关键小要素，提供对策
			剥洋葱法	确认问题、提问、判断答案和提问等
			头脑风暴	提供对策（个人或小组或全体）和分享
9	示范	均可	示范法	口述、演示、案例和活动
10	体验	均可	过程参与	代入情境、分享感受和分析总结
11	实操演练	均可	作业	布置和完成课前作业、交流和分享作业（两两或小组或全体）、点评或评优、反馈和总结
			现场演练	说明演练要求、分配任务、演练（个人或小组）、展示或模拟、点评、反馈、反思和总结
12	运用的评估	前	对比	展示运用情境、提问交流和点评
		中、后	现场呈现法	实操法、展示法、模拟法、任务法（解决问题或完成步骤）、分类、识别、区分或比较、判断或点评、纠错和总结
13	促进运用	中、后	现场促进法	分配任务、运用计划分享和前馈（其他学员现场反馈）、ORID、寻找学习伙伴或小组、盈利矩阵、讨论运用监督机制、现场5-3-1作业和公众承诺
14	复盘	中、后	ORID	通过ORID进行过程回顾，总结经验，提出改进措施
15	总结	中、后	阶段性小结	个人回顾或反思、书写、小组讨论汇总、分享和反思
			总结	个人或小组书写或讨论、分享或展示、交流答疑和总结

案例 9-4：用简笔画做自我介绍

在 2016 年年底的一场"视觉思维在培训中的运用"培训开始前，我请学员用简笔画来做自我介绍，具体步骤如下。

1. 画出自我介绍

我请所有学员在一张 A4 纸上用彩色笔画出自我介绍，并提供了如图 9-5 所示的范例。

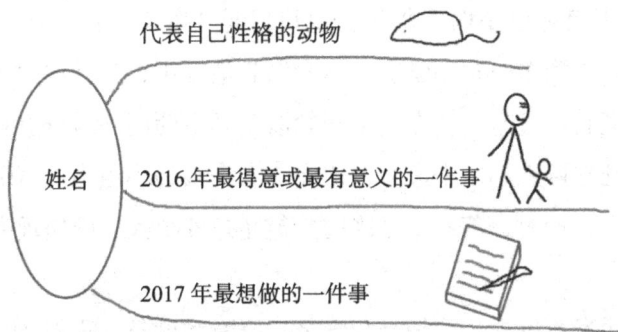

图 9-5　自我介绍范例

刚开始，不少学员说自己不会画简笔画。我一方面说明这不是绘画比赛，只要能让大家看出来自己画的是什么就可以了，如果担心他人看不出来，那么可以在简笔画旁边写一个关键词，帮助其他人理解；另一方面提醒大家可以上网搜图。很快，一张张形象生动的简笔画就呈现在大家面前了。

2. 自我介绍

按照顺时针方向，每位学员用自己画的简笔画做自我介绍，之后将简笔画贴到介绍墙上。

3. 效果验证

最后，我们采用了随便指出墙上的一幅简笔画，并请一位学员指出其主人的方式进行验证。结果证明，学员都记住并熟悉了在场的伙伴。

案例 9-4 中的三个步骤迅速拉近了学员之间的距离，让学员记住了彼此的性格和姓名等，达到了暖场的目的。在"用简笔画做自我介绍"这个情境中，目的、主题和评估分别如下。

（1）目的：帮助学员彼此认识，使他们尽快熟悉起来。

（2）主题：以简笔画的形式画出自我介绍，并向其他学员介绍自己。

（3）评估：学员为简笔画找主人，现场验证是否彼此认识。

二、小组

要想真正实践讲授变参与，比较有效的方式是让学员以小组为单位参与学习活动。这个小组可以是两人小组，也可以是3~6个人的小组。其中，两人小组可以在学员人数多时帮助学员快速参与到活动中，并开展深入的交流。例如，我在运用翻转课堂时，会在培训开始前请学员两两一组分享自己的课前作业。这样的活动在两人小组中进行，比在5~6个人的小组中进行更高效，效果更好。在做小组讨论时，若一个小组的人数超过6个人，则出现旁观者的可能性就会变高。

小组这个元素可以进一步细分为学员、资料和设备。我们请学员分组参与学习活动时，通常需要提供相应的资料、工具、物品和设备。因此，在分组时，我们要先盘点所需的资料和设备，确保能够最大限度地运用有限的资源，促进学员的学习。培训中的分组对学员的参与积极性和培训效果均有一定的影响。处理小组这个元素时，主要是确定每个小组的规模和人员构成。其中，小组规模是指一组多少个人合适。小组人员构成是指小组成员的男女比例、年龄层级、职位高低以及所在部门的组合等。

在确定小组规模和人员构成时，需要考虑以下五个因素。

（1）目的。我们先要明确分组的目的是什么。如果分组的目的是建立人际关系或获得多元化的观点，那么可以将各部门、各年龄层次的学员分散到各组。例如，我在做管理技能类培训时，会事先将各个部门的学员均匀地分配到各组，特别是平时相互有矛盾的部门的成员。这样做是为了在培训中以小组为单位使其充分交流、解决问题，从而建立感情，为后续工作的配合打好基础。

如果分组的目的是解决工作中的实际问题，那么最好将问题的直接相关者放在一组，以便沟通。例如，我在做"问题树模型"培训时，分组是为了以小组的方式解决工作中的实际问题，而课程中 80% 的时间都是演练，因此我将同一个部门的学员分为一组。这样一来，同一小组的成员对问题背景比较熟悉，沟通成本很低。此外，目的也会影响每个小组的人数。如果只是为了让学员相互认识，就不用考虑各组人数保持一致；如果想要安排小组完成任务或开展竞赛，就要考虑各组的人数保持一致，且实力均衡。

（2）人数和场地。学员的总人数和场地对小组的规模起着决定性的作用。如果学员总人数多但场地小，那么每个小组的人数就相对多。在进行小组讨论时，若一个小组的人数超过 6 个人，则出现旁观者的可能性就会变高。同时，桌椅无法移动（例如，培训场地是剧院式的或中间有一个大会议桌），分组的界限不够清晰，这些也会对学员的参与度产生一定的影响。

（3）时间。时间是培训中的一个硬指标，如果培训的时间较短，还想让学员进行充分的讨论，那么每个小组的人数就不能太多，否则时间就会不够用。

（4）方式。关于方式，我们要思考这些问题：为了达成分组的目的，将以什么方式进行小组活动？这个活动需要哪些角色？最适合的人数是多少？以口头的方式交流观点和看法，还是以小组的方式进行角色分工，共同完成任务，并产出书面的成果？是否要用表演或角色扮演的方式来呈现成果？

（5）资源。资源包括设备、工具和物资等。在分组前，我们要对资源进行盘点，并思考这些问题：在进行某个学习活动时，每个小组需要哪些设备、工具和物资？现有的设备、工具和物资是否足够？如果不够，哪些可以自己制作或购买？哪些是无法获得的？分配资源的原则是，确保每个小组都有进行学习活动所需的资源。

在一场培训中，小组并不是一成不变的，可以根据需要临时调整。表 9-9 列出了培训不同阶段的分组目的。

表 9-9　分组的时机和目的

培训阶段	分组的目的
培训前	满足整个培训中大部分环节的分组需要，促进学习
培训中	满足各个环节学习活动的学员参与的需求
培训结束时	形成学习圈，促进学以致用

明确了分组的时机后，还要设计分组的方法。最简单的方法是培训前就分好组，打印好桌牌并将其放在桌面上，请学员们对牌入座。此外，还可以设计一些比较有趣的分组方法，如表 9-10 所示。

表 9-10　分组的方法

分组方法	具体操作
数字法	请参加培训的学员站成一排或几排，各排学员按顺序报数，报相同数字的学员结成一个小组
扑克牌法	事先准备一副扑克牌，请每位学员随机抽取一张扑克牌，具体要求如下： （1）不允许说话，可以通过肢体语言及其他方式交流并寻找同伴 （2）抽到同一花色的 4 个人结成一组 （3）最先结成小组的可以获得奖励 （4）抽到"A"的当组长
糖果法	准备外包装标有不同口味的糖果（想分几组就准备几种口味），每种口味的糖果数量相等，糖果总数与学员总人数一致。请每位学员选择一颗糖果，选择了同一口味的学员结成一组，可通过糖纸来检验分组是否正确
红包法	每组固定 6 个人，分为 3 组，每次发 6 个红包，手气最佳者为组长。具体规则为：每人仅能抢一次，第一轮抢完立即现场分组，然后再进行下一轮发红包分组，依此类推；如果有人领过再冒抢，就要发个大红包
拼图法	事先打印几张图片（想分几组就选择几张图片），将图片撕成几片（每个小组几个人，就撕成几片）；每位学员拿其中一片，找到拿着同一张图片的碎片的伙伴，将图片拼完整，并结成小组
诗词法	把几首诗打印出来，将每个字裁成一张卡片，请学员任意选择一张卡片，然后找到拿着同一首诗的卡片的伙伴，结成一组
生日法	学员先按照出生的 12 个月份排队，根据要分的组数将学员分为若干段（例如，要分 6 组，就切分为 6 段），每一段结成一个小组
生肖法	请学员先按照十二生肖的顺序排队，再根据需要切分为若干段（要分几组就切分为几段），每一段结成一个小组
游戏法	以游戏的方式分组，如口香糖法、水果法和桃花朵朵开等，具体操作如下： （1）口香糖法：一次上来 9 位学员，培训师说："口香糖。"学员问："粘哪里？"培训师说一个身体的部位，如胳膊，随后学员两两将胳膊靠在一起，结成一个小组，落单的学员要表演节目 （2）水果法：事先准备几种水果的图案（想分几组就准备几种），请学员选择喜欢的水果，选择相同水果的站在一起，结成一个小组 （3）桃花朵朵开：所有学员围成一个圈，按顺时针方向走。培训师说："桃花朵朵开。"大家一起说："开几朵？"培训师随意说一个数字，学员按这个数字抱团，然后根据方位，东、南、西、北各结成一个小组。小组人数不对的或者没有抱团的再玩下一局，直到分出预定数量的小组

三、桥梁

桥梁的作用是建立学员已有的知识和即将学习的内容之间的联系。每位学员都是带着自己的知识、经验和阅历来参加培训的，他们会以此为基础理解和运用新学的内容。培训师要先了解学员是带着什么样的知识和经验来的，这样才能更好地将其与新的内容衔接起来。

桥梁的作用可以分为三个方面，分别是建立学员与培训主题的联系、建立学员与学习目标的联系、建立学员与学习成果的联系。

1. 建立学员与培训主题的联系

来参加培训的学员，即使来自同一家企业的同一个部门，终究也是独立的个体，对将要学习的新内容有着自己的理解。为了在他们已有的知识、经验与即将学习的内容之间建立桥梁，首先要建立学员与培训主题的联系。

之前有读者对我说："我们招的大学生一点销售经验都没有，怎么建立联系呀？"虽然他们没有销售经验，但都有过当顾客的经验，我们可以请他们回顾自己做顾客时的经历，讨论哪些好的体验能帮助自己成为一名优秀的销售人员，而哪些不好的做法需要在销售过程中避免。

诸如销售、时间管理、沟通等培训主题与学员的联系容易找到，因为每个人每天都会遇到这些场景，培训师可以从生活切入，逐步建立学员与培训主题的联系。面对那些专业性或技术性较强的主题，培训师就要提前做一些设计了。

例如，在案例 8-1 的开场问题中，我通过两两采访和个人写收获的方式建立了学员与培训主题的联系。我先请学员两两采访，彼此了解通过课前学习有哪些收获，他们在这个过程中将马上要学习的新知识与头脑中已有的旧知识联系了起来。随后，我请每位学员在即时贴上写三条收获并跟大家分享，这个过程加深了学员对采访内容的消化和理解，也强化了新旧知识之间的联系。因此，案例 8-1 中收获墙的产出过程，不仅建立了学员与培训主题的联系，也强化了学员对即将学习的新内容的初步认识。

2.建立学员与学习目标的联系

学习质量与学习目标密切相关，越是带着明确目标来学习的学员，其学习效果越好。这是因为，目标本身就具有很强的激励作用，如吸引注意、激发努力、增加持久性、促使寻求新策略等。但在现实中，有不少学员是被强行要求来参加培训的，也有一些学员可能是带着放松休息的心态来参加培训的，这种被动学习的状态将直接影响其在课程中的参与度和培训后对所学内容的运用。

那些主动参加培训的学员，是否已经明确了自己来参加培训的原因和目标？他们的个人目标是否与培训目标一致？对学员和培训师来说，这些问题都非常重要。因此，不论面对主动参加培训的学员还是被动参加培训的学员，在课程正式开始前，培训师都要建立学员与学习目标的联系。

案例 9-5：问题树社交网

在做一场"问题树模型"培训时，考虑到学员彼此不认识，我设计了一种特别的暖场方式——问题树社交网，具体操作步骤如下。

1.写出个人介绍信息

入场时，我请每位学员按照图 9-6 所示的范例在苹果形状的即时贴上写下自己的个人介绍信息。

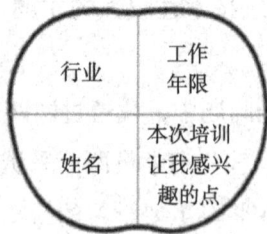

图 9-6　个人介绍信息范例

完成后，学员自行将其贴到事先准备好的问题树社交网海报纸上。

2.共性连线

课程开始后，我请学员观察问题树社交网中的所有信息，让学员用彩笔

将其中的相同点连接起来，并在线条上写出相同点。在这个过程中，学员玩得很开心。图 9-7 是完成连线后的问题树社交网。

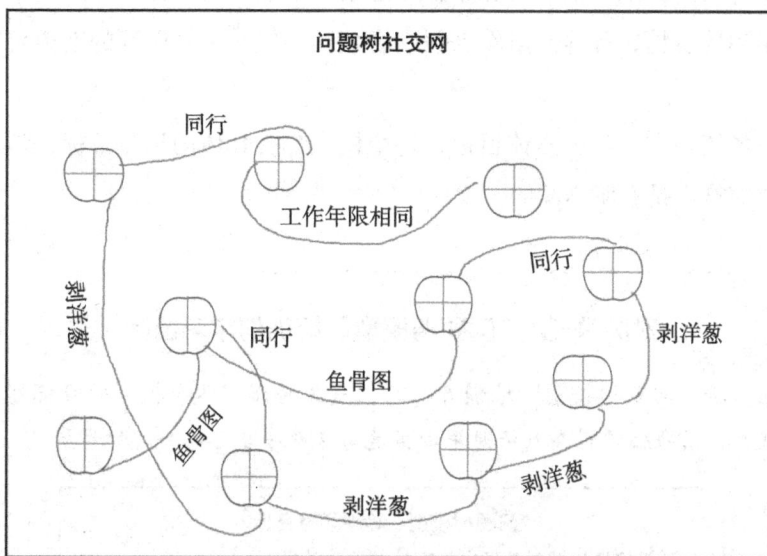

问题树社交网

图 9-7　完成连线后的问题树社交网

3. 学员交流

完成问题树社交网这个环节后，我留了 5 分钟时间让学员自由交流。有两位学员惊奇地发现，几年前他们是同一家公司的员工。通过社交网的连接和交流，大家很快熟悉起来，培训现场的氛围也越来越热烈。同时，我不仅深入了解了学员的信息，还知道了学员关注的重点——剥洋葱法。随后，我据此调整了课程安排，将剥洋葱法作为本次课程的重点演练内容。

　　培训师可以通过两种方式对学员的目标产生影响——反馈和认可目标。在案例 9-5 中，每个人的自我介绍中都有一项内容"本次培训让我感兴趣的点"，设置这项内容的目的就是了解每位学员的学习目标。我一方面据此确定了课程的重点，另一方面也对学员提出的兴趣点给予了肯定，并拓展了其运用情境，达到了影响学员目标的目的。

3.建立学员与学习成果的联系

成年人的学习原则是缺什么补什么，学员来到培训现场说明他们对课程都是有所期待的。例如，他们可能希望通过培训知道之前自己不知道的，做之前自己做不到的事情，等等。虽然课程内容相同，但学员对课程的期望可能是不同的。

在一场培训中，除了整体目标，每个模块都有具体的学习目标，学员对这些目标的期待也是有所不同的。

案例 9-6："问题树模型"培训的学习目标

在一场"问题树模型"培训开始前，我先将课程各个模块的目标写在大海报纸上，请每位学员在入场时用白板笔勾选两项自己感兴趣的目标。

> **"问题树模型"培训学习目标**
> 1. 运用问题树模型开发出具有针对性的课程
> 2. 运用问题树模型的工具和方法解决工作中的问题
> 3. 通过鱼骨图分析和剥洋葱法找到问题的根本原因
> 4. 综合运用七大方法收集信息，进行客观分析和判断
> 5. 学会从工作中提炼培训案例
> 6. 掌握多种授课方式
> 7. 获得将枯燥内容生动化的锦囊并实践

汇总完学员勾选的信息后，我得到了票数排名前三位的学习目标。随后，我将与之对应的内容确定为重点内容，如表 9-11 所示。

表 9-11 "问题树模型"培训的重点内容

排名前三位的学习目标	对应的重点内容
3.通过鱼骨图分析和剥洋葱法，找到问题的根本原因	四大工具之鱼骨图、剥洋葱
5.学会从工作中提炼培训案例	案例提炼
7.获得将枯燥内容生动化的锦囊并实践	将枯燥内容生动化的锦囊

在表 9-11 中，"鱼骨图"和"剥洋葱"这两项重点内容是通过课前的需求诊断和调研得到的。在课前，我请学员完成了一个鱼骨图分析和一个剥洋葱的案例；在课程进行过程中，我请学员以此为基础进行了大量的演练。"案例提炼"和"将枯燥内容生动化的锦囊"是通过课前问卷汇总得到的非重点内容，我原本计划在课程中简单分析一下思路，不详细展开。但是，课前让学员勾选目标的活动让我得到了更准确的信息，我马上将其调整为重点内容，增加了案例提炼的演练环节，不仅介绍了将各类课程主题生动化的锦囊，还请每位学员根据锦囊制订了自己的行动计划。

在案例 9-6 中，我通过列出学习目标并请学员勾选的做法，一方面再次聚焦于两天培训的重点内容，验证和补充了学员对案例提取和将枯燥内容生动化的需求，并根据学员的需求调整了课程的重点内容和授课方式，使之更贴近学员的实际需求；另一方面也促进了学员的思考，建立了学员与学习成果之间的联系。

综上所述，在考虑桥梁这个元素时，我们要运用多种方式，如提问、完成一个小任务、选择或分析案例等，以此建立学员与培训主题、目标和成果的联系，揭示学员已经了解了哪些课程内容，将其作为后续课程安排的调整依据。

四、任务

任务是学习活动设计的关键因素。在学习活动设计的六个元素中，情境、小组和桥梁都是为任务做铺垫的，展示、反思的依据都是任务的产出。因此，一项学习活动成功与否的关键就在于任务的设立。培训师要策划具体的任务，把将要学习的内容嵌入任务的各个环节，促进学员以小组为单位进行思考和讨论，并运用所学。同时，培训师要引导学员通过团队合作完成任务，通过任务体现出小组成员是如何展开学习的。

1. 任务设计的 5W1H

一项完整的任务必须包括 5W1H（Why、Who、What、Where、When、How），

只有这样的任务才能引导学员通过完成该任务达成学习目标。

例如，在案例 9-3 中，案例加工演练这个任务的内容是，请每个小组从本组的课前作业中选择一个案例进行完善，并将其写在大海报纸上。表 9-12 运用 5W1H 对案例 9-3 进行了拆解。

表 9-12　案例 9-3 的 5W1H

要素	内容
Why	每个小组产出一个案例成果 （1）帮助学员演练和巩固加工案例的方法 （2）为后面的展示和反思提供素材
Who	各小组成员
What	课前作业中的案例
Where	培训现场
When	课程中
How	（1）每个小组从本组成员的课前作业中选择一个案例 （2）各个小组对本组选择的案例进行完善 （3）各组将完善后的案例写在大海报纸上

通过表 9-12 可以看出，案例 9-3 的 Why 与 How 是一一对应的。其中，How 的第一步和第二步可以达成 Why 的第一个目的"帮助学员演练和巩固加工案例的方法"，How 的第三步可以达成 Why 的第二个目的"为后面的展示和反思提供素材"，这正是以终为始原则在学习活动设计中的体现。

可能有读者要问："当我确定了 Why 之后，怎样才能设计出合适的 How 呢？"下面三个步骤可以解答这个问题。

（1）回顾情境元素中指定的目的和主题。以案例 9-3 为例，情境元素中的目的是帮助学员掌握运用 STAR 加工案例的方法，主题是对课前作业中的案例加工表进行讨论和完善，然后进行分享、反思和总结。

（2）评估可以利用的时间，根据学员的基础选择能达成情境中的目的的任务，并思考如何确保学员充分参与任务的各个环节。在案例 9-3 中，我通过课前的需求调研了解到，案例加工是学员共同的难点，于是我采用了翻转课堂的方式，在课前为学员提供了阅读资料，并请每位学员完成一份课前作业——运用 STAR 加工案例，让他们先做热身。在培训现场，对于小组元素，我先请学员对课前作业进行两两交流，再进行小组讨论；对于桥梁元素，我请学员两两交流课前作业后分享做得好的有哪些地方，有哪些地方是可以完善的。让学员两人一组对课前作业进行充分的讨论和反思之后，再请学员以小组为单位完善一个案例就变得更加容易了。同时，要想呼应第一步的情境元素中的主题"分享、反思和总结"，就要考虑将完善后的成果展示出来，以便学员进行交流、反思和总结。

（3）思考哪种记录能够证明学员进行了学习，如书写文字、手工作品和表演等。其中，文字的内容可以是个人的观点，也可以是小组讨论的成果。文字的呈现方式可以是即时贴、A4 纸，也可以是大海报纸或 PPT 等。具体的呈现方式要根据现场的空间、人数、拥有的资源和学员的能力等确定。在案例 9-3 中，因参加培训的学员有 30 个人，为了让所有学员都看清楚，我请每个小组将完善后的案例写在 1 米 ×0.8 米的大海报纸上。

通过上面的三个步骤可以看出，第一步的核心是"终"（Why），目的是确保后面的设计是围绕着"终"进行的；第二步的核心是为了达到"终"所需要的过程（How），包括时间、学员基础、任务和学员参与四个方面；第三步的核心是能够证明"终"的记录或证据（What）。

2. 调动学员参与积极性的 ARCS 模型

在实际操作过程中，很多培训师绞尽脑汁设计了各种学习活动，但学员的参与度并不高。现场出现这种状况，其根源是学习活动设计有问题。其中，学员对学习活动没兴趣是学习活动设计的硬伤，也是后续环节无法进行或无法达成预期目标的主要原因。

那么，什么样的学习活动才具有吸引力呢？培训师首先要激发学员的学习动机，因为动机是驱动一个人做出各种行为的根本原因。美国佛罗里达大学的约翰·凯勒教授提出的 ARCS 模型，可以帮助我们通过课程设计来激发学员的学习动机。

ARCS 是四类动机的英文单词的首字母缩写，ARCS 模型的具体内容如下。

- 注意（Attention）：吸引学员的注意力，激发其好奇心。
- 适切性（Relevance）：建立培训内容与学员经验的关联。
- 信心（Confidence）：加强交流反馈，维护学员的自信。自信一方面来自对成功的积极期望，另一方面来自学员对自己成功或失败的归因。
- 满意（Satisfaction）：维持对自己成就的积极情绪。

动机有两种功能，分别是指向功能、唤醒与维持功能。其中，指向功能可以帮助人们集中注意力。仔细观察 ARCS 模型的四类动机，我们可以发现，对学员有吸引力的活动应具备以下特点：新颖、有趣、与学员的经验和培训主题相关、学员有信心完成、有挑战性以及能带来成就感。只是简单地在网上搜索某个游戏或活动，这样"炒冷饭"是很难调动学员的参与积极性的。

表 9-13 列出了 ARCS 模型的子类别及其在课程设计中的应用。

表 9-13 ARCS 模型的子类别及其应用

类别	子类别	问题	做法
A：注意	A1：知觉唤醒	为了引起学员的兴趣，我能做些什么	用新奇的或不确定的事件、情境来引起和维持学员的兴趣
	A2：探究唤醒	我怎样才能激发学员的探究行为	通过提出问题或请学员提出问题，激发学员的探究行为
	A3：变化	我怎样才能维持学员的注意力	通过变换各种参与方式来维持学员的注意力
R：适切性	R1：目标定向	我是否知道学员的需求，怎样才能满足学员的需求	借助事例说明培训的目标和价值，或让学员自行确定学习目标
	R2：动机匹配	我何时、怎样才能为学员提供合适的选择、责任或影响	使用各种策略使培训与学员的学习需求相匹配
	R3：熟悉度	我怎样才能将培训与学员的经验联系起来	使用与学员的经验相关的语言、事例、概念和价值观等，帮助学员把新知识与旧知识整合起来
C：信心	C1：学习要求	我如何帮助学员建立对成功的积极期望	明确告知自己对学员的要求和评价标准，让他们知道培训师对自己的期望
	C2：成功机会	学习经验怎样支持或提高学员对自己胜任力的信心	设置多元化的成就水平，允许学员确定自己的学习目标和标准，让每个学员都能体验到成功

（续表）

类别	子类别	问题	做法
C：信心	C3：个人控制	学员怎样清楚地知道他们的成功基于自己的努力和能力	提供反馈，告诉学员取得学习成功是自己具有能力且付出努力的结果
S：满意	S1：自然后果	我怎样才能为学员提供运用所学的、有意义的机会	提供机会，让学员在真实或模拟的情境中运用新学的知识或技能
	S2：积极的后果	为学员的成功提供何种强化	向学员的学习结果提供反馈，采取表扬、激励等强化手段，维持学员的学习动机，使其保持良好的学习行为
	S3：平等	怎样才能帮助学员对自己的成就形成一种积极的情感	对学员的学习进行评价，并坚持同样的标准，让学员感到评价的公平性

通过表 9-13 可以看出，一个对学员有吸引力的活动，不仅要在开始时激发学员的参与积极性，还要在整个过程中持续维持学员的注意力。

下面我们通过四个案例来分析 ARCS 模型在学习活动设计中的运用。

案例 9-7：一分钟演讲的烦恼

内训师刘磊在一次面向内训师的授课技巧培训中，设计了让学员上台进行一分钟演讲的活动。在进行到演讲环节时，他先跟学员讲解了演讲的相关技巧和注意事项，然后说："现在，每个小组有五分钟的时间推选一位学员代表本组上台演讲，并做演讲前的准备。"时间过去了三分钟，有两个小组确定了演讲者，还有两个小组尚未确定，刘磊赶快过去提醒。那两个小组又经过一分钟的讨论，终于确定了演讲者。

五分钟后，刘磊指定了四个小组上台演讲的顺序，并请第一组的代表上台。在这位学员演讲的过程中，刘磊发现其他三个小组的学员一直在讨论本组的演讲如何进行，几乎没有人听这位学员的演讲。于是，在第一位学员演讲结束后，刘磊说："在其他小组演讲时，请大家认真听，这也是个互相学习的机会。"但第二组的代表上台后，还未演讲的两个小组的成员依然在很专注地开小会。最后上台的演讲者，完全不知道前面三位演讲者的演讲内容。

　　每位学员演讲结束后，刘磊都会问："他演讲得怎么样？"现场无人回应。这些情况让刘磊感到很苦恼，这么好的供大家互相学习的机会，就这样被白白浪费掉了。

　　在案例9-7中，刘磊设计了一分钟演讲活动，他想帮助学员通过演讲巩固所学内容。这本来是一个不错的想法，但在活动设计方面有一个非常大的问题——未能持续吸引学员的注意力。通过案例9-7的描述，我们可以发现以下几个问题。

　　（1）五分钟时间的运用。刘磊给各个小组五分钟的时间做两项工作，一是推选演讲者，二是做演讲准备。但实际上，其中有两个小组用了四分钟才确定了演讲者，用来做演讲准备的时间仅剩下一分钟。

　　（2）演讲时开小会。前面的小组代表演讲时，未演讲的小组的成员专注于讨论本组要演讲的内容，忽略了其他小组的演讲，刘磊多次提醒但无效。

　　（3）提问无回应。每位学员演讲结束后，刘磊问："他演讲得怎么样？"现场无人回应。

　　针对上面的三个问题，我们先分析原因，再提供相应的对策，详见表9-14。

表9-14　案例9-7中出现的问题的原因分析及对策

问题	原因	对策
5分钟时间的运用	（1）推选演讲者的时间不足 （2）一次发布两个指令——推选演讲者和做演讲准备 （3）时间提醒不到位	（1）可以先给所有学员30秒钟思考自己可以演讲什么主题，然后让学员以小组为单位分享各自的主题，最后确定演讲者 （2）5分钟的任务可以拆分为以下四步： 　• 30秒——让所有学员思考演讲主题 　• 1分钟——让学员以小组为单位分享各自的主题 　• 30秒——推选演讲者 　• 3分钟——准备本组演讲 （3）明确每个任务的完成时间，并在时间快到时提醒学员

（续表）

问题	原因	对策
演讲时开小会	（1）演讲准备时间不足 （2）没有说明一分钟演讲的目的 （3）未给听演讲的学员分配其他任务	（1）多预留一些时间，供各个小组准备演讲 （2）在演讲环节开始前，说明一分钟演讲的目的是巩固所学和互相学习，而非比赛 （3）针对课程中关于演讲的要点，设计演讲反馈表并将其发给所有学员，请学员在一分钟演讲环节填写；各组代表演讲结束后，培训师随机点名邀请学员进行反馈和点评
提问无回应	（1）提出的问题太大，学员难以回答 （2）学员忙于准备本组的演讲，未听他人演讲，不知道如何回答	（1）邀请学员分享自己填写的演讲反馈表中的内容，或者问"这位伙伴在演讲中做得好的有哪三点？可以做得更好的是哪一点" （2）通过以下四种方式，促使学员认真听演讲： • 预留更多的演讲准备时间 • 演讲开始前，说明演讲的目的是互相学习，而非比赛 • 根据课程中关于演讲的要点来设计演讲反馈表，需要填写的内容包括演讲者做得好的和待改善的方面 • 给每位学员发放演讲反馈表，并说明：各组代表演讲结束后，会随机邀请学员进行反馈和点评

　　案例 9-7 中的问题不是个案，类似的情况每天都在上演。虽然我们都知道演练对技能类培训的重要性，但实际培训时因时间、学员人数和场地等方面的限制，我们很难让每位学员都进行演练。在案例 9-7 中，刘磊采用了每组派一位代表进行演练的方式。这是一种折中的方案，目的是以点带面，其中的"点"是指上台演讲的学员，"面"是指所有小组和学员。

　　培训师按照表 9-14 提供的对策，让学员对课程中的内容进行演练，可以达到以下目的。

　　（1）让各个小组在准备演讲时，运用课程介绍的演讲技巧。

　　（2）让学员汲取各组代表在演讲方面的优点。

　　（3）帮助其他学员"照镜子"，让他们看到自己的盲点。

　　（4）让每位学员在填写演讲反馈表时，温习和巩固所学的内容。

　　（5）让学员通过听其他学员分享其填写的演讲反馈表上的内容，获得不同的视角、经验和建议。

　　（6）因为要填写演讲反馈表，所以学员会注意倾听每位学员的演讲。

（7）调动学员的参与积极性。

综上所述，持续维持学员的参与积极性的关键在于，在活动的过程中不能让学员无所事事。培训师可以在活动前说明活动的目的，给学员分配各种角色，或者给他们分配相应的任务，总之不能让他们闲着没事做。参与才是学习的开始。

要想达到这个目的，培训师就要在做学习活动设计前要问自己表 9-13 中的 A1、A2 和 A3 这三个问题。

（1）为了引起学员的兴趣，我能做些什么？

（2）我怎样才能激起学员的探究行为？

（3）我怎样才能维持学员的注意力？

案例 9-8：不配合的学员

某制造企业的内训师张志辉在准备"中层管理者的时间管理"培训时，考虑到这场培训是在容易犯困的下午两点开始，便特意上网跟着视频学习了"抓钱舞"。在课程开始时，张志辉先跟着音乐示范了一遍，然后请学员跟着音乐跳舞。但令人尴尬的是，现场 22 位年龄在 35 岁左右的学员中，只有两位跟着他跳了几下，但看到其他学员没动，这两位学员也停了下来。

张志辉听到不少学员小声嘀咕："太傻了！浪费时间！"于是，他只好说："那我们换个方式，互相捏捏肩膀，解解乏吧。"学员这才松了口气，然后懒洋洋地跟着他的指令彼此捏捏肩膀。张志辉觉得这段时间特别漫长，30秒后就宣布活动结束，直接开始培训。培训结束后，张志辉对同事说："这些学员一个个还是管理者呢，学习态度差极了，一点都不配合！"

请大家思考一下，案例 9-8 中的暖场活动彻底失败，到底是因为学员不配合，还是因为活动设计本身有问题呢？通过案例的描述，我们可以发现以下几个问题。

（1）学员对跳舞根本没有兴趣。张志辉要求学员跟着他跳舞，但只有两位学员跟着跳了几下，其他学员都没动，还有学员说："太傻了！浪费时间！"

（2）捏肩膀时懒洋洋。跳舞活动失败后，张志辉临时换了捏肩膀的活动，学员都懒洋洋的，而且活动时间只有 30 秒，根本达不到提神的目的。

（3）未达到目的便怪学员。张志辉将未达到活动目的的原因归结于学员不配合。

针对以上三个问题，我们先分析原因，再提供相应的对策，详见表 9-15。

表 9-15　案例 9-8 中出现的问题的原因分析及对策

问题	原因	对策
学员对跳舞没兴趣	（1）跳舞对年龄在 35 岁左右的中层管理者没有吸引力 （2）跳舞与培训主题无关	（1）在选择学习活动时，要先了解学员的基础信息，包括年龄层次、职位和工作年限等 （2）选择与培训主题相关的活动
捏肩膀时懒洋洋	（1）捏肩膀与培训主题无关 （2）未说明捏肩膀的目的	（1）选择与培训主题相关的活动 （2）在捏肩膀之前，可以先问学员："在我们平时的工作中，效率重要吗？"等学员回答"重要"后，再说："那我们今来来跨界挑战一下，看看在 30 秒内能捏肩膀多少下。"做完再做一轮，然后引出主题："在刚才的捏肩膀活动中，如何在 30 秒内捏最多的次数就是一个简单的时间管理问题。在实际工作中，我们通常会面临着比刚才复杂得多的时间管理问题，我们应该如何去破解呢？"
未达目的便怪学员	未认识到学习活动的设计须遵循两个原则——以终为始和以学员为中心	（1）举行开场活动的目的是提神，肢体运动量较大的活动更有效 （2）设计活动时要考虑学员的年龄层次和特点，如果学员是年龄在 35 岁左右的管理者，就要设计具有一定挑战性的活动 （3）活动应与学员的工作情境相关，例如，给定时间，请学员以小组为单位，完成一个需要通过团队合作完成的任务

在案例 9-8 中，张志辉的两个开场活动均未引起学员的兴趣，虽然最后勉强做了捏肩膀的活动，但未达到提神的目的，因此开场活动的设计是失败的。其根本原因是开场活动不适合学员，导致学员对活动没兴趣。

以"中层管理者的时间管理"这个培训主题开场，应该先从学员的培训需求切入。学习活动最好与学员的痛点相关，这样更有利于激发学员的参与积极性和学习动机。要想从学员的需求和痛点切入设计活动，前提是做精准的培训需求调研，而这恰恰是很多培训师的短板。

　　靠一时的新奇吸引学员的注意力，可能一开始有效，但当学员发现这个活动与自己或培训主题关系不大时，很快就会失去兴趣。即使这个活动与自己和培训主题关系密切，但并非自己的关注点或痛点，学员也会很快转移注意力。

　　在案例9-7中，如果刘磊通过课前的需求调研发现学员的一个共性痛点是演讲技巧不足，那么设计一分钟演讲活动就非常恰当。如果学员都是经验丰富的培训师，但之前的培训侧重于演讲，那么本场培训的重点内容就应该是授课方式和互动，而非演讲。当然，与之相应的学习活动也应侧重于授课方式和互动，否则不仅浪费时间，也很难引起学员参与的兴趣。

　　要想让活动设计与学员的需求相匹配，培训师就要问自己表9-13中的R1、R2和R3这三个问题。

　　（1）目标定向。我是否知道学员的需求，怎样才能满足学员的需求？

　　（2）动机匹配。我何时、怎样才能为学员提供合适的选择、责任或影响？在案例9-8中，培训师可以给学员五分钟时间，让每个小组设计一个一分钟快速提神活动，然后请两个小组带着其他学员来演练。这样的活动不仅增强了学员的自由度和责任感，而且与时间管理这个主题非常相关，可以有效地激发学员的参与积极性和学习动机。

　　（3）熟悉度。我怎样才能将培训与学员的经验联系起来？

案例9-9：难产的促销方案

　　某公司为了即将举行的新产品促销活动，对30位店长进行了"促销活动策划"培训。之前，店长只需执行公司制定好的促销方案，现在除了要执行公司制定的促销方案，还要自行设计促销方案并执行。

　　这次培训由内训师张波负责。他上网找了很多关于促销活动设计的课件和参考资料，再结合自己之前的营销经验，终于完成了PPT的制作。培训开始前，张波将学员分为三个小组，并选出了组长，然后说："下面请每个小组在10分钟内设计一个促销活动，并将其写在大海报纸上。大家有问题吗？"学员齐声说："没有。"

宣布开始计时后5分钟，张波发现学员都茫然地坐着。他去问原因，学员说："我们之前又没做过促销，不知道该从哪里开始呀！"张波说："那你们先想想要做哪种产品的促销活动，要怎么进行，具体包括哪些步骤。"一个小组的组长说："我们把之前执行过的公司促销方案写下来就可以了。"于是，这个小组开始借着组长的回忆写促销方案。但是，另外两个小组还是没有行动。张波过去了解情况，并进行解释……

原本计划10分钟完成促销方案，但时间过去了30分钟，也只有一个小组完成。看到其他两个小组没什么进展，张波只好叫停。张波请已经完成的小组做分享，但他发现整个方案其实就是组长一个人的意见，其他组员对方案根本不了解。还有两位组员说："公司设计方案，我们执行，这样不是挺好的吗？这不是折腾我们吗？太难了！"张波本来想通过开场的促销方案策划活动，引起学员对课程内容的兴趣，但现在学员好像失去了信心。这让他很受挫。

在案例9-9中，张波在培训开场时就要求学员们设计促销方案，没有做任何铺垫，也未将这个活动与学员之前的经验联系起来，导致学员不知道从何开始，最终也没有达到他想要达成的目的。

通过案例9-9的描述，我们可以发现以下几个问题。

（1）未与学员的经验相联系。参加这场培训的学员是各店的店长，他们之前只负责执行公司设计好的方案，从未策划过促销方案。培训一开始，张波就直接让他们设计促销方案，对他们来说，这个任务的难度太大了。

（2）指令过于简单。张波在请学员设计促销方案时，只是简单地说明"每个小组在10分钟内设计一个促销活动，并将其写在大海报纸上"，没有设计过促销方案的学员完全不知道应该如何下手。

（3）严重超时。原本计划在10分钟内完成促销方案策划活动，但最终耗时30分钟。

（4）小组任务完成情况不理想。且不说各个小组策划的促销方案的质量如何，即使超时了20分钟，促销方案的数量也未达到要求。

（5）未达成开场活动的目的。张波设计这个开场活动的目的是引起学员的学习兴趣，但最终却让学员失去了信心。

针对上面的五个问题，我们先分析原因，再提供相应的对策，详见表9-16。

表9-16　案例9-9中的问题的原因分析及对策

问题	原因	对策
未与学员的经验相联系	（1）忽视了学员的背景 （2）低估了促销方案策划的难度 （3）未做任何铺垫	（1）在培训开始前，先了解学员的基础信息，尤其是学员在培训主题方面所具备的经验和能力 （2）了解学员是否策划过促销方案，评估任务的难易程度；如果难度过大，则要拆分任务以降低难度 （3）先请每个小组回顾之前执行过的促销方案，以及促销方案通常包括哪些内容，为后面的任务提供参考
指令过于简单	（1）误认为提供这些内容就够了 （2）未事先准备详细的指令内容	（1）基于学员在策划促销方案方面的基础和能力，确定相应的步骤和内容，分阶段进行演练 （2）准备每个阶段的指令，包括步骤、内容、产出和时间要求，每次只发布一个指令
严重超时	（1）对时间的预估不足 （2）过程中对时间的控制不够	（1）在评估策划促销方案所需要的时间时，要考虑到学员的基础和能力，预留相应的时间；针对能力不足的学员，最好在将任务与他们之前的经验连接后，让他们分阶段完成任务 （2）计时开始后，若发现大部分学员处于茫然状态，可宣布暂停，说明步骤并答疑，以节省时间
小组任务完成情况不理想	（1）任务超出了学员的能力 （2）没有产出成果的模板	（1）设计与学员能力相匹配的任务；若发现任务难度过高，可通过回顾以往经验、拆解任务或分享其他学员做法等方式来降低难度 （2）提供结构化的产出成果模板，规范产出
未达成开场活动的目的	（1）使用的方法与目的不匹配 （2）未营造出相应的氛围	（1）要想达到引起学员学习兴趣的目的，可以通过提问引发学员思考，或者提供案例请学员点评，或者设计一个有些挑战性但学员有能力完成的任务 （2）回顾一个成功的促销方案，让学员产生成就感；然后让学员互相采访，问对方最有效的行动方案是什么；最后进行引导，问学员这个成功案例，对自己有什么启发

在案例9-9中，张波设计的开场活动不仅没有达成开场活动的目的，还适得其反。从以终为始和以学员为中心这两个原则来看，张波的开场活动设计是失败的。

（1）以终为始。张波设计的开场活动未达成开场活动的目的——引起学员对课程内容的兴趣，反而使学员失去了信心。

（2）以学员为中心。从课程设计到授课现场，张波均未做到以学员为中心，具体表现为：在课程设计阶段，将重点放在了自己要讲的内容上，忽视了学员在培训主题方面所具备的知识和技能；开场活动的难度太高，超出了学员的能力；时间安排存在明显不足；在发现学员完成任务非常吃力时，未进行灵活的调整，依然按照既定设计进行，导致未获得预期的产出，同时也未达成开场活动的目的。

要想让活动设计与学员的基础和经验相匹配，培训师就要问自己表 9-13 中 C1、C2 和 C3 这三个问题。

（1）学习要求。如何帮助学员建立对成功的积极期望？

（2）成功机会。学习经验怎样支持或提高学员对自己胜任力的信心？

（3）个人控制。学员怎样清楚地知道他们的成功是基于自己的努力和能力？

案例 9-10：匆忙结束的演练

内训师胡广峰在给门店销售人员做一场时长为 2 个小时的"异议处理方法"培训时，因担心时间不够用，就分享了不少自己之前的销售案例。刚开始学员还认真听，慢慢地就有人看手机、说话。胡广峰再次强调了课堂纪律，然后继续分享案例，但不少学员又开始走神。

培训进行了一个半小时后，胡广峰说："看来大家也听烦了，我们来做个角色扮演活动吧。大家分成几个小组，每组设计一个顾客有异议的情境，组员可以分别扮演销售人员和客户，表演如何进行异议处理。"有学员问："是整个小组都上台表演，还是扮演销售人员和客户的组员上台就行？"他说："都可以。"又有学员问："一共多长时间呢？"他说："让我想想。"他想了一下，说："你们觉得需要多长时间呢？"有的学员说30分钟，有的学员说40分钟。他看看表，说："时间不够了，就15分钟吧！"台下不少学员说："这么短的时间呀！"胡广峰假装没听见，很快将 42 位学员分成 6 组进行演练。

在演练的过程中，胡广峰发现每个小组只有2~3位学员参与讨论，其他的学员处于游离状态。他一直在每个小组旁边提醒时间，终于在20分钟后，所有小组完成了准备工作。他请各组派代表以举手的先后次序来确定上台顺序，由于大家对举手的速度快慢有争议，3分钟后才确定了上台顺序。之后，胡广峰给每个小组2分钟的时间表演。一个小组表演结束后，另一个小组接着上台。

前面三个小组的表演时间都在5分钟左右，三个小组表演完已经过了下课时间。胡广峰说："由于时间关系，剩下的三个小组就不表演了。"听到这句话，没来得及表演的三个小组的成员情绪十分低落。当表演过的三个小组的成员开始争论到底哪个组表演得最好时，他大声说："不用争了，大家表演得都不错！时间到了，下课吧！"

通过案例9-10的描述，我们可以发现以下几个问题。

（1）前松后紧。在课程的前半部分，胡广峰分享案例，时间比较充裕；在课程的后半部分，他让学员进行角色扮演，时间不足，最后只能草草结束。

（2）临时安排活动。胡广峰本来想以讲为主，以便控制时间。但在授课过程中，胡广峰发现无法集中学员的注意力，便临时安排了角色扮演活动，但是设计不够严谨，导致后面产生了诸多问题。

（3）指令不清晰。在说明角色扮演活动时，胡广峰没有说明具体要求，包括上台表演的人数、准备时间和表演时间等。

（4）未做点评和总结。各组的表演结束后，胡广峰未做点评，也未结合课程内容进行总结，未能深化学员对课程内容的理解。

（5）学员情绪低落。案例分享过于冗长，活动准备时间过短，小组讨论不能吸引所有学员参与，很多学员做了准备但没机会上台表演，三个小组上台表演但没有得到反馈……在整个过程中，学员的情绪都很低落。

针对上面的五个问题，我们先分析原因，再提供相应的对策，详见表9-17。

表 9-17 案例 9-10 中的问题的原因分析及对策

问题	原因	对策
前松后紧	（1）培训师演讲和学员演练的时间分配不合理 （2）控场能力弱	（1）设计技能类课程时，将大部分时间用于演练 （2）在时间紧张的情况下，培训师可自行做出某些决定，如确定演练准备时间和上台顺序等
临时安排活动	（1）培训目标与授课方式不匹配 （2）未准备多种预案	（1）对于技能类课程，要优先安排学员对课程内容进行演练 （2）在设计课程时要准备多种授课方式，以便需要时使用
指令不清晰	（1）未提前做准备 （2）临场应变不足	（1）事先准备演练环节的指令，包括步骤、内容、产出要求和时间，每次只发布一个指令 （2）当发现演练时间不足时，一开始就说明每个小组上台表演的时间为两分钟，并严格控制时间，让后面三组也有机会上台展示
未做点评和总结	（1）时间不够 （2）未认识到点评和总结的重要性	（1）在设计课程时，合理安排演练各阶段的时间 （2）各组演练结束后，给出反馈，并请学员结合课程内容互相点评。整个演练环节结束后，结合课程内容进行总结，帮助学员巩固所学
学员情绪低落	（1）授课方式对学员无吸引力 （2）未调动学员的参与积极性 （3）学员准备后未能上台表演 （4）学员演练后未得到反馈	（1）在设计课程时，选择对学员有吸引力的授课方式，如演练等 （2）小组演练时，将每个小组的人数控制在 5~6 个人，并通过角色分配（组长、记录员、导演和计时员等）确保责任到人，提升学员的参与度 （3）尽量让所有小组都上台表演，若时间不够，可以事先说明，例如，请先完成准备的三个小组上台表演 （4）事先将演练的要点汇总为反馈表，请学员在其他组表演时填写，并在其他组表演结束后分享反馈表中的内容；整个演练环节结束后，由学员或培训师进行总结

通过表 9-17 可以看出，好课程是设计出来的。如果没有充分的课前准备和精准的设计，那么在课程进行过程中就会出现案例 9-10 中发生的种种问题。特别需要注意的是，技能类培训的目标是让学员掌握所学的技能，而练习和实操是最常用也是最有效的方式，光靠听是无法学会的。另外，学员的情绪和状态是影响参与度的重要因素，在设计课程时要特别关注。

针对案例 9-10 中的问题，培训师在设计学习活动时要问自己表 9-13 中的 S1、S2 和 S3 这三个问题。

（1）自然后果。怎样才能为学员提供运用所学的机会？

（2）积极的后果。为学员的成功提供何种强化？

（3）平等。怎样才能帮助学员对自己的成就形成一种积极的情感？

从案例9-7到案例9-10中的问题虽然都是培训现场发生的问题，但其根源都在课程设计上。引导式课程设计有两个特点——大纲变问题和讲授变参与。本章的重点是如何让学员参与到学习活动中，通过亲身体验、展示、反思和总结，深化对课程内容的理解。要想让学员真正参与进去，培训师就要在学习活动的设计方面多下功夫。

下面是设计学习活动时要注意的事项。

（1）针对课程的重点模块和内容设计学习活动。

（2）学习活动的内容应与活动目的及目标相匹配。

（3）学习活动应将学员引向新的学习内容。

（4）学习活动的难易程度应根据学员的基础和完成活动所需要的知识、经验和技能确定。

（5）将复杂任务拆分为更小的子任务。

（6）一项任务一个产出。

（7）指令应完整、清晰。

（8）针对学员可能提出的问题，事先准备好答案。

培训师在分配完小组任务后，可以在各组之间巡视，看看学员正在做什么，或者在学员互相讨论、解释时，留意他们的谈话。这些信息一方面可以帮助培训师评估小组的活动进度并进行纠偏，以便控制时间；另一方面也能帮助培训师了解学员对任务的理解、完成的思路以及任务的难易程度，并据此评估是否需要介入。通过这样的非正式即时评估，培训师可以推动学员进入预设的情境。

3. 如何激发和维持学员的学习动机

学习动机是影响学员学习的情感因素，直接影响培训效果。激发和维持学员的学习动机，仅靠学习活动设计或授课现场的某个环节是做不到的，因为这件事贯穿于培训的全过程。

那么，如何才能激发和维持学员的学习动机呢？图 9-8 展示了几种不同的策略。

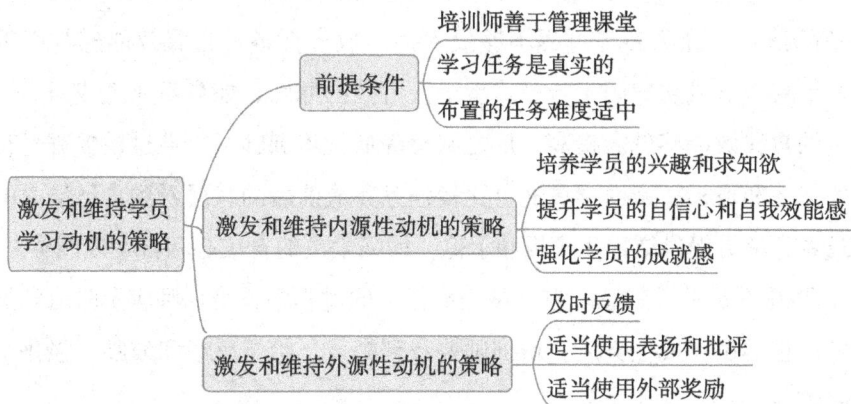

图 9-8 激发和维持学员学习动机的策略

（1）前提条件。激发和维持学员的学习动机有以下三个前提条件。

① 培训师善于管理课堂。这是培训师的基本技能，包括制定规则、维持课堂秩序、对学员进行分组和对物资进行分配等。

② 学习任务是真实的。在企业培训中，虚拟的案例或者与学员的工作场景关联性不强的案例，通常很难引起学员的兴趣。

③ 布置的任务难度适中。若任务过于容易，则学员会不屑于完成；若任务难度太大，则学员对完成任务没有信心，也就失去了参与的积极性。

（2）激发和维持内源性动机的策略。内源性动机是源自兴趣、好奇心和自信心等个人特征的动机。要想激发与维持内源性动机，培训师可以从以下三个方面入手。

① 培养学员的兴趣和求知欲。培训师可以通过多种方式引起学员对培训内容的兴趣。例如，培训师可以通过提问或设置情境引发学员的好奇心，通过图片、简笔画、案例、角色扮演、视频、活动或游戏等多种形式予以呈现，在开场时让学员了解培训内容对自己工作的帮助。

② 提高学员的自信心和自我效能感。自我效能感的定义是"对产生一定的

结果所需的组织和执行行为的能力的信念"，也就是一个人对自己成功完成某项任务的能力的认知。在开始一项任务前，如果学员认为该任务的难度过大，预测自己没有能力成功完成时，那么学员的自我效能感就会降低，从而丧失完成任务的信心，导致参与过程不够投入甚至放弃任务。自我效能感与归因有关，如果将学员成功归因于自己或者个人可控的原因，如自身能力或努力，那么学员的自我效能感就会提高，反之则会降低。培训师可以通过设置难易程度适中的任务和目标，帮助学员通过比较任务完成前后的状况看到自己努力的成果；或者为学员提供结构化模板和示范，增强学员的自信心和自我效能感。

③ 强化学员的成就感。在学员完成任务的过程中，培训师应及时对学员给予肯定；在学员完成任务后，培训师要找到亮点，给予反馈和鼓励，强化学员的成就感。

（3）激发和维持外源性动机的策略。除了激发和维持学员的内源性动机，培训师还可以通过以下几种外部方式来激发和维持学员的学习动机。

① 及时反馈。明确的目标和清晰的过程信息都能对学员产生激励作用。在完成任务的过程中，培训师及时提供反馈信息能够帮助学员发现问题，调整进度和策略，从而更好地完成任务。在培训过程中，我不仅会对学员所在小组的进度情况进行反馈，还会分享其他小组的进度情况，以此激发学员的好胜心，促进他们完成任务。

② 适当使用表扬和批评。在培训中，激励比惩罚更能有效地激发学员的学习动机。使用惩罚时要特别慎重，因为对学员进行惩罚很容易让学员觉得没面子，从而挫伤其学习积极性。一种变通的做法是事先建立规则。例如，培训师可以先跟学员共同讨论课堂公约，并就违反公约的后果达成共识。至于学习活动的规则，培训师可以在说明任务的同时予以明确。

③ 适当使用外部奖励。通过发言送小礼物、最先完成的小组得红包等方式进行外部激励在培训中越来越常见。不过，需要特别注意的是，外部奖励并非多多益善，因为外部动机不会使学习活动指向培训目标，也不能促使学员采取积极的学习策略，反而会使学员做出消极的归因，损害已有的内源性动机。

案例 9-11：积极发言的背后

　　职业培训师杨进在给一家企业做为期两天的销售培训时，运用了小组积分奖励的方式。具体的规则是：发言一次可以得到 1 朵小花，10 朵小花可以换 1 颗星；两天结束后，根据每个人获得的星的数量多少来确定前三名，并颁发相应的奖品。

　　在第二天销售沟通技巧的讨论环节，学员非常踊跃，在短短 15 分钟内便产出了 40 条技巧。助教忙着送小花、换星，期间还有多位学员纠正了助教的计算错误。头脑风暴结束后，大家发现这 40 条技巧中真正实用的只有 8 条。学员对这个结果并不在意，只是热烈地讨论自己得到了几颗星，与别人相比是多还是少。课间休息时，一直坐在后面听课的企业培训总监对杨进说："这场培训虽然场面热闹，但最后产出太少，浪费时间，这不是我们想要的培训！"这让杨进很尴尬。

　　案例 9-11 中出现的情况，就是外部奖励的隐性代价，即培训师对学员原本拥有内在兴趣的活动进行不当奖励反而削弱了学员对活动本身的需求。在学员日常工作中运用十分频繁的销售沟通技巧，原本就对学员很有吸引力，换句话说，学员对销售沟通技巧讨论这个环节本来就具备内源性动机，而杨进频繁地使用奖励措施（发言一次得到 1 朵小花，10 朵小花换 1 颗星），将学员的注意力引向了外部奖励，导致销售沟通技巧讨论环节的最终产出虽然量大，但质量不高。

　　通过这个案例，我们可以发现，外部奖励使用不当的危害极大。因此，在设计学习活动时，培训师应先通过调研找到学员共同关注的问题点和痛点，从内源性动机入手，同时给予学员及时的信息反馈和激励，一定要慎用外部的物质奖励。

五、展示

　　通过任务，学员产出了学习成果，这是他们已经完成任务的证明，接下来就要进入展示环节了。

1. 展示的目的

展示的目的可以从学员和培训师两个角度来分析。

（1）对学员而言，展示的目的是通过介绍产出成果的过程和思路，将思维活动视觉化。通过其他学员的反馈，展示成果的学员能够通过学习到的、更成熟的方法评估自己的思维活动。

（2）对培训师而言，展示的目的是评估学员是如何学习的，以及他们对所学内容的掌握程度，并据此确定下一步的重点内容。对学员的评估包括两个部分，一是培训师和其他学员对展示小组的成果以及展示过程本身进行评估；二是对照课程内容，评估展示小组对课程内容的掌握程度。

2. 展示的步骤

展示主要包括以下三个步骤。

（1）展示成果。在设计学习活动时，我们已经确定了哪种记录能够证明学员的学习成果。无论是个人产出还是小组产出的成果，在展示阶段都可以用文字、手工作品和表演等形式呈现出来。具体的方式可以是每组派一位代表上台展示，也可以采用逛画廊的方式。具体的展示方式在设计学习活动的阶段就要明确，还要设计相应的流程与清晰的指令，并明确时间安排。

（2）解释产出过程。在展示成果的过程中，不仅要让其他学员看到这个结果，还要介绍成果的内容，解释产出的过程。

（3）互动交流。其他学员可以通过提问深入了解展示小组的思路，也可以通过分享的方式进行交流和深入探讨。

3. 展示环节的点检表

展示环节不仅可以让学员证明自己的学习成果，还可以有效地帮助学员深入交流课程内容。但在实际操作中，很多课程的展示环节会出现各种问题。例如，走动观看时学员扎堆，各组进度不一，介绍成果时产生争执或跑题等。要想使活动现场井然有序，就要从设计环节开始策划细节，并在现场营造氛围，对学员进行引导。

表 9-18 列出了展示环节的点检内容和要点。

表 9-18　展示环节的点检表

阶段	内容	要点	考虑因素
设计阶段	成果展示方式	报告式或走动式	时间、人数和空间
	展示的细节	成果展示位置，如墙面、桌面和地面	培训现场的走动空间，可利用墙面的面积，座椅摆放形状
		确定小组展示的顺序，可以自行举手确定，也可以由培训师指定（如顺时针或逆时针）	时间、学员的状态以及学习成果展示位置
	展示的评估方式	明确学员评估展示成果的标准，到底是学员自己根据课程内容确定标准，还是由培训师提供评估表	学员对课程内容的掌握程度和经验
	提前告知	提前告知学员评估的时间和方式	展示的方式和评估标准
展示阶段	氛围	营造轻松、积极的氛围	鼓励性格内向或经验稍浅的学员积极参与，为大家提供平等的参与机会
	发散思维	重视和鼓励发散思维	尊重差异，鼓励不同观点
	引导	引导学员结合工作内容进行展示，并深入思考	展示内容与工作的结合点，深化学员对课程内容的理解
	资料收集	收集学员的展示资料	学习成果图文资料，如在讨论过程中使用的照片

通过表 9-18 可以看出，在展示环节，培训师要注意以下几个细节。

（1）学员展示成果的方式以及可能发生的状况。培训师要思考这些问题：采用报告式（小组派代表上台汇报）还是走动式（逛画廊）？所需物资是否充足？空间是否足够？时间是否充裕？是否给后面的反思环节预留了足够的时间？报告式适用于时间充足且人数少的情况，因为如果有超过三个小组上台报告，那么坐在台下的学员通常很难集中注意力。若时间紧张且人数较多，则可采用走动式，请学员按照一定的顺序逐一观看其他组的学习成果。

（2）展示的细节。假设采用逛画廊的方式，就要根据培训现场的物理环境确定展示成果应该贴在墙上，还是放在桌上，或者铺在地上。同时，确定展示顺序的规则也要事先明确。

（3）展示的评估方式。其他学员评估展示成果的标准是什么，提问的方向有哪些，这些都是确定展示成果的评估方式时要考虑的问题。必要时，培训师还要向学员提供评估模板。

（4）提前告知学员。培训师要提前让学员知道什么时候做评估以及如何评估，这样才能调动学员的参与积极性。

有了好的设计还不够，现场的引导也很重要，培训师要注意以下几点。

（1）营造轻松、积极的氛围。学员产出的成果，从方式到内容都会有差异。营造轻松、积极的氛围能够让学员敢于说出自己的想法，不会因害怕别人打击或笑话而不愿表达。

（2）重视和鼓励发散思维。多元化的观点是促进学员深入思考的催化剂。重视和鼓励发散思维可以开拓学员的思路，使其获得多元化的观点。

（3）引导学员在展示时结合工作内容。在展示之前的准备环节，培训师要提醒学员结合工作内容进行介绍和解释，同时提供针对成果提问的思路，引导学员进行深入思考。

（4）收集学员的展示资料。培训师应收集学员的展示资料，并将其提供给学员、学员领导和老板，让大家知道学员通过培训掌握了哪些知识和技能，以此体现培训的价值。

六、反思

学员的反思是评估培训效果的一个重要维度。

1. 反思的目的

反思的目的是邀请学员针对学习的内容，在建立个人理解和小组共识的同时，反思自己的思维活动和学习过程。在其他环节遇到问题时，反思能够让培训师有机会直接从学员处了解到他们对课程内容的掌握程度。同时，反思也让学员有机会从其他学员身上发现对方学到的内容。在培训开场时，我通常会引导学员认识到培训不仅仅是向培训师学习，更重要的是学员之间相互学习。在培训后的调查中，有不少学员反馈，其他学员的观点或行为给自己带来了很多启发。这就是反思的魅力。

2. 反思的内容

反思主要包括以下两个方面的内容。

（1）学习活动回顾。培训师可以利用在展示环节收集到的资料，引导学员讨论刚结束的学习活动。具体的方式可以是组织一场全体讨论或一场任务报告，也可以是展开对一个问题的讨论。培训师可以提供讨论的问题或方向，帮助学员思考自己学到了什么，有哪些启发，自己有哪些想法等；也可以提供结构化的模板，请学员据此进行讨论。

（2）思维活动。学习活动回顾关注的是学到的内容，重在结果，而思维活动的关注的是如何学习，重在过程。也就是说，学员通过什么样的思维活动，才有了这样的学习成果。可以说，学习本身就是一个反思的过程。

3. 反思环节的点检表

反思可以帮助学员重新思考自己和小组的学习成果，深入整合新知识。因此，培训师要思考如何引导学员反思他们的思维活动和学习成果。在反思环节的设计阶段，培训师要从全局、个人反思和全体反思三个方面去思考和设计细节，确保真正达到反思的目的。

表 9-19 列出了反思环节的点检内容及要点。

表 9-19　反思环节的点检表

阶段	内容	要点	可能的思考
设计阶段	全局	目的	反思的目的是什么
		时间和空间	有多少可用的时间，场地的空间如何
		人数	参与本次培训的学员有多少个人
		方法	反思的方法有哪些，在现有的人数、时间和空间条件下，哪种反思方式最适合
		结束活动	用什么方式结束这个学习活动对深化培训内容更有利

（续表）

阶段	内容	要点	可能的思考
设计阶段	个人反思	为了邀请学员参与，你会问自己哪些问题	可以从哪几个维度进行引导，如何提问更有利于学员参与，可能会有哪些问题，如何规避或应对
		希望学员怎样反思自己的思维过程	• 找相同的内容或想法 • 找不同的内容或想法并分析原因 • 回忆自己的思维过程，重新思考学习活动，并进行对比
		学员的反思记录	• 学员用什么方式记录了自己对学习的思考 • 收集学员的反思记录
	全体反思	怎样引导学员评价他们通过共同努力产出的成果，反思他们的集体学习活动	• 找出本组成果中最令人自豪、最有创意的部分，分享产生该成果的思路 • 说明成果产生过程中的困难、挑战或疑惑，分享解决办法或问题 • 询问：通过小组学习取得了哪些收获
		为了帮助学员们回顾他们产出学习成果的过程，应如何引导	运用 ORID 进行提问： • O——在完成这个任务的过程中，自己做了些什么，看到或听到了什么 • R——在完成任务的过程中，让自己感觉顺畅、高兴或困扰、沮丧的环节有哪些，联想到了工作中的什么场景 • I——这样做的原因或理由是什么，这给你带来了哪些思考和启发 • D——完成这项任务的收获是什么，如果重新完成这项任务，会有哪些不同的做法
		深化课程重点	反思是否围绕着课程重点内容展开
反思阶段	课程回顾	发生了什么	请学员解释在这个学习活动中发生了什么
	思维活动	收获	学员学到了什么，如何处理类似的任务
		思维过程	学员反思在完成任务和展示时考虑过什么
	结束	结束活动	通过个人反思和全体反思，对课程内容有什么新的理解

通过表 9-19 可以看出，在设计阶段需要考虑的因素较多，既要考虑全局的反思，又要兼顾个人和全体的反思。其中，全局的反思是关键，因为反思的目的是反思元素设计的核心。考虑好全局的反思之后，再综合考虑限制条件（人数、时间和空间），这样才能为达成目标确定最适合的反思方式。

个人反思和全体反思都比较发散，需要通过结束活动予以收拢。在结束活动时，培训师可以采用提问和小组讨论的方式进行反思，也可以采用提供卡片供学员选择并分享的方式进行反思。表 9-19 列出的要点为反思提供了引导和提问的思路。设计阶段的准备工作做得越细致，培训现场出现偏差或问题的可能性就越低。

表 9-20 是案例 9-3 的五线谱。

表 9-20　案例 9-3 中案例加工演练的五线谱

时间线		内容线		工具线	成果线	资源线
开始时间	用时（分钟）	环节	授课方式（所需时间）			
10：20	70	运用STAR加工案例演练	1. 学员两两分享课前作业中的案例加工表（5 分钟） 2. 开放三个名额，请学员分享课前作业中的案例，并请其他学员反馈做得好的地方是什么，有什么可以完善的（15 分钟） 3. 每个小组选择一个案例进行完善，并将其写在大海报纸上（10 分钟） 4. 请每个小组将本组完善后的案例放在桌面上，然后请全体学员起立，每个小组按照顺时针方向依次浏览各组的案例（10 分钟） 5. 请学员通过投票的方式选出自己认为有效的案例（5 分钟），并说明原因（5 分钟） 6. 引导学员针对投票的结果和理由进行讨论，总结运用STAR（情境、任务、行动和结果）加工案例的注意事项（20 分钟）	小组讨论、逛画廊和投票	培训案例加工海报	3.大海报纸 6 张，红色、蓝色和黑色白板笔 各6 支

表 9-20 中的五线谱包括五条线，分别是时间线（含开始时间和用时）、内容线（含环节、该环节的授课方式及所需时间）、工具线、成果线和资源线。其中，"授课方式"这一列每个步骤后面括号中的数字是本环节所需要的时间，加总即可算出时间线中的"用时"。在实际操作中，很多培训师不会反复斟酌每个环节中各项内容所需要的时间，只是大致估算总体需要的时间，这很容易导致培训现场出现时间管理方面的问题。

综上所述，学习活动设计的六个元素为学习活动设计提供了清晰的思路。

不过，不一定每项学习活动都具备这六个元素。培训师要按照以终为始的原则思考一个问题：这个学习活动对应的是课程的重点模块和内容吗？如果是，那么培训师要再问几个问题：这个学习活动的目的是什么？可用时间有多少？然后，评估是否需要完整的六个元素。如果时间有限，但必须具备六个元素，就要在每个元素的设计中选择最简单有效的方式，以节省时间。

表9-21将六个元素融合在了学习活动的设计阶段以及活动进行的前、中、后期，并列出了相应的细目和注意事项。

表 9-21　学习活动设计及进行的各个阶段的注意事项一览表

阶段	细目	注意事项
活动设计	培训主题	活动目标与培训主题相关
	培训对象	活动内容适合培训对象（接受度、参与度）
	参加人数	活动方式与参加人数匹配
	活动目标	为培训目标服务
	活动规则	明确活动规则（1分钟内说清楚）
	资料道具	准备与活动相匹配的资料和道具
	活动时间	根据培训人数和时间，确定合适的方式和时间
	场地要求	结合参加人数和活动方式，确定对培训场地的要求
	可能状况	列出活动中可能会发生的各种情况，提前准备应对方案
活动前	活动目的	说明为什么要做这个活动
	活动好处	说明活动对学员有什么好处
	活动规则	包括活动时间、步骤、进行方式、要求和注意事项
	学员分组	考虑到男女搭配、性格和人数（每组5~6个人为宜）
	演示说明	演示活动的流程，并进行答疑
	宣布开始	用统一、明确的信号表示活动开始（如吹哨子或喊"开始"）
活动中	答疑解惑	巡回解答规则、活动中的问题
	活动纠偏	及时纠正过程中的偏差
	进度提醒	• 时间：隔一段时间提醒一次剩余时间 • 进度：告知各组进度，促进竞争
活动后	个人感悟	请学员分享活动中的感悟
	小组讨论	小组讨论活动中的问题、收获、经验和教训
	分享总结	各组发表活动报告，学员或培训师进行点评和总结

第十章　收放自如：发散与收拢

本书第二章介绍引导式课程设计的五个要素时，详细说明了引导的钻石模型。

所有的引导式课程都遵循钻石模型的规律，分为三个主要时期——发散期、动荡期和收拢期。发散期相对容易，动荡期是学员的不同观点相互碰撞的时期，收拢期的产出是达成培训目标的重要前提，很多培训师觉得这个环节比较困难。但是，这个环节也是引导式培训师必须要迈过去的坎，因为无论在课程中使用哪种工具，都会包括发散和收拢两个部分，这两个部分的质量将直接影响培训的效果。另外，在进行课前培训需求调研、课后反馈信息收集时，都会涉及发散和收拢。

本章将介绍引导式课程中的发散和收拢工具及其使用策略，还有长清单的处理思路。

第一节　引导中的发散和收拢工具

头脑风暴是非常典型的发散工具，但很多引导工具本身就同时具备发散和收拢功能，如世界咖啡、开放空间和团队共创等，因此很难对发散和收拢工具进行严格的区分。

表 10-1 列出了培训引导中的发散和收拢工具。

表 10-1　培训引导中的发散和收拢工具

类别	工具
发散	头脑风暴、世界咖啡、开放空间、ORID、团队共创、差距分析、漫游挂图和入（出）场调查表
收拢	投票、分类和决策矩阵

关于发散工具，本书第二篇已经介绍了不少相关内容。对于收拢工具，表10-1只列出了收拢作用相对比较明显的投票、分类和决策矩阵，下面详细介绍这三种工具。

在培训过程中，我们使用头脑风暴进行发散后，会得到长长的观点清单，看起来有点难以下手。这时，我们要按照以终为始的原则去思考处理这些信息的目的。处理长清单的目的主要包括筛选优先项目、分类及考虑下一步如何做，如表10-2所示。

表 10-2　处理长清单的目的和方法

目的	方法
筛选优先项目	投票和决策矩阵
分类	自主决定类别（如 PDCA 和 5W1H 等）或按照预定类别（如重要性、时间、成本、可行性和急迫性等）进行分类
考虑下一步如何做	投票和制订行动计划

1. 投票

通过发散阶段收集到信息或想法后，如果需要对其进行评估、排序和分类等，就会用到投票这种方法。投票方法主要有两种，分别是点投法和分投法。其中，点投法是简单投票法，每一票都具有相同的重要性或具有相同的权数。分投法是加权投票法，即通过分配不同的权数来创造分配重要性的机会，权数越高越重要。

在培训过程中，比较常用的投票方法是点投法。在具体操作时，可以采用站队投票的方式，也可以给学员发圆点或其他形状的贴纸，请他们通过张贴贴纸进行投票，还可以请学员通过在纸上写"正"字或打勾等方式来投票。

采用何种投票方式主要取决于学员的人数和可用时间。在三种投票方式中，站队投票所需时间最短，写"正"字或打勾其次，贴纸投票耗时最长，这是因为在投票前要发给每位学员相应数量的贴纸，这个过程可能会比较耗时，而且投票时要将贴纸撕下来再贴上，这也比较花时间。因此，若人数较多且时间有限，则应优先选择站队投票；若人数较少且时间充裕，则可选择贴纸投票。除了投票的方式，还要考虑投票的标准、投票的数量、物资准备及投票的规则。

（1）投票的标准。投票的标准是学员投票的依据，如最重要的选项、成本最低的选项和容易完成的选项等。投票的标准可以由培训师直接确定，也可以由学员商量后确定。

案例 10-1："公众表达与授课方法"培训的投票

在一场为期两天的"公众表达与授课方法"培训中，我将课程的第三个模块"魅力表达与授课方法"细分为 10 个问题，请学员结合自己在两天课程中的体验进行讨论和总结。在设计问题时，我结合课前问卷汇总得到的重点，从课程大纲中选择相应的模块，设计了层层递进的问题，以此引导学员找到方法和对策。

通过汇总课前调查问卷中开放式问题和封闭式问题的调查结果，我将课程的重点内容定为清晰表达、逻辑条理、互动和不同学员的应对。针对这些重点内容，我设计了相应的问题和子问题。

1. 如何清晰表达
（1）表达是否清晰的评估标准。
（2）清晰表达的要素。
（3）进行案例分享。
2. 如何有条理地表达
（1）有条理地表达与哪些因素有关。
（2）如何有条理地描述事情，请举例。
（3）如何有条理地表达观点，请举例。
3. 互动方法
（1）培训互动的原则。
（2）培训师与学员互动的方式有哪些。
（3）学员之间互动的方式有哪些。

4. 培训中不同学员的应对

（1）课堂上学员讲话。

（2）询问是否有问题时，无人回应。

（3）提问时，学员不会回答。

我将这些问题写在纸上，然后将纸贴在白板上，请每个小组"抢"一个问题。随后，我要求每个小组在 20 分钟内完成讨论，并用视觉化的方式将讨论成果画在大海报纸上。同时，我还说明，我会请其他学员对各组的成果从清晰度和实用性两个方面进行评估。

各个小组完成讨论后，将所有成果海报集中放在地面上。我给每位学员苹果和花朵两种贴纸各两张，并说明苹果贴纸代表内容的清晰度，花朵贴纸代表内容的实用性。我请学员以小组为单位，按照顺时针方向绕着地上的成果海报先看一圈，然后再投票。在这个过程中，学员看得非常认真。投票结束后，我带领学员对得票数最多和最少的内容进行了点评、交流和总结。培训结束后，学员普遍反馈，采用这样的方式进行学习，让他们印象很深刻。

案例 10-1 中投票的标准有两个，一是内容呈现的清晰度，这个标准来自通过课前需求调研得到的学员共性问题点——清晰表达；二是内容的实用性，这个标准来自培训目标，即帮助学员学以致用。另外，我在各个小组讨论问题前，先说明了后续要用这两个标准进行评估，这也是一种引导。事先说明评估标准能够将学员的注意力集中在这两个标准上，避免学员在讨论时跑题，并促进培训目标的达成。

可能有人会问："如果不安排投票环节，那么会怎么样呢？"我在这方面也是有教训的。如果只是请学员看各组的作品，那么很多学员只会走马观花，更多地关注讨论成果的形式（如色彩和图画），而非内容。我曾听到不少学员交流的内容是"这个花画得真漂亮"或"那个小人好可爱"等。如果学员的关注点不在课程的内容上，那么逛画廊的作用也就无法体现出来，更达不到深化学员对课程内容的理解的目的。

与之相反，在案例 10-1 中，投票在小组讨论前后两个阶段，确保了发散和收拢的过程均为培训目标服务。其中，在小组讨论前说明评估成果的两个标准可以引导学员聚焦于成果；在小组讨论后，因为要投票，所以学员在逛画廊时会认真地看内容，他们在对比和评估的过程中，将会深入理解和吸收课程内容。由此可见，一个小小的投票活动，作用是很大的。

（2）投票的数量。每个人可以投几张票呢？一般来说，每个人的投票数量应该是观点或选项总数的一半。例如，在案例10-1中，一共有四个小组，也就是有四个选项，我给每位学员苹果和花朵贴纸各两张。在头脑风暴环节结束后，往往会有较多的观点产出。如果产出了20个观点，则每人的投票数量为10；若超过了20个观点，则每人的投票数量还是10。在点投法中，每位投票者都不能对同一个观点重复投票。

（3）物资准备。关于物资的细节不可忽略，因为很多时候就是这些细节影响了整个培训的进度。例如，采用贴纸投票时，最好事先将贴纸按照每个学员需要的数量剪好，在投票前发给每个小组，以节省分发贴纸的时间。我发现有些培训师的做法是请助教一个个分发，这样做比较耗时。

使用白板笔或马克杯投票主要有三种方法。第一种方法是将2~3支红色笔放在需要投票的成果前，这种方法适用于以小组为单位进行投票并且成果前有地方放笔的情况（如放在桌面以及贴在白板或白报夹上）。第二种方法是提供2~3支红色笔，请学员互相传递使用，这种方法适合于对全体产出进行投票的情况，例如，将头脑风暴产出的观点列在白板或海报纸上供所有学员投票。第三种方法是请学员自带红色笔，确保每组至少有2支，这种方法适用于以小组为单位产出成果和投票，并且将成果张贴于墙面或放置在地面的情况。

（4）投票的规则。投票的规则要清晰，在投票前要清楚地说明投票的数量、投票的标准、投票的方式（若用笔进行投票，则应确定是写"正"字还是打勾）、投票的位置（例如，统一在成果海报的右上角张贴贴纸或勾选，或者在旁边专门的纸张上进行投票）和投票的顺序（例如，以小组或人为单位进行，按顺时针或逆时针方向进行），并确保所有学员均已理解。否则，投票时便会一片混乱，不仅耗时，还会影响这个环节的学习效果。

（5）投票的注意事项。在投票前，提供与课程目标一致的、清晰的标准，在展示学习成果的纸上留出位置，用来记录投票情况；在投票时，请权威人士或具有影响力的领导最后投票，避免其他人受其影响；在投票后，邀请学员协助统计票数，这些做法都有助于投票环节更好地为实现培训目标而服务。

2. 分类

当我们看到学员贡献的众多观点和想法时，一方面可能会觉得很有成就感，另一方面可能也会感到困扰，不知道接下来应该怎么做。此时，培训师可以请学员将这些观点和想法按照一定的逻辑进行分类。

分类的步骤如下。

（1）做准备工作。在分类前，先将需要分类的信息放在学员的正前方，并确保所有学员都能看清内容。

（2）说明分类的目的。例如，培训师可以对学员说："对于客户情绪处理这个问题，我们已经得到了这么多的想法和建议，下一步我们要将这些想法和建议分类，划分到3~7个类别中，以便产出一个容易记忆和运用的客户情绪处理指南，帮助我们更顺畅地进行工作。"当学员知道了分类的目的，明确了这是对自己的工作有利的事情之后，他们便会更加投入地去做分类的工作。

（3）说明分类的流程。这个环节涉及两种情况。第一种情况是需要分类的信息被写在卡片上，每张卡片上一条。这时，培训师可以对学员说："接下来，我会一条条读出卡片上的内容，大家来指出它们应该归入哪个类别。如果这个类别暂时还不存在，那么就生成一个新的类别；如果这个类别已经有了，那么就将其归入相应的类别。等所有的卡片都分类完成后，我们再一起来回顾一下，看是否存在异议。"第二种情况是需要分类的信息被写在大海报纸上，形成了一个长长的清单。这时，培训师可以将代表每个分类的符号或字母写在另一张纸上，并在长清单中每一条内容的前面写下对应的符号或字母，以明确分类。

（4）逐一读出每一条信息，让学员决定其类别，直到所有信息被分类完毕。

（5）与学员一起检查分组，确定是否需要进一步拆分或合并类别。

3. 决策矩阵

若需要对已经收集到的想法进行客观、全面的分析以做出决策，则可以使用决策矩阵，通过清晰的分类从中找出最好的想法。决策矩阵分为效果—难易度矩阵和多指标决策矩阵。

其中，效果—难易度矩阵的使用步骤如下。

（1）画出决策矩阵。决策矩阵分为四个象限，第一象限为容易—效果大，第二象限为困难—效果大，第三象限为困难—效果小，第四象限为容易—效果小，如图 10-1 所示。

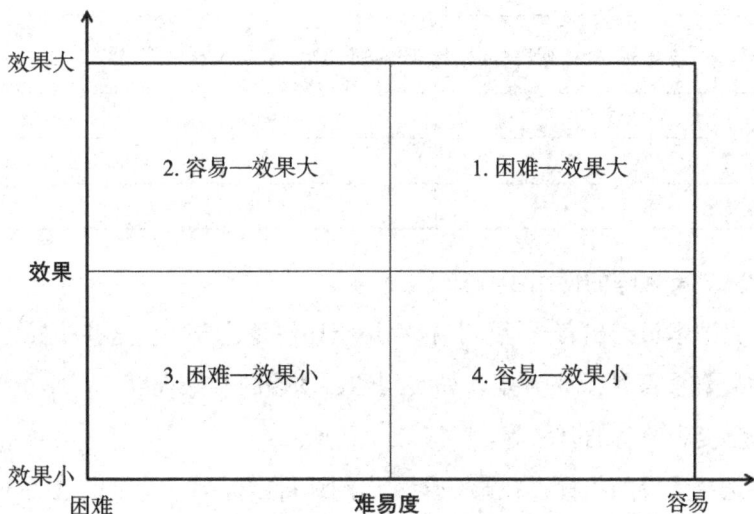

图 10-1 决策矩阵

（2）讨论各个象限的含义。第一象限（容易—效果大）表示可以立刻实施；第二象限（困难—效果大）表示可以成立项目组去做；第三象限（困难—效果小）表示应该放弃；第四象限（容易—效果小）表示可以立刻实施。

决策矩阵中的"容易""困难""效果大""效果小"到底是什么意思，一开始就要与学员讨论清楚，并做出明确的定义。否则在后面的步骤中，学员会因理解不同而无法达成共识。例如，针对不同的主题和实际情况，"效果大"可能表示质量提升、效率提高、成本降低或培训对学员帮助大等；而"容易"

或"困难"可能表示技术强弱、人力（资金）多寡、努力程度或对个人知（技能）要求的高低等。

（3）对收集到的想法进行逐一讨论，学员共同决定将其放在哪个象限中。

（4）做出决策。针对四个象限内的不同想法，决定哪些可以立刻实施，哪些可以成立项目组去做，哪些可以放弃。

除了图 10-1 所示的简单的决策矩阵，还有一种矩阵是多指标决策矩阵。在这种矩阵中，不仅有多个评价指标，每个指标还有相应的权重，如表 10-3 所示。

表 10-3 多指标决策矩阵

指标 备选方案	指标 1（权重：___）	指标 2（权重：___）	指标 3（权重：___）	总分
方案 1				
方案 2				
方案 3				

多指标决策矩阵的使用步骤如下。

（1）先请学员列出若干评价指标，用于评估备选方案。这些指标可以根据讨论的主题和实际情况来确定，如实用性、掌握的难易程度、对学员的帮助、效率提升程度和节省的时间等。

（2）选择重要的指标。在第一步列出的评价指标中，请学员选择 3~4 个重要的指标，将其填入表 10-3 的第一行，并将备选方案放左边第一列。如果其中有些指标比其他指标更重要，就加上权重。例如，"×2"表示要将该指标分值乘以 2。

（3）确定分值。培训师与学员确定每个指标分值的判定标准，例如，不满足该指标得 1 分，部分满足该指标得 2 分，完全满足该指标得 3 分，等等。

（4）打分。根据第三步确定的指标分值判定标准，对各个备选方案进行打分，并将分数填写在表 10-3 最右边的"总分"栏中。

（5）确定最佳方案。打分结束后，"总分"栏中得分最高的方案为最优方案。

第二节　使用发散和收拢工具的三环策略

1. 发散和收拢工具的使用原则

发散和收拢工具的使用原则如下。

（1）以终为始。在引导式课程中，所有的工具和方法都是为达成培训目标而服务的。在选择发散和收拢工具之前，培训师要先明确为什么要使用这个工具，希望通过使用这个工具达到什么样的目标，想要获得哪些方面的信息或产出。例如，如果想让学员对课程中的某些内容达成共识，就要运用团队共创而非 ORID，因为 ORID 是用来引导参与者产出多元化观点的工具，不能用于达成共识。

（2）方便快捷。运用引导工具比单纯的讲授更耗时。因此，在选择发散和收拢工具时，必须考虑该工具是否方便快捷。条条大路通罗马，在不同的工具都能达成相同目标的情况下，应该优先选择更方便快捷的工具。只有这样，我们才能避免在某个环节花费太多时间，才能更有效地运用有限的时间，为学员提供更多的参与机会。

例如，如果我们想要收集学员的不同观点和想法，那么可用的工具有头脑风暴、金鱼缸、世界咖啡、开放空间、ORID 和团队共创等。不过，如何确定哪个工具才是目前状况下最方便快捷的呢？培训师可以利用下面介绍的三环策略评估确定。

2. 使用发散和收拢工具的三环策略

如何才能在选择发散和收拢工具时体现以终为始、方便快捷的原则呢？图 10-2 所示的三环策略为我们提供了依据。

通过图 10-2 可以看出，使用发散和收拢工具的三环策略分别是目的、人数和时空。

（1）目的。目的是首先要考虑的因素。发散和收拢的目的不同，所采取的策略自然也不同。

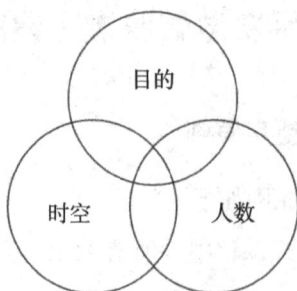

图 10-2　使用发散和收拢工具的三环策略

（2）时空。时空包括时间和空间两个方面。在培训过程中，时间是一个硬指标，优先将时间分配给重点内容是分配时间的基本原则。具体到课程的某个环节，使用发散和收拢工具所需要的时间也不同，具体如表 10-4 所示。

表 10-4　不同引导工具所需时间一览表

工具	所需时间
ORID	较灵活，从几分钟到几个小时均可
头脑风暴	较灵活，可由培训师根据产出决定，也可事先规定时间
漫游挂图	至少 30 分钟，可由培训师根据产出进度灵活掌握时间
团队共创	至少 45 分钟
世界咖啡	至少 90 分钟
开放空间	至少 90 分钟，每轮的时间可由培训师根据总体进度灵活决定

在引导式课程中，必须留出充足的时间让学员充分参与，才能达成预期的目标。因此，在选择发散和收拢工具时，培训师首先要明确自己有多少时间可用，再评估应该使用哪种工具。此外，拥有充足的空间是成功运用引导工具的前提条件，不同的工具对空间的要求也不同，表 10-5 列出了几种常用的引导工具对空间的要求。

表 10-5　不同引导工具对场地空间的要求

工具	对场地空间的要求
漫游挂图	要有足够的走动空间，以及可供张贴挂图的墙面（若无，可将挂图放在各个小组的桌面上）

（续表）

工具	对场地空间的要求
团队共创	要有便于小组成员聚集讨论的空间，以及可供分享和展示作品的墙面或地面
世界咖啡	要有可供 4~5 个人使用的小桌子、足够的走动空间，以及可供分享和展示作品的墙面或地面
开放空间	要有足够的走动空间、可供张贴海报纸的墙面，以及可供分享和展示作品的墙面或地面

通过表 10-5 可以看出，漫游挂图和开放空间都将挂图张贴在墙面上供参与者交流和书写，但漫游挂图的挂图数量一般为 4~5 张，而开放空间的海报数量则根据参与者的人数和产生议题的多少而定，通常比漫游挂图多很多。因此，开放空间所需要的走动空间也比漫游挂图大得多。世界咖啡是以小组为单位进行讨论的，并且每一轮都要进行换桌，因此需要充足的走动空间。团队共创需要的空间较小，因为要确保所有人都能看到所有观点。

培训师不能忽略各种工具在收拢阶段所需要的空间。表 10-5 中几乎每一行都提到了"可供分享和展示作品的墙面或地面"，这正是学习活动设计的六个元素中的"展示"和"反思"元素对场地的要求。前面的四个元素（情境、小组、桥梁和任务）都是为"展示"和"反思"这两个元素做铺垫的。通过这两个阶段的分享、交流、反思和总结，可以深化学员对课程内容的理解，从而达成培训目标。因此，"展示"和"反思"元素在学习活动设计中不可或缺，在评估空间需求时，也不能忽略了这两个元素。

（3）人数。一般来说，在同样的时间内使用相同的工具时，人数较多的话，就会更耗时。在使用世界咖啡、头脑风暴和漫游挂图等工具时，在发散阶段，参加人数对所需时间的影响不是太大，但在收拢阶段，则会比较耗时。这是因为产出的信息更多，需要分享和汇总的信息也随之增加。同时，人数增加后，要确保每位学员都能参与也是一种挑战。例如，在运用开放空间时，若参与者超过 20 个人，则要分组进行，否则无法确保所有人都能看到团队共创的内容，更谈不上参与分类和命名并达成共识了。

综上所述，不同的发散和收拢工具对参与人数、时间和空间都有不同的要求，我们要在综合考虑所有的因素后，选择合适的工具。没有最好的工具，只有最适合的工具。

表 10-6 列出了培训引导中发散与收拢工具的操作要点。

表 10-6　培训引导中发散与收拢工具的操作要点

目的	方法	方式				引导技能			组别				处理顺序			操作要点
		白板	A4纸	海报	即时贴	提问	记录	回应	整体	小组	结对	个人	随机	循环	指定	
收集事实	列表	√	√	√	√	√	√	√	√	√	√	√	√	√	√	明确要求，记录回答，提问和回应
收集观点	头脑风暴	√	√	√	√	√			√	√	√	√	√	√	√	每个想法都有价值，进行分析和判断
	金鱼缸		√			√	√			√			√	√	√	设定讨论时间，鱼缸外安静聆听，角色互换
	角色扮演		√			√	√		√	√	√	√	√	√	√	说明目的和背景，分配角色，提供指示，分享心得
	世界咖啡			√		√				√			√	√	√	轮流发言，鼓励和肯定贡献，互相激发
	开放空间			√	√	√				√		√	√	√	√	营造氛围，聚焦主题，交流分享
	ORID	√	√	√	√	√	√	√	√	√	√	√	√	√	√	明确目标（理性/感性），换位思考
	团队共创				√	√	√	√	√	√	√		√	√	√	明确焦点问题，充分参与，达成共识

（续表）

目的	方法	方式				引导技能			组别				处理顺序			操作要点
		白板	A4纸	海报	即时贴	提问	记录	回应	整体	小组	结对	个人	随机	循环	指定	
收集观点	漫游挂图			√					√	√			√	√		事先设计与培训主题相关且学员感兴趣的漫游挂图主题
收集反馈	开放式讨论	√	√	√	√	√	√		√	√	√		√	√	√	优势（好的方面）→改进→测试改进建议
信息汇总	分类	√	√	√	√	√	√		√	√	√		√	√	√	询问学员当前信息与之前的信息是否相同
决策	投票					√	√		√	√	√	√	√	√	√	定义评判标准，可游说、评分后检查
	决策矩阵					√	√	√	√	√	√	√	√	√	√	考虑三因素——影响、成功机会和性价比

好策略是设计出来的。设计策略时要从总体、环节和具体操作三个层面出发，以此体现发散和收拢的策略。

案例 10-2："培训中运用引导的情境和要求"培训五线谱

2017 年 11 月，主题为"引导技术在培训中的运用"的中国培训师沙龙 11 周年庆典在北京举办，来自全国各地的 50 多位培训师参加了这场庆典兼培训。培训为期两天，一共有六个分主题。

表 10-7 是我为第一天上午的"培训中运用引导的情境和要求"培训设计的五线谱。

表 10-7 "培训中运用引导的情境和要求"培训五线谱

日期：2017.11.18 时长：2.5 个小时

时间线		内容线		工具线	成果线	资源线
开始时间	用时（分钟）	环节	授课方式（所需时间）			
9：30	10	五分钟大挑战	（1）用PPT展示五个自我介绍问题，并说明规则：每人在 5 分钟内找到尽可能多的伙伴，根据PPT上的提示回答一个问题（2分钟）（2）学员进行自我介绍（5分钟）（3）学员回到各自的小组，八人小组互相介绍（3分钟）	访谈	自我介绍	铃铛
9：40	25	写期待	（1）个人思考，在A4纸上写下自己在两天的培训中最希望获得哪五个方面的收获，并从中选出自己最关注的两个方面（3分钟）（2）八人小组讨论，小组成员分享自己写的两个期望，讨论并确定本组的五个共性期望，将其写在卡片上。书写要求：一卡一条，字大体正，采用"动词＋名字"的形式，6~10个字（20分钟）（3）张贴，每个小组将写好的五张卡片张贴在引导墙上（2分钟）	头脑风暴	期待墙	（1）A4纸120张（2）引导布1块，即时贴30张，"期待"标题
10：05	20	运用引导的情境	（1）结合前面的步骤，讲解什么是引导（5分钟）（2）提问，交流什么时候用培训，什么时候用引导（10分钟）（3）总结（5分钟）	讲解和互动	引导和培训的使用情境	"何时用引导"手绘海报
10：25	10	休息	将期待墙上的内容分类和命名	—	期待墙的命名	—

（续表）

时间线		内容线		工具线	成果线	资源线
开始 时间	用时 （分钟）	环节	授课方式（所需时间）			
10：35	15	期待墙 的说明	（1）读一遍期待墙中的分类，并一一进行确认（5分钟） （2）告知学员各项期待与两天的六个分主题的对应关系（10分钟）	讲解	—	—
10：50	50	引导式 培训师 的画像	（1）四人小组讨论合格的引导师应该是什么样的，并将其写在A4纸上（15分钟） （2）八人小组分享并讨论引导式培训师应符合哪些要求（10分钟） （3）各组画出引导式培训师的画像（10分钟） （4）各组展示画像，逛画廊，进行站队投票，选出大家最认同的（15分钟）	小组讨论和视觉表达	引导式培训师的画像	（1）A4纸30张 （2）大海报纸15张 （3）红、蓝、黑色白板笔各15支
11：40	15	引导式 培训师 的要求	（1）讲解引导师式培训师的六大角色和七大核心能力（5分钟） （2）讲解引导式课程的双向管理——纵向的流程管理和横向的能量管理（10分钟）	讲解和互动	六大角色和七大核心能力	"引导式培训师的七大核心能力"手绘海报
11：55	5	总结	（1）总结在培训中运用引导的情境，以及何时用引导（2分钟） （2）总结引导式培训师的六大角色和七大核心能力（3分钟）			

注："5分钟大挑战"中PPT上的5个自我介绍问题为：（1）我来自哪个城市；（2）我的日常工作有哪些；（3）我所在的部门有多少同事；（4）我昨天经历了什么事情；（5）我在2017年最有成就感（最开心）的一件事是什么。

对于案例 10-2，我们可进行如下拆解和分析。

（1）五线谱的设计思路。案例 10-2 呈现了一个时长为 2.5 个小时的培训的五线谱，表 10-8 列出了我对五线谱中每个环节的设计思路。

表 10-8　案例 10-2 的五线谱设计思路

环节	目标	说明
5 分钟大挑战	暖场	通过自我介绍的五个问题，帮助学员快速认识彼此，同时营造轻松的氛围
写期待	建立个人与目标的联系	让每个人写自己的期望以及小组交流可以促使学员思考自己来参加培训的目标是什么，希望通过这两天的学习得到哪些收获，进而促使学员有针对性地选择自己关注的主题
	建立参与者之间的联系	通过小组交流和讨论加强学员之间对培训主题的交流
	做需求调研	通过团队共创了解学员的需求，通过为期待墙的各项内容提供对应的分主题，一方面为学员提供有针对性的分主题参考，另一方面为后面的五个分主题提供内容侧重点
运用引导的情境	对应于主题"培训中运用引导的情境和要求"中的"情境"	结合前面的"5 分钟大挑战"和期待墙，引导学员思考和交流何时用引导，最后进行总结
引导式培训师的画像	为"引导式培训师的六大角色和七大核心能力"做铺垫	四人小组讨论合格的引导师应该是什么样的，八人小组讨论引导式培训师应该符合哪些要求，以画像的方式呈现小组的智慧
引导式培训师的要求	对应于主题"培训中运用引导的情境和要求"中的"要求"	借助手绘海报讲解引导式培训师的六大角色和七大核心能力
总结	重温重点	针对主题"培训中运用引导的情境和要求"中的"情境"和"要求"（六大角色和七大能力）进行重点回顾

通过表 10-8 可以看出，五线谱中每个环节的设计都遵循以终为始的原则，即先明确目标，再围绕目标进行设计。

（2）引导式课程的双向管理。引导式课程设计的双向管理是指纵向的流程管理和横向的能量管理。在表 10-7 中的"内容线"这一栏中的"环节"这一列，可以看到引导式课程设计的双向管理。

①"5 分钟大挑战"。通过暖场环节的自我介绍，帮助学员互相认识，快速提升会场能量。

② 写期待。"5 分钟大挑战"结束时，学员都很兴奋。为了让大家冷静下来，思考接下来的问题，先请学员进行个人思考，并分别写出自己的期待，这是一个降温的过程。如果"5 分钟大挑战"结束时马上进行小组讨论，那么现场会持续处于"高热"状态，学员无法进行深入思考，这会直接影响期待墙上的最终产出的质量。

③ 运用引导的情境。在各个小组通过讨论明确了本组的五个期待后，培训师采用讲解和全体互动的方式进行引导。我是依据"何时用引导"的三个评估指标（目标、时间和学员背景）来判断应该采用哪种引导方式的：一方面，我根据报名表上的信息了解到，大多数学员对什么是引导、何时该用引导均不了解；另一方面，时间不充裕。通过表 10-7 可以看出，"将期待墙上的内容分类和命名"环节被放在了中间的休息时间。因此，这个环节采用以讲解为主、以互动为辅的方式。

（3）发散和收拢。引导式课程要做到收放自如，案例 10-2 同样包含发散和收拢的过程，具体如表 10-9 所示。

表 10-9　案例 10-2 中的发散和收拢

环节	发散	收拢
写期待	个人思考，在 A4 纸上写下自己在两天的培训中最希望获得哪五个方面的收获，并从中选出自己最关注的两个方面	八人小组讨论确定本组的五个共性期望，并将其写在卡片上
引导式培训师的画像	四人小组讨论合格的引导师应该是什么样的，并将其写在 A4 纸上；八人小组分享并讨论引导式培训师应该符合哪些要求	各组画出引导式培训师的画像；各组展示画像，逛画廊，进行站队投票，选出大家最认同的

通过表 10-9 可以看出，案例 10-2 中的收拢主要采用了投票和分类两种工具。

答疑

问题一：学习活动未达成预期目标怎么办？

回答：对学习活动未达成预期目标的原因进行分析，然后采取合适的对策。

在实际操作中，很多学习活动未能达成预期目标。培训师在"修渠"方面可能存在哪些问题？又有哪些对策？表P3-1结合学习活动设计的六个元素给出了答案。

表 P3-1　学习活动未达成预期目标的原因及对策

要素	原因	对策
情境	情境描述不清，学员不了解为什么要做、做什么、做到什么程度	将情境要素以书面的形式展示给学员，明确需要做的事情和要求，并说明评估标准
小组	小组人数过多，有人不参与，或者有强势者"一言堂"	合理确定小组人数，划分角色，学员各尽其责；建立发言机制，让学员轮流发表意见
桥梁	学员无法将活动与实际工作联系起来	设计活动时要贴近学员的实际工作，准备多种情境，使其与工作职责和工作内容不同的学员相匹配
任务	任务本身不合理，或者小组讨论时跑题，或者不知道如何进行	任务设计为培训目标服务，贴近学员的基础和需求；培训师在各组之间巡视，及时提醒和辅导
展示	未调动所有学员参与，展示说明和交流时偏离主题	给学员提供反馈表或分配任务（如投票、点评等），展示前要强调展示的要点和要求
反思	未事先设计反思问题，现场引导能力不足	提前准备引导学员思考的问题，并设想可能出现的情况和学员的问题，然后思考如何应对

通过表P3-1可以看出，"对策"这一列中的内容几乎都是关于课程设计的。事实上，很多培训师将培训现场混乱、延时、学习活动未达成预期目标等问题归咎为自己授课能力不足，然后想办法去提升授课技能，这样做显然不能解决问题。这是一个很常见的误区，我们可以通过图P3-1所示的冰山模型进行说明。

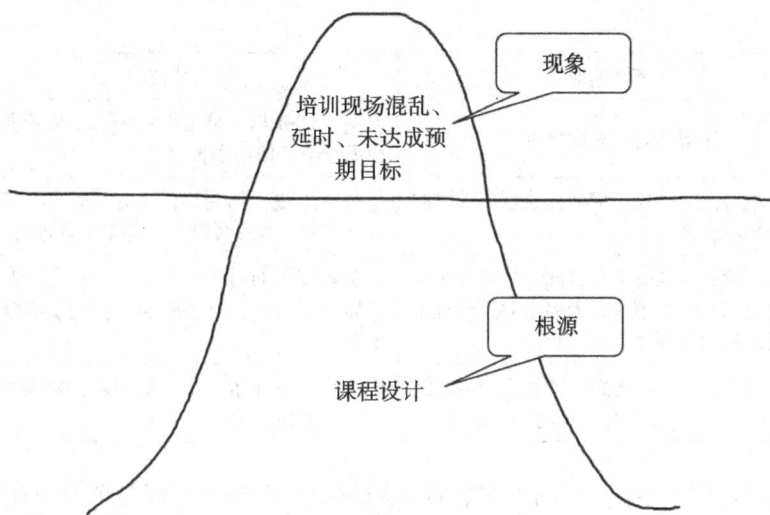

图 P3-1　培训现场问题的冰山模型

在《培训师成长实战手册：培训需求诊断和调研》中，我强调过，正确定义问题是解决问题的前提。只有通过分析明确真正的问题，才能有效地解决问题。例如，我们可以利用表 P3-1 对学习活动未达成预期目标的原因进行分析，明确问题主要出在课程设计阶段后，就能有针对性地解决问题了。

问题二：如何避免延时？

回答：从课程设计和控场两个方面来避免延时。

对于在培训中运用引导技术时最常发生的延时问题，我们可以结合引导式课程设计的六个元素分析原因，并提出对策，具体如表 P3-2 所示。

表 P3-2　延时的原因及对策

要素	可能的原因	对策
情境	情境说明不清楚，指令模糊	将情境要素以书面的形式展示给学员，明确需要做的事情和要求，并说明评估标准
小组	未明确分组原则和标准，或者小组人数过多，或者组员的性格、经验差异过大	明确分组的原则和标准；合理确定小组人数；分组时考虑各组成员的性格、经验和能力的平衡；划分小组成员角色，要求各尽其责

（续表）

要素	可能的原因	对策
桥梁	学员不知道如何去完成任务	说明该任务与学员工作的相似之处或关联，再根据学员反馈给予提示
任务	小组讨论时跑题，或者完成任务的时间规划不合理	请各组先做时间规划，设立计时员；培训师在各组之间巡视，提醒各组围绕主题进行
展示	未明确展示的要求和时间，或者展示超时且未及时处理，或者展示时跑题且未及时拉回主题	先明确展示的时间和要求，并利用计时员或计时器控制时间；跑题时通过提问引导学员回到主题
反思	没有给出反思的思路，或者反思的方式（个人、小组或全体）与时间不匹配	提前准备引导学员思考的问题，根据可用时间确定反思的方式

在引导式培训中，培训师的职责是同时做好纵向的流程管理和横向的能量管理。延时问题源于这两个方面的管理不到位。培训现场管理不到位，主要有两个方面的原因，一是事前的流程设计有问题，二是现场的管控有问题。那么，如何从设计和控场两个方面来避免延时呢？

1. 设计方面

培训流程的设计在很大程度上决定了现场的状况和结果。设计阶段的要点如下。

（1）明确目标。站在参与者的角度，将他们关注的结果作为重点，预留充足的时间。在参加和观摩一些关于引导技术的培训或工作坊后，我发现大部分培训师存在一个误区——以工具的运用替代了培训目标，具体表现是，整个流程的设计就是将各种工具堆砌起来，现场的整个过程像是在体验引导工具的运用，最终学员没有取得预期的产出。

（2）反推设计。我们要优先给重点环节留出时间，再围绕重点环节的目标设计流程，分配时间。例如，在做一场时长为3个小时的"如何有效挖掘培训真实需求"培训之前，我通过需求调研确定了目标——让学员掌握挖掘真实培训需求的方法和工具。我由此反推，确定了如表P3-3所示的时间分配表。

表 P3-3　"如何有效挖掘培训真实需求"培训时间分配表

序号	环节	所需时间 （分钟）	依据
1	暖场	10	营造轻松、畅所欲言的氛围，建立学员之间的联系
2	背景说明	15	建立学员与培训主题的关联，做进一步的需求调研
3	问题澄清	20	针对学员提出的问题，逐一确认，确保精准
4	问题分类、认领	25	对问题进行分类和聚焦，为后面讨论解决方案奠定基础
5	解决方案讨论	50	对应于培训目标
6	方案展示	20	为反思和总结提供依据
7	反思和总结	20	深化学员对培训内容的理解和运用

通过表 P3-3 可以看出，第五、六、七个环节共分配了 90 分钟，是培训总时长的一半。之所以这样分配，是因为这三个环节对应于培训目标。我根据"讨论解决方案的依据是什么""用什么方式来呈现""需要多长时间"等问题，明确了第二、三、四个环节都是在为第五个环节做准备，一共为它们分配了 60 分钟的目标。

（3）预留机动时间。在设计课程时，还要预留机动时间，以应对现场突发状况。"如何有效挖掘培训真实需求"培训一共 3 个小时，表 P3-3 中七个环节的时间合计为 160 分钟，未分配的 20 分钟便是机动时间。

（4）灵活暖场。暖场是开胃菜，达到目标即可，一定要避免为了暖场而暖场，否则就会浪费时间，造成延时。

2. 控场方面

在培训现场，要想避免延时，培训师必须注意以下几点。

（1）时间节点。按照设计的时间节点控制流程，若有必要延时，则用机动时间来弥补。培训师可以结合使用计时器、谈话棒、人工计时三种工具和方法来控制时间。

在我自己所做的培训中，我遇到以下情况时会进行计时。

① 发言、分享。对于暖场阶段的小组或个人介绍、以小组为单位的成果分享和讨论等活动，我会事先规定发言时间。发言前设定好计时器的，计时器提

示后，发言便结束。只要提前说明规则，大家都会配合。

② 对于小组讨论总体的时间控制。开展小组讨论之前，培训师要说明讨论的任务、目标和时间，并设定计时器。我一般会根据前期的诊断和调研，评估要讨论的问题的难易程度，将所需时间定得稍短些。例如，评估的结果是讨论某个问题平均需要 30 分钟，就将时间确定为 25 分钟。这样做的目的是平衡：一方面让平均水平以下的学员产生紧迫感，加快进度；另一方面避免平均水平以上的学员早早完成，无事可做。此外，还要考虑分组情况，将不同水平的学员分在同一个小组，更有利于达成讨论目标和准确控制时间。

③ 对于小组讨论过程的时间控制。在一个小组中，总会有人很喜欢发言，有人默不作声。为了控制时间，同时给大家提供平等的参与机会，培训师可以使用谈话棒。在我自己所做的培训中，我会事先说明什么是谈话棒，为什么要使用谈话棒，之后请大家在桌面上找一个本组成员都认可的物品，将其作为本组的谈话棒。然后，我会说明谈话棒的规则：只有拿到谈话棒的人才能开口，其他人只能倾听。同时，我会还请各个小组选出一位计时员，由其根据本轮交流的总时间来控制每位成员的发言时间。

④ 提供额外时间。需要提供额外时间的情况主要有两种，一种是在小组讨论的过程中，另一种是在分享讨论结果时。在小组讨论的过程中，我会随时在各个小组之间巡查，了解各组的进展情况。如果时间已到，但有些小组尚未完成任务，我就会提供额外的时间。同时，我也会给已经完成的小组提出一些问题，请他们思考，避免他们因无所事事而不耐烦。此外，引导技术的本质是参与，所有的引导技术都会利用各种方式促进学员交流和参与，然后鼓励他们相互碰撞和分享。参与之后的成果分享也是非常重要的，在这个环节中，可能有些学员分享的观点大家都很感兴趣，但分享的时间已到。在这种时候，我一般都会临时增加一个"答记者问"环节，变相地为分享者提供额外的时间。

（2）指令清晰。在培训过程中，常常发生因指令不清晰而导致浪费时间的情况，学员也会因此而变得焦躁不安。很多时候，培训师以为自己说清楚了，但学员根本摸不着头脑。我自己的经验是事先将关键环节的要求和规则写在大海报纸上，在相应的环节展示出来，并在确认学员已经完全理解后，再开始接下来的步骤。

1. 理理思路

下面的内容是本篇的重点内容，看看你记住了多少。

（1）影响学习动机的三个主要因素是：_____、_____、_____。

（2）开场的内容主要包括：_____、_____、_____、_____。

（3）培训开场激发学员学习动机五部曲是：_____、_____、_____、_____、_____。

（4）学习活动设计的六个元素是：_____、_____、_____、_____、_____、_____。

（5）影响学员参加活动的积极性的四类因素是：_____、_____、_____、_____。

（6）培训中常用的收拢工具有：_____、_____、_____。

2. 考考理解

回顾本篇的内容，请在每一个括号中选择合适的选项。

（1）选择暖场方式时要综合考虑暖场的（内容/目的）、（限制条件/拥有的资源）和（学员/培训师）三个方面的因素。

（2）设计有效开场问题的思路是：先明确（问题/目的），再（提出问题/回答）。

（3）问题设计的三个原则是（以少胜多/以终为始）、（容易回答/以学员为中心）和（先处理心情再处理事情/循序渐进）。

（4）问题设计的四个步骤是（情境/学员）、（问题/目的）、（思路/答案）和（反馈/提问）。

（5）ARCS 模型包含四类动机，分别是（注意/参与）、（结果/适切性）、

（信心／改变）和（选择／满意）。

（6）使用发散和收拢工具的三环策略是（方式／目的）、（时空／物资）和（人数／产出）

3. 挑战一下

回顾本篇的内容，请在每一个括号中选择合适的选项。

（1）问题设计。按照问题设计的四个步骤（情境、目的、思路和提问）设计问题设计，具体内容如下。

① 确定情境。选择一个需要通过提问来引导的课程情境，并填写表 P3-4。

表 P3-4　演练主题基础信息

课程主题：	培训总时长：
问题出现的阶段：□开场　□课程中　□课程结束	提问环节可用时间：____分钟
培训对象：	人数：
提问的情境（4W）：_____（When）在针对_____（Who）的"_____"培训（What）现场（Where）	

② 设计问题。将表 P3-4 中提问的情境填写到表 P3-5 的"情境"这一列中，根据问题设计的四个步骤（情境、目的、思路和提问），设计相应的问题。

表 P3-5　问题设计

情境	目的	思路	提问
			问题1：
			问题2：
			问题3：

注：填写"目的"这一列时，可参考表 8-9 中的内容；填写"思路"这一列时，需要考虑以下三个方面的问题：提出问题时，学员的整体状态是积极的还是消极的？回答问题的学员的基础（性别、年龄和职位等）是怎样的？学员在培训主题方面的知识、经验和技能基础如何？基于以上三个方面产生几个初步的思路后，可以自问以下问题：在这些思路中，哪个最符合学员目前的状态？为了达成提问目的，需要设计一个还是多个问题？

③ 问题测试和验证。根据表 P3-6，对表 P3-5 中的问题进行评估。若有一个"×"号，则回到表 P3-5 重新设计问题。

表 P3-6　有效问题点检表

项目		评估问题	评估（√或 ×）		
			问题 1	问题 2	问题 3
问题设计		问题是否足够聚焦（一次只问一个问题）			
		问题是否以学员熟悉的语言进行表达			
		问题的措辞是否会引起学员的反感			
		问题的表达是否清晰、准确、不用解释			
问题评估	意愿	学员是否愿意回答这个问题			
	能力	这个问题对学员而言是否容易回答			
	达成度	这个问题的答案与预期的提问目标是否一致			

（2）学习活动设计。

① 学习活动设计准备。参照第一章的"挑战一下"，确认并选择一个重点模块可以使用引导的课程主题，并填写"学习活动准备表"，如表 P3-7 所示。

表 P3-7　学习活动设计准备表

课程主题：	培训总时长：
本活动出现的阶段：□开场　□课程中　□课程结束	本活动可用时间：＿＿分钟
培训对象：	人数：
【情境】 1. 目的：通过这个学习活动希望达到的目的是＿＿＿＿＿＿＿＿＿＿＿＿＿＿＿＿ 2. 主题：这个学习活动要让学员做什么＿＿＿＿＿＿＿＿＿＿＿＿＿＿＿＿＿＿＿＿ ＿＿＿＿＿＿＿＿＿＿＿＿＿＿＿＿＿＿＿＿＿＿＿＿＿＿＿＿＿＿＿＿＿＿＿＿＿ 3. 评估：如何评估学员的学习效果 （1）产出：学习活动有什么产出可以体现学员的学习成果＿＿＿＿＿＿＿＿＿＿＿＿ （2）评估：评估产出的依据是什么＿＿＿＿＿＿＿＿＿＿＿＿＿＿＿＿＿＿＿＿＿＿	

注："产出"是指学员在参与学习活动的过程中产生的，能够体现学习成果的作品，如写在大海报纸上的讨论内容，写在即时贴上的观点和想法以及各种图表等；"评估"是指对产出进行评价时所采用的标准，这个标准可以由老师提供，也可以由学员讨论确定。

②设计学习活动。按照学习活动设计的六个元素，运用本章所学内容设计

学习活动，填写表 P3-8。

表 P3-8　学习活动设计的六个元素

培训主题：　　　　　　　　　　　　　　　　　　　　　培训日期：
培训对象：　　　　　　　学员人数：　　　　　　　　　演练主题总时长：

元素	内容
情境	• 目的： • 主题： • 评估：
小组	• 分组的目的： • 各组的人数： • 分组的方式： • 各组所需的道具和物资：
桥梁	• 学员可以用哪些方式说明自己对培训主题已经知道了什么（个人、小组或全体） • 如何建立学员与培训主题的联系（提问、活动、游戏、角色扮演或小组讨论）
任务	• 通过哪些方式激发学员的学习动机 • 策划什么样的学习任务来达到情境中的目的、主题和评估要求 • 学习任务的步骤 • 学员会问哪些问题，如何回答
展示	• 学员要展示的产出是什么 • 学员展示产出时有哪些要求和规则
反思	• 运用什么方式帮助学员回顾学习内容 • 通过什么途径让学员回想自己的学习过程，反思自己的思维活动（个人、小组或全体）

注："任务"的产出就是"展示"的内容，要与表 P3-7 中的"评估"的内容一致。例如，请学员根据有效异议处理的三个原则，点评各个小组产出的客服人员的异议处理技巧，评估其有效性。此时，表 P3-8 中的"任务"至少要包含以下内容：请每个小组讨论客服人员的异议处理技巧，并将讨论成果写在大海报纸上；在"展示"这一栏中注明每个小组展示成果的方式、顺序、规则以及点评的依据等内容。

③根据表 P3-8 的内容，补充关于时间和物资等的内容，并填写"引导式课程备课表"，如表 P3-9 所示。

表 P3-9　引导式课程备课表

培训主题：　　　　　　　　　　　　　　　　　培训日期：

培训对象：　　　　　学员人数：　　　　　　　演练主题总时长：

时间线		内容线		工具线	成果线	资源线
开始时间	用时	环节	授课方式（所需时间）			

附录 A 各篇 "强化" 提示信息

第一篇

1. 理理思路

（1）引导式课程的两个特点是：<u>大纲变提问</u>、<u>讲授变参与</u>。

（2）引导式课程设计的三大原则是：<u>以终为始</u>、<u>以学员为中心</u>、<u>以少胜多</u>。

（3）引导式课程的五个要素是：<u>学员</u>、<u>产出</u>、<u>时间</u>、<u>空间</u>、<u>过程</u>。

（4）引导式培训师的六大角色是：<u>医生</u>、<u>编剧</u>、<u>导演</u>、<u>教练</u>、<u>助产士</u>、<u>顾问</u>。

（5）引导式培训师的七大核心能力是：<u>诊断力</u>、<u>创造力</u>、<u>洞察力</u>、<u>保持中立</u>、<u>提问力</u>、<u>倾听力</u>、<u>整合力</u>。

2. 考考理解

（1）引导的本质是（学员的参与）。

（2）判断何时采用引导的三个指标是（目标）、（时间）和（学员背景）。

（3）引导式课程的双向管理是指以终为始的（流程管理）和以学员为中心的（能量管理）。

（4）培训的空间分为两个部分，一是（物理空间），二是（心理空间）。

（5）培训师的中立体现在（语言）、（非语言）和（空间）三个方面。

第二篇

1. 理理思路

（1）引导式课程设计准备工作的5W是：<u>Why</u>（培训的最终目标）、<u>What</u>（培训内容）、<u>Who</u>（学员）、<u>Where</u>（场地）、<u>When</u>（培训时间）。

（2）引导式课程设计四部曲是：<u>确定关键模块</u>、<u>学习活动设计</u>、<u>匹配五线谱</u>、<u>评估和完善</u>。

（3）五线谱包括：<u>时间线</u>、<u>内容线</u>、<u>工具线</u>、<u>成果线</u>、<u>资源线</u>。

（4）焦点讨论法有四个层次的问题，分别是：<u>客观性问题</u>、<u>反映性问题</u>、<u>诠释性问题</u>、<u>决定性问题</u>。

（5）世界咖啡中的咖啡桌礼仪包括：<u>分享思想与经验</u>、<u>理解与连接思想</u>、<u>共同倾听模式</u>、<u>观点和深刻问题</u>、<u>随手记录</u>。

（6）开放空间的四个原则是：<u>来的人都是对的</u>、<u>任何当下发生的事情都是当下所能发生的</u>、<u>该开始时就开始</u>、<u>该结束时就结束</u>。

2. 考考理解

（1）在使用头脑风暴时，需要遵循四个基本原则：（互相激发）、（不评判和批评）、（自由畅想）和（保证数量）。

（2）在 ORID 的四个层次的问题中，（I）问题是整个焦点讨论法的转折点，也是关键。

（3）世界咖啡是一种创造集体智慧的汇谈方法，适用于参与者人数在（12个人及以上）、时间在（90分钟以上）的情境。

（4）世界咖啡包括三轮问题，第一轮为（热身问题），第二轮为（连接问题），第三轮为（目标问题）。

（5）团队共创适用于四种没有标准答案的问题，分别是（愿景）、（想法）、（障碍）和（行动方案）。

第三篇

1. 理理思路

（1）影响学习动机的三个主要因素是：<u>情绪</u>、<u>价值</u>、<u>信心</u>。

（2）开场的内容主要包括：<u>致欢迎词</u>、<u>培训师做自我介绍</u>、<u>暖场</u>、<u>介绍课程目标</u>、<u>说明培训流程</u>。

（3）培训开场激发学员学习动机五部曲是：<u>呈现痛点</u>、<u>描绘愿景</u>、<u>提供解决方案</u>、<u>回到现实</u>、<u>制定规则</u>。

（4）学习活动设计的六个元素是：<u>情境</u>、<u>小组</u>、<u>桥梁</u>、<u>任务</u>、<u>反思</u>、<u>总结</u>。

（5）影响学员参加活动的积极性的四类因素是：<u>学习环境</u>、<u>学员个人</u>、<u>学员小组</u>、<u>学习活动</u>。

（6）培训中常用的收拢工具有：<u>投票</u>、<u>分类</u>、<u>决策矩阵</u>。

2. 考考理解

（1）选择暖场方式时要综合考虑暖场的（目的）、（限制条件）和（学员）三个方面的因素。

（2）设计有效开场问题的思路是：先明确（目的），再（提出问题）。

（3）问题设计的三个原则是（以终为始）、（以学员为中心）和（先处理心情再处理事情）。

（4）问题设计的四个步骤是（情境）、（目的）、（思路）和（提问）。

（5）ARCS 模型包含四类动机，分别是（注意）、（适切性）、（信心）和（满意）。

（6）使用发散和收拢工具的三环策略是（目的）、（时空）和（人数）

参考文献

［1］耐度，赖美云.SPOT团队引导：点燃群体管理的智慧［M］.唐长军，郝君帅，张庆文，译.南京：江苏人民出版社，2014

［2］本斯.引导：团队群策群力的实践指南［M］.3版.任伟，译.北京：电子工业出版社，2016

［3］波曼.4C法颠覆培训课堂：65种反转培训策略［M］.杨帝，译.北京：电子工业出版社，2015

［4］布朗，伊萨克.世界咖啡：创造集体智慧的汇谈方法［M］.郝耀伟，译.北京：机械工业出版社，2010

［5］威尔金森.引导的秘诀：通过团队合作获得结果的SMART指南［M］.甄进明，朱庆，石天路，译.北京：电子工业出版社，2014

［6］加侬，柯蕾.建构主义学习设计：标准化教学的关键问题［M］.宋玲，译.北京：中国轻工业出版社，2008

［7］加涅，韦杰，戈勒斯，等.教学设计原理［M］.5版.王小明，庞维国，陈保华，等，译.上海：华东师范大学出版社，2018